日本語教育学研究 4

実践研究は何をめざすか
日本語教育における実践研究の意味と可能性

細川英雄・三代純平【編】

What is the goal of Action Research:
The meanings and possibilities of Action Research
in Japanese language education

First published 2014
Printed in Japan

All rights reserved
© Hideo Hosokawa, Jumpei Miyo, 2014

Coco Publishing Co., Ltd.

ISBN 978-4-904595-49-7

目次

序　今なぜ実践研究なのか——ことばの教育の課題と展望…………1
細川英雄

第1部｜理論編…………21

第1章　実践研究はどのように考えられてきたか
　　　　——日本語教育における歴史的変遷…………23
　　　　市嶋典子・牛窪隆太・村上まさみ・高橋聡

第2章　新しいパラダイムとしての実践研究
　　　　——Action Research の再解釈…………49
　　　　三代純平・古屋憲章・古賀和恵・武一美・寅丸真澄・長嶺倫子

第3章　社会に埋め込まれた「私たち」の実践研究
　　　　——その記述の意味と方法…………91
　　　　三代純平・古賀和恵・武一美・寅丸真澄・長嶺倫子・古屋憲章

第4章　「実践の用語」と「理論の用語」
　　　　——実践研究における論文のあり方を再解釈する…………121
　　　　牛窪隆太・武一美

第2部｜実践編…………143

第5章　介入する他者、つなぎ目としての
　　　　多文化教育コーディネーター
　　　　——高等学校における実践研究共同体創出の可能性…………145
　　　　武一美・井草まさ子・長嶺倫子

第6章　「イベント企画プロジェクト」の挑戦
　　　　——実践共同体が立ち上がるプロセスに
　　　　　　埋め込まれた共生のための言語活動…………179
　　　　古賀和恵・古屋憲章・三代純平

第7章 日本語学校におけるカリキュラム更新
　　　──大学院進学クラスの
　　　　　継続的な実践がもたらしたもの………221
　　　佐藤正則

第8章 参加者の生活・人生にとって
　　　教室実践活動はどのような意味をもつのか
　　　　──教室の外からの視点………253
　　　高橋聡

第9章 結節点を結ぶ
　　　　──「あの実践」の手ごたえと価値をめぐって………283
　　　山本冴里

第10章 「生きることを考える」ための実践研究
　　　　──高等教育機関における教師養成のあり方をめぐって………311
　　　山本晋也・細川英雄

あとがき──希望をつなぐ………343
三代純平

索引………347

序 | 今なぜ実践研究なのか
ことばの教育の課題と展望

細川英雄

1 | はじめに —— 今なぜ実践研究か

　日本語教育の分野における実践研究は今世紀に入って急速に注目されるようになった。まず実践研究プロジェクトチーム（2001）が比較的早い例で、これは日本語学校における実践研究への強い注目によるものである。その後、教育学・心理学の影響を受けつつ、次第に進展し、学会誌『日本語教育』による 2005 年の実践報告（細川 2005 参照）の特集は、実践研究への第一歩の感がある。

　この間、早稲田大学大学院日本語教育研究科における「実践研究」科目設置（2001 年）、日本語教育学会研究集会委員会による「実践研究フォーラム」開催（2004 年）というように、日本語教育界では実践研究への一連の流れが起こる。

　それから、かれこれ 10 年近く経ち、今、改めて実践研究の存在を問うことに、どのような意味が考えられるだろうか。

　ここでは、まず日本語教育の歴史を振り返りつつ、改めてこれまでの実践研究の位置づけを明らかにする。次に、「私にとって実践研究とは何か」という観点から、私自身の実践研究への道筋とその理由を考察し、そのうえで、社会を構築する言語教育の構想を論じ、最後に、ことばの教育の課題と展望として、言語教育における実践研究の意味について論述する。

2 ┃ 日本語教育と実践研究——その歴史の振り返りから

　日本語教育の分野において、実践研究はどのように捉えられてきたのか。この問題を明らかにするために、まず日本語教育の歴史を簡単に振り返ってみよう。

2.1　「コミュニケーション能力育成」一辺倒へ

　戦後、外国人のための日本語教育の出発点において強く意識されたことは、国語教育の文学鑑賞に重きを置く、いわば内容主義からの離脱だったと言えよう。その結果として、日本語教育は、合理的な精神に基づく形式主義を標榜するようになる。それはすなわち、戦前の日本国家がたどった植民地主義への批判であり、新しい出発としての「国際化」への道筋だった。

　しかし、形式主義を標榜するあまり、文型・語彙等の学習項目のリスト作成が目的化する。さらに、「見える」評価への執着が客観性神話と合体して、きわめて技術実体主義的なドグマに陥ってしまう。「日本語教師養成」もまたこのドグマから抜け出せなくなったのは、いわば当然のことだとも言えよう。ここで言う技術実体主義とは、技術を実体として捉え、この改善によって教育効果を効率的に上げようとする考え方のことである。

　この技術実体主義は、1970年代後半から80年代にかけての世界的な言語教育界の流れだったコミュニカティブ・アプローチの洗礼によっても変わるものではなかった。たとえば、岡崎・岡崎（1997）に見られるように、コミュニカティブ・アプローチは、思想としてではなく、方法として日本語教育に移入された。そして、この頃から日本語教育の現場は、言語の構造・機能と場面の組み合わせによる「コミュニケーション能力育成」一辺倒になり、その学習・教育の効率性だけに注目するようになる。

2.2　本質的な議論の欠如

　では、なぜ日本語教育は、コミュニケーション能力育成一辺倒になったのだろうか。

それは、コミュニケーション及びその能力とは何かという議論の欠如によるものだと言うことができるだろう。この分野では、「コミュニケーションとは何か」という本質の議論なしに、それぞれが各々の勝手なイメージで「コミュニケーション」を解釈してきた。たとえば、ある人は会話でスムーズにやりとりできることであるとし、ある人は心と心の通じ合う相互理解だと言うように。したがって、それぞれにどのような違いがあるのか、また、それはなぜかというところに議論の方向がいかなかった。

　さらに、この議論の欠如は、言語教育とは何か、という言語教育の目的に関する議論の欠如ともつながっている。この課題の根本は、ことばの教育とは何か、という最終目的への問いと深い関わりがある。何のためにことばは存在するのか、そのことばをなぜ学ぶのか。この永遠の問いは、なぜ人は生きるのかという哲学の命題とも符合する。

　たとえば、アクション・リサーチは、本来、実践活動を基盤とする社会変革をめざした一つの思想のあり方だったが、日本語教育に取り入れられたとき、その本来の思想を失い、前出の技術実体主義に変貌した（本書第2章参照）。たとえば、横溝（2000）はその明らかな事例である。つまり、教育の「なぜ」をもたぬまま、「何を」を固定化し、「どのように」という部分の改善を方法化としたところに問題の根源があったと言える。

　「なぜ」という問いは、授業担当者の教育に対する価値観、すなわち教育観を表すものである。この問いをもたなければ、固定化された教材の項目をどんなに効率的・効果的に「教えた」としても、方法の改善にはなり得ても、本来の教育の方向を見失った、一艘の小舟にすぎない。このような状況の中で、日本語教育は、その指標を学習者ニーズに求めたが、そのことは、学習者に合わせて、何でもできる教師という、特殊な技術性を生み出すことになり、ますます教師自身の教育観を不在にさせた。

　このような教育観の不在のもとでは、「私はどのような教育実践をめざすのか」という理念の生まれようはずもなく、したがって、80年代以降、いわゆる実践報告は数を増すが、それらのほとんどはめざすべき方向性のない実践の単なる報告だった。このことは、市嶋（2009）が、たとえば、学会誌『日本語教育』（1960年〜2007年）における内容分析の結果

から、理念なき実践報告が多く掲載されていることを明らかにしている。こうした報告では、目先の現状報告や教育方法の改善ばかりに主眼が置かれ、「なぜその実践なのか」という問いは置き去りにされた。

2.3 言語学との関係

もう一つの課題として、戦後から現在に至るまで、日本語教育と言語学（ここではとくに国語学・日本語学を指す）との関係がまだ十分に整理されずにあることが挙げられる。国語学・日本語学の世界では、教育としての実践活動は研究にはなり得ないという意識的・無意識的な強い呪縛がある。

実際、国語学・日本語学の専門家で、自らの教育実践活動を実践研究論文として公表・公開している人物は私の知るかぎり皆無である。しかし、考えてみれば、国語学・日本語学の分野では、言語現象を対象とした分析とその結果としての原理発見が目的なのだから、自分の教育実践の公表・公開に関心がないのはむしろ当然であるし、そのことを批判するつもりはない（大学教育という観点から見た場合、教育職としてその姿勢をどう考えるかという問題は残るが）。

むしろ問題なのは、日本語教育を標榜しつつ、自らの教育実践についてまったく公表・公開していない教育研究者がきわめて多いことである。前出の市嶋（2009）によれば、1960年〜2007年の学会誌において「実践と関わりのある論文」は、1510本中120本のみで、全体の8％にすぎないことが明らかになっている。一方で、日本語教育は実践的な分野だと言いつつ、実際に論文として掲載されるのは、言語的な事象を扱う論文であることがわかる。また、学会誌『日本語教育』においては、「研究論文」と「実践報告」というカテゴリーが存在し、実践報告は研究ではないという枠組みが厳然と残っている。

ここで述べることは、国語学・日本語学の問題性を追求することではない。むしろ、そうした言語的な事象を扱う研究と、ことばの教育としての実践研究がどのように異なるか、そのめざすべきものは何かという問題を議論の俎上に載せることである。このことにより、日本語教育とは何か、その日本語教育にとって実践研究はどのような意味をもつのかという課題について検討することができるだろう。

このことを、より具体的に示すために、次節では、私自身の実践研究

観とその推移の体験について述べ、私にとって実践研究とは何かを考えることの意味を検討する。

3 │ 「実践＝研究」思想への道筋 ── 私にとって実践研究とは何か

「私にとって実践研究とは何か」──この問いに答えることは容易ではない。なぜなら、私自身、ながいあいだ実践と研究を区別していた人間だからである。

ここでは、もともと実践と研究を区別していた人間であった私が、なぜ言語教育における実践研究に関心をもち、言語教育こそ実践研究そのものでなければならないと考えるに至り、さらに「実践＝研究」という思想をもつようになったのかを、私自身の体験と実践研究観の推移から論じる。

3.1 研究と教育の乖離

私がことばに関心をもつようになったのは、ことばを使うことの仕組みや、そうしたことばの裏側にある心理のようなものは何だろうかと考えたところあたりから始まる。このような漠然とした問いから始まって、ことばとは何かという課題について考えるための入り口として、ことばの研究を選び、その学問世界の中でことばについて考える自分自身の姿勢をつくってきた。その研究は、ことばの使われた結果としての言語現象を仔細に分析し、その裏に潜む構造・体系の原理を発見するという行為を通してだったと言える。それゆえ、言語現象をデータとして分析することを仕事とし、その発見の成果を生み出すことが研究だと位置づけ、定期的に研究会や学会等で発表し、それを論文化して投稿、その掲載を待つという循環を自分の中で作り上げていた。そして、これが研究者としての生き方であるとも自認していた。

一方、もう一つの仕事である教育については、自分の教育実践活動を公表・公開するということはまったく考えたことがなかったと言っていい。当初の職場は教員養成学部の国語学担当であったが、その教育とは、研究の成果をわかりやすく解説することだと思っていた。ただ、どんなに平易に自分の解釈を説明したところで、何やら押し付けがまし

く、さらに学生一人ひとりが何を考えているのかがまったく伝わってこないような不安があった。だから、できるだけ一方的な講義にならないよう授業形態を工夫しようと思い、学生の発表形式やグループ活動等を取り入れ、学生たちの方からいろいろな意見や提案が出てくるように努力したつもりだった。文法と文法論の違いから、個人の一人ひとりの中にある文法への気づきを大切にしなければならないと気づいたのもこの頃である。しかし、不思議なことに、その努力や気づきを発表や文章にして他者に伝えようとは微塵も考えていなかった。

　1983–84年のフランスでの日本語教育経験を経て、留学生のための日本語教育の職場に移ってからも、この研究と教育の関係にそれほど大きなズレは生じなかった。ここでも、私は自分の実践での試みを公表・公開しようとは一度も思いつかなかった。発表する研究分野は、それまでの表現の史的変遷や史料分析を中心とした研究からほぼ現代日本語にシフトを変え、教室内の作文データの誤用や語彙調査等も行い、たしかに留学生の日本語教育担当としてのポジションを十分に活用したかに見える論文をかなり発表していたが、それがそのまま教室活動と一体化したものだとは考えていなかった。ちょうど寺村秀夫による『日本語の構文』シリーズが刊行され始めた頃で、外国人の誤用と日本語の表現体系の関係を論じた研究にふれ、第二言語話者と母語話者の誤用比較分析から日本語表現体系試案のようなものができないかとひそかに目論んでいた時期でもある（細川 1990a）。であるから、研究とは、クラスの活動としての教育の現場から一歩離れて、分析的な観点からモノを言うことだと捉えていたような気がする。

　それはなぜかと今になって考えると、教室活動のオオモトであるテキスト、そしてその背景としての語彙・文型を教えるということに関して、とくに強い疑いをもっていなかったからだと思う。教科書に描かれていることは、何となくウソっぽいけれども、日本語がわからない学生には「最低限の日本語」が必要だろうし、それは日本語能力試験に項目化されている語彙・文型リストに沿えばいいと無意識的に思っていたからだろう。留学生にテキストやプリントを渡す際には、それぞれのレベルに合わせて、必ず語彙チェックをしていた記憶がある。

　その一方で、仕事として留学生のための日本語授業を担当しながら、

彼らをクラスの活動に巻き込むことにも腐心していた。クラス内ディスカッション、プロジェクト・ワーク、ディベート等、ありとあらゆる方法を駆使して、彼らの関心を惹きつけようとしたのも、この頃である。

3.2　自らの実践への姿勢の変容とそのきっかけ

このような、自らの実践への姿勢が大きく変化するきっかけは、日本事情のクラスを担当・運営したことがきっかけである。

これ以降、私は、ことばと文化の統合を自分の研究テーマとして追求していくことになるが、その過程は、大きく3つの段階に分けて考えることができる。

　　・専門分野との結びつきを考えていた時期（1986〜1990年）
　　・日本事情と日本語教育の関係を考えていた時期（1991〜1995年）
　　・ことばと文化を結ぶ教育としての総合活動型へ移行する時期
　　　（1996〜2004年ごろ）

ここでは、この3段階を具体的に記述することによって、実践と研究の関係についての私自身の考え方の推移を述べることとしたい。

まず第1段階は、専門分野との結びつきを考えていた時期（1986〜1990年）である。

日本事情はもとより専門ではなく、当初は何をしていいのかもわからない状態だった。幸いなことに、当時所属していた教養部の人文社会系教室には、哲学・歴史・社会学・政治・法律などの多くの論客がいて、通常の教室会議等でもいい意味で侃々諤々の議論の飛び交う、とても大学らしい活気に満ちた場所だった。そこで、この同僚たちを何とか日本事情に取り込めないものかと考え、大学教育改善経費を活用して、オムニバス形式の日本事情クラスを組織した。

このクラスの魅力は、何よりもその内容の濃さだった。日本国憲法における自衛隊の位置づけ、労働社会学から見たトヨタのカンバン方式と人間疎外の関係、そして金嬉老事件と在日差別といった、いわば社会的・歴史的問題がそれぞれの専門家によって語られ、私はこの議論が一方的な解説に終わらないよう、グループディスカッション等を組織し、

序　今なぜ実践研究なのか

7

留学生たちと「日本とは何か」を考えるための材料とした。何よりすばらしかったのは、この内容の濃さに、留学生たちが決してひるむことなく、むしろ自分たちの社会の状況との比較をもちだして、一生懸命に考えようとしていたことだった。

　私は、この活動を組織しながら、自分自身とても多くのことを学び、同時に、留学生たちの熱心さとその前向きの姿勢に感動した。

　折しも、ある商業誌から日本事情の特集の執筆依頼が来て、この実践報告が掲載された。「日本事情の授業（2）——教養部スタッフと連携して」というレポートである（細川 1990b）。

　考えてみると、自分の教室活動の内容について文章を書いたのは、10年の教育研究者歴においてこれが初めてだった。それまで自分の教育実践を活字化しようとは、ほとんど考えていなかった私がなぜ自分の実践の中身を公表・公開したいと強く思ったかというと、そこには、この活動が、すべて自分の設計アイデアから始まり、その達成までのプロセスには、日本事情とは何かという課題への当時の自分なりの答えも含まれていたと考えたからであろう。だからこそ当時の私にとって、この活動こそ自分の教育の成果として公表・公開したいと切に望んだものだった。

　当時、私は、こうした社会・文化的話題を留学生に提供し、自分の国家・社会との比較によって、その意味を考えるということが重要であると考えていた。それこそが「日本事情」であり、「日本文化」を紹介することでもあると思っていたからだ。

　今、改めて読み返してみると、前記のレポートでは、自ら活動をデザイン・実施し、そのプロセスを通して教育成果として手応えがあったという、発見と創造の喜びが語られている。その感触は、言語現象をデータとして分析し原理を発見するという机上の喜びとは異なる、活動全体の、きわめてダイナミックな手応えであった。なぜなら、教育実践そのものは、まさに生きた活動全体であり、その喜びの源とは、活動のデザインから振り返り・位置づけまでの循環に支えられていたからである。日本事情という科目を担当することが自分自身にとっての大きな挑戦であり、それをある程度成し得たと感じたことが、実践の内容の公表・公開の動機につながったと考えることができる。

　ただ、それだけでは、ことばの教育とどのようにつながるのかという

点がまだ解決していなかった。クラス内ディスカッション、プロジェクト・ワーク、ディベート等の方法を使用するという教育方法と、社会・文化の知識を得るという教育内容との接点をこの時点ではまだ見出していなかったと言っていい。

3.3　日本事情と日本語教育の関係を考える（1991 ～ 1995 年）

そこで、第 2 番目の段階、日本事情と日本語教育の関係を考える時期に入っていく。

ここでは、上記のような社会・文化的知識を専門分野の先生方から学ぶのではなく、もっと身近にある、自分自身の日常から探してみようというように実践の方向が変化する。

このように方向が変化したのは、自分の勤め先が、地方都市から東京に変わったということが直接の要因かもしれない。なぜなら、5 年間勤務した地方都市では、留学生の数も全体で 100 人に満たず、さまざまな意味で、外国人はいわばお客様扱いだったからだ。地域をあげて外国人のためにいろいろなイベントが用意され、伝統文化と称されるものへのアクセスも容易にできるように準備されていた。その中で、留学生たちは、いつの間にかそうした社会・文化に慣れ親しみ、それが日本のすべてであるかのように錯覚しているフシがいつもあった。

ところが、東京では、勤め先の大学だけでも 5 万人の全学生のうち、すでに 2000 人を超える留学生が在籍しており、日本語コースではその半数が学んでいた。そのような状況の中では、留学生のために特別なことが用意されているわけでもなく、その日常は、日本の伝統としての社会・文化とはほとんど無縁のところにあった。また、人数が多い分、いわゆる学習ニーズも多様で、担当者が用意するプログラムそのものにも限界があるように感じられた。このような状況を踏まえて考えたことは、社会・文化的知識を専門分野から学ぶのではなく、もっと身近にある、自分自身の日常から探してみようという方向性だった。たとえば、日本人の家族、女性の位置、生活のルール等、日常生活のさまざまな経験を通して、普段は気づかないことを発見してみるというのが、この段階で考えたことだった。

このことを考えるためのきっかけとして、一人の女性の生活を描くよ

序　今なぜ実践研究なのか

9

うなプリント素材を自作し、彼女の生活とその周辺を語ることによって、留学生が自分の日常生活を振り返る手がかりになるようなものにしようと考えた。

この実践はとても好評で、クラス内の議論も大変白熱した。その内容をもとに、執筆・編集したのが、『日本語教師のための実践「日本事情」入門』（細川1994）だった。

ここで痛感したことは、自分の言いたいことを表現するために、どのようにして「日本語を学習する」という意識を消すかということだった。つまり、自分の言いたいことを表現しようと必死になることで、いつの間にか「日本語を学習する」という意識を乗り越えるという現象が起き、そのことによって、自分の表現にも次第に磨きがかかっていくというプロセスを、教室実践を通して実感し、それを活動に参加するメンバーと共有することができたからである。この段階で私は、言語教育とは、このような「日本語を使わなければならない」環境をつくることだと考え始めていた。以前からぼんやりと感じていた、言語項目を記憶させたり練習したりすることではないという確信も生まれた。したがって、その言語教育の研究として必要なことは、そうした教育の実践を公開し、さまざまな状況の人たちと共有することであると考え始めていた。そうした「共有のサイクル」をさらに共有し、大きな活動の渦のようなものをつくっていくこと、これが実践研究ではないかとも考え始めていた。だからこそ、言語教育の研究は、実践研究そのものでなければならないと考えるようになったと言っていいだろう。

一方で、そういう研究は研究として認められにくい、もっとわかりやすい研究をするように、というようなアドバイスを、当時周囲から強く受けていたことは事実である。個人的な課題として博士論文をどうするかという決断をしなければならない時期になっていたが、肝心のテーマをめぐって言語研究なのか言語教育研究なのかというところで、私自身、かなり迷っていた。

また、「日本語を学習するために日本語の学習意識を消す」という活動は、実際の問題として、それ自体、矛盾に満ちたものであり、日本の社会・文化を知るという「日本事情」の目的と、いわゆる日本語学習とが相対するものとして位置づけられてしまい、どうしても一つにならな

い。このジレンマから抜け出ることがむずかしかったのである。このような不安と課題を抱えたまま、私は、1995–96年のフランス交換研究に旅立つ。そして、ことばと文化の関係への理論的決着をつけることにより、次の総合活動型へと移行するのである。

3.4　ことばと文化を結ぶ教育としての総合活動型へ（1997～2004年ごろ）

　このフランス交換研究でのさまざまな体験については、すでに細川（2012a）にくわしく述べたので、ここではその概略にとどめるが、ここでの最大の成果は、文化の概念についての把握である。

　つまり、それまでは、文化というものはすべからく社会の概念とセットであり、ウラとオモテの関係であると思い込んでいた。しかし、文化や社会という概念そのものが個人の主観的な表象（イメージ）であり、そこには実体がないということになると、そのイメージを形成するものは何かということに注目がいく。それは言うまでもなく個人の認識であり、その主観的な認識こそ、いわゆる文化や社会を形成しているものだということに気づいた。

　この認識がその人の考え方や価値観をつくり、その結果として、対象としての社会に、あたかも実体としての文化があるように錯覚するという現象、これこそが、いわゆるステレオタイプの原型だということにやっと辿り着いたと言える。これを乗り越えるために、「日本人は……」「日本社会は……」という言説の嘘に徹底的にこだわること、そのこだわりを言語活動によって表現化していくこと、これが社会・文化を考えることであり、同時にそのことが、ことばを自分のものとして表現していくことにつながるという地点に行き着いた。これを私は「個の文化」（細川1999）と名づけた[1]。

　この「個の文化」理論をもとに組み立てたのが、1997–98年に行った「わが隣人」という教室実践である。ここでは、一人のドイツ人留学生が、自分の住む寮の管理人の女性に注目し、インタビューをすることによって、当初は「平均的な日本人」として考えていた女性へのイメージが次第に崩れ、この個人への関わりを始め、さまざまな見方が変容するさまを作文やインタビュー、その後のやりとり等で明らかにしていく。最終的には、留学生自身が、自らの中にあった「日本人」というイメー

序　今なぜ実践研究なのか

ジを更新し、さまざまな対人関係の中で知らず知らずのうちに積み上げてしまうステレオタイプの恐ろしさに気づくとともに、「わが隣人」というアプローチによって、自分の新しい生き方・考え方を知るという境地に到達するまでを描くものである。

この活動では、「私はなぜ〇〇に興味・関心をもつのか」という問いから始まって、次のような段階を経て、自分の新しい生き方・考え方への気づきに至る。

1) 対象へのさまざまな興味・関心を思いとして言語表現化する（他者に伝える——1次テーマ〈寮の管理人のおばさん〉）
2) 他者との協働において、その対象への興味・関心の奥にあるテーマを発見する（2次テーマ〈「日本人」というイメージの更新〉）
3) そのテーマが、自分の過去・現在・未来をどのように結んでいるかを考える
4) 自分が生涯にわたって取り組んでいくべきテーマとして発見する〈自分の新しい生き方・考え方〉

この教育実践で改めて気づいたことは、ことばによる活動は、「私」とテーマとの関係に向き合うことからすべては始まるということだ。「個の文化」の自覚・発現により自らの内在することばと文化が一体化するという意味で、私はこれを当初「日本語文化総合の活動」と名づけ、その後、「総合活動型日本語教育」と呼ぶようになった。それはあくまでも言語教育としての活動であるという視座があったからだ。また、勤務先のカリキュラム改革に参画し、1998年からの改正と同時に、この総合活動型日本語教育のコンセプトによる教育活動を科目「総合」としても運営するようになり、同時並行的に、さまざまな環境、いろいろな対象による教育実践を試みるようになった[2]。

この段階で、実践と研究は、自分の中で一つのものとしてほぼ統合された。この時点で、実践することは研究することであり、研究することは実践であるという考え方に、私は到達した。それがつまり、実践＝研究の思想であった（細川2005）。

3.5 私自身の実践研究観の変容 —— ことばと文化の考え方から

以上の変容を、ことばと文化の考え方という観点からまとめてみると、次のようになる。

①ことばだけについて考えていた時期（〜 1985 年）
②文化を外側のものとして考えていた時期（1986 〜 1990 年）
③文化を日常の事柄に即して捉えなおそうとしていた時期（1991 〜 1996 年）
④ことばも文化も個人の内側にあると考えるようになった時期（1997 〜 2004 年ごろ）

このように考えるに至ったのは、言うまでもなく私自身の言語観・教育観が少しずつ変化したからである。というのは、さまざまな実践を通じて、人がことばを使って行う活動は、その人の普段の生活あるいは生き方と切り離せないということを改めて認識したからだと思う。だからこそ、ことばを身につけるということは、自身の生活を通して全身で活動しなければ得られないものだと考えるようになったのだ。

それまではたしかに、前述のように、母語を異にする人間同士の関わりのためには最低限の日本語力がいる、と考えていたフシがある。むしろそういうことさえ疑わなかった自分がいる。しかし、日本事情という分野について考えていくうちに、「日本文化」の存在について疑念をもつようになった。日本事情というのは、「日本文化」を実体として取り出し、それをどう教えるかということに汲々としてきた分野である。けれども、その「日本文化」の実体はだれにもわからない。しかも、その「実体」は取り出して説明すればするほど現実の活動とは乖離する。

先に、言語学は言語現象の裏に潜む構造・体系の原理の発見と解明に尽力してきたと述べたが、その場面が教育に転換したとき、この「最低限の日本語力」の実体の解明にいち早く乗り出したのは言語学であった。言語学は、この実体の切り取り・取り出し・説明をあらゆる手段においてめざしてきたと言える。これがちょうど「日本文化」の「実体」化の行為と酷似しているのだ。

にもかかわらず、日本語の教室では、テキストの語彙・文型項目とし

てリスト化されているものを、言語や言語活動の分析結果を取り入れた基礎・基本、つまり「最低限の日本語」の知識として学習者たちに学ぶことを強要している。言語学による「科学的・客観的」分析によってその篩の中での要素の取り出しは可能である。その分析自体は、言語とは何かを考えるうえで、きわめて重要な意味をもっているが、人間のことばの活動は、その分析要素の集積ではないことがなかなか理解されない。つまり、分析の結果得られた要素を集積すれば、人間のことばができあがると考えてしまうところに、大きな見誤りがある。

　先ほど述べたように、ことばを身につけるということは、自身の生活を通して全身で活動しなければ得られないものだが、それは、その活動全体の中に身を置かなければわからないということをも意味している。この混沌たる「全体」の中でどのように他者を受け止めつつ、自己を主張し、どのような議論を展開できるかを考えなければならない。教育実践そのものが、混沌とした「全体」なのだから。

　しかし、この誤解は、必ずしも言語学の責任ではないだろう。むしろ言語学の研究の成果を当然のこととして教育実践に活用しようとする一部の言語学関係者、それを無反省に取り入れる多くの日本語教育関係者の責任である。

　このように、言語の研究と教育の間で、ながいあいだ実践と研究を区別していた私が、言語教育における実践研究に関心をもつようになったかを振り返り、そこから、なぜ言語教育こそ実践研究そのものでなければならないと考えるに至り、さらに実践＝研究という思想をもつようになったのかを記述した。

　しかし、問題は、それで収束するわけではなかった。私の開発した総合活動型日本語教育は、一つの考え方であり、実践＝研究の思想の具現化としてあったのだが、日本語教育の現場では、多く教育方法として受け止められてしまい、具体的なやり方を知りたいという要望が数多く寄せられるようになった[3]。

　この総合活動型日本語教育の開発・提案は、「なぜことばを教えるのか」という言語教育の目的論と切り離せない思想的課題だったのだが、残念ながら、この分野・領域の現場での興味・関心はそこにはなかった。そのこと自体、私の教育実践における一つの試練だったと言える。

一方、大きく目を転ずれば、発見・創造の喜びは、教室という実践の小さな現場としての現実にすぎなかった。教室を一歩出れば、また違う現実が待ち受けている。こうした新しい現実に対して、発見・創造の喜びは、どのような意味をもつのか。この点に関して、私の実践研究は、展望をもたなかった。たしかに、社会という問題は、常に視野の中にあったが、それを説得的に説明する切り口がなかなか見出せなかった。

　しかし、この「教室を出る」ということの意味について、たとえば、行政に働きかける、国会にデモに行く、市会議員に立候補する、というような、いわゆる社会的な市民活動として捉えることと、ことばの教育を考えることとは一線を画すべきだろうという思いも強くあった。この区別をはっきりさせつつ、ことばの活動の実践から、実践そのものを社会にひらくような、いわば個人活動としての実践研究を構想しなければならないと考えるようになった。

3.6　社会を構築する言語教育へ
──個の言語活動主体として社会とどう関わるか（2005 年〜）

　ことばの活動の実践から、実践そのものを社会にひらく実践研究への展開は、2005 年 9 月に雑誌『リテラシーズ』を母体として開催した国際研究集会だったと言える。C.クラムシュ、G.ザラト、ロ・ビアンコ、そして M.バイラムといった世界の言語教育研究者との議論は、最終的にすべて言語と社会の意味という課題をめざしていることに気づいたからである（佐々木ほか編 2008）。また、この頃渦中にあった早稲田大学大学院日本語教育研究科運営の問題や日本語教育学会「実践研究フォーラム」立ち上げも、「実践研究とは何か」という課題を考えるうえで関連の深いものだった。

　そのような活動の中で、私自身が実践の社会化を考え、実践にとって社会とは何かを考え、実践の組織化の意味を考えるようになったからだということができる。それは、社会を構築する言語教育へという動きであり、その構築に「この私」は言語活動という行為によって一個の主体としてどのように参画できるのか、という問題意識であった。

　この課題を考えるとき、まず思い浮かぶのは、「私はどのような教育実践をめざすのか」という意識だろう。この意識によって、人は初めて、

自分の実践の方向性を自覚するようになる。それは、実践＝研究の思想の始まりでもある。

このとき必ず顔を出すのが、では、どのような教育実践をめざせばいいのかという方法化論である。しかし、ここで問題なのは、具体的にどうするかという方法ではない。理想的な教育実践という実体が存在するわけではないからだ。各々がそれぞれの場所で自らのめざす教育実践を構想し、それをめぐる議論を共有することが重要なのである。

そうしたときに、担当者も学習者も、その場その場において一個の言語活動主体となることが必要であるという主張をした（細川・鄭編2013）。一個の言語活動主体とは、ことばによる活動を軸に、他者を受け止め、テーマのある議論を展開できるような場（共同体）を形成する個人を指す。それは、他者と対等な対話や議論ができる自己の形成でもあり、行為者一人ひとりが、一個の言語活動主体として、それぞれの社会をどのように構成できるのかという課題と向き合うことでもある。

さらに、このことは、そうした他者との対等な関係での、テーマのある対話や議論を共有する場（共同体）の形成を是とする社会の基盤をつくることを意味する。その社会とは、構成員一人ひとりにとって、お互いのことを考えながら、創造的な営みを可能にするような、幸福な暮らしを基盤とする平和な社会のことである。これを私は「ことばの市民」（細川2012b）という概念の構築によって物語り始めている。

前出（p.12）の1）〜4）に加えて、次のような活動の段階を想定することが可能になるだろう。

　　5）この社会において自分はどのような個人であるのか、また他者
　　　とどのように関わり、どのような社会を形成していくのか、を
　　　意識化する——社会の一員としての自覚（本書最終章の「生きるこ
　　　とを考える」実践参照）

また、このことは、やはり前出の①〜④に追加するものとして、⑤「個人に内在することばと文化をどのようにして他者と共有し、それを社会意識へと結びつけるか」という課題として発展させることになるだろう。

今、重要なのは、この混迷する社会の中で、価値観の異なる多様な他

者との関係において、ことばによって自己を表現するとともに、その他者を理解し、ともに住みよい社会をつくっていくこととそのための意識改革であろう。それは、私たち一人ひとりが社会と関わりをもつにはどうしたらいいかという課題でもある。

　こうしたことを実現できるのが、ことばの教育としての言語教育であり、その教育実践そのものの内実を表すものが実践研究であると考えるべきであろう。

4 ｜ 実践研究を問うことの意味——これからの言語教育の課題として

　今、改めて実践研究の存在を問うことに、どのような意味が考えられるだろうか。

　実践研究とは、さまざまな活動を通して、自分にとって教育実践とは何かを問う活動であると言える。その意味で、そこには、絶えず「なぜ」という問いが必要だろう。「なぜ」という問いが根底に存在する教育実践によって初めて、実践と研究が統合されると言ってもいいだろう。

　日本語教育の世界では、この「なぜ」が根本的に不在だった。この不在こそが技術実体主義を産み、コミュニケーション能力一辺倒を産み、さらに方法にしか関心をもたない「考えない教師」（細川2012a）を量産した。これは、教育方法の問題というよりは、むしろ個人の教育観の反映した制度の問題だと言えるだろう。「なぜ」を問わない風土が、いつの間にか自己の教育観に無関心な教師をつくり、それが制度として定着することによって、「考えない」体質を形成してしまったのだ。それは、いわゆる「国際化」や留学生10万人計画を発端とする政府の政策との関わりが深い。大量の外国人受け入れのために教授ノウハウだけを身につければいいという短絡的な発想で教師養成講座が乱立し現在も継続しているためでもある。

　今、改めて実践研究の存在を問うことの意味は、教師及びこの分野・領域の関係者が、自分の問題としての「なぜ」をもつことである。すべての教師にとって、「なぜ私はこの教育実践をするのか」という問いと「私にとって言語教育とは何か」という答えが表裏一体となって統合されることで、この課題はひらかれると言えるだろう。そうでなければ、

序　今なぜ実践研究なのか

17

日本語教育は技術実体主義のドグマから抜け出すことは不可能だからである。この「なぜ」をもった実践研究こそ、言語教育が今、全力を挙げて取り組むべき課題だろう。

注　[1]　「個の文化」の受け止められ方はさまざまであるが、当時の状況については、三代（2013）にくわしい。

　　[2]　この記録は、細川（1999）にまとめている。ほぼ同時期に、日本語のクラスの中でのやりとりを、すべて記録し、これをもとに、「個の表現の確立をめざして」というテーマで実践研究論文を書く（細川2002所収）。これは、教室記録データをもとに、中国人Rの個の表現の確立へのプロセスを記述するとともに、自らの教育実践を広く公表・公開しようとする意図に基づくものだった。また、2000年には日本人高校生を対象とした実践研究に取り組み、このTA記録をもとに、活動の全容を公開している（牲川・細川2004）。

　　[3]　総合活動型日本語教育の方法を知りたいという要望に応える形で、以下の本を出版している。細川＋NPO法人「言語文化教育研究所」スタッフ2004, 細川ほか2007, 細川・蒲谷編2008, 細川・武編2012。

参考文献　市嶋典子（2009）「日本語教育における「実践研究」論文の質的変化―学会誌『日本語教育』をてがかりに」『国立国語研究所日本語教育論集』25, pp.3–17.　国立国語研究所　http://hdl.handle.net/2065/31790

岡崎敏雄・岡崎眸（1997）『日本語教育の実習―理論と実践』アルク

佐々木倫子・細川英雄・門倉正美・川上郁雄・砂川裕一・牲川波都季（編）（2008）『変貌する言語教育』くろしお出版

実践研究プロジェクトチーム（2001）『実践研究の手引き』財団法人日本語教育振興協会

牲川波都季・細川英雄（2004）『わたしを語ることばを求めて―表現することへの希望』三省堂

細川英雄（1990a）『日本語を発見する』勁草書房

細川英雄（1990b）「日本事情の授業（2）―教養部スタッフと協力して」『月刊言語』19(10), pp.35–39.　大修館書店

細川英雄（1994）『日本語教師のための実践「日本事情」入門』大修館書店

細川英雄（1999）『日本語教育と日本事情―異文化を超える』明石書店

細川英雄（2001）「問題発見解決学習と日本語教育」『早稲田大学日本語教育研究センター紀要』14, pp.89–101.（早稲田大学日本語研究教育センター「総合」研究会（編）（2003）『「総合」の考え方と方法』pp.1–17.　早稲田大学日本語研究教育センター　所収）

細川英雄（2002）『日本語教育は何をめざすか―言語文化活動の理論と実践』明石書店

細川英雄（2005）「実践研究とは何か―「私はどのような教室をめざすのか」という問い」『日本語教育』126, pp.4–14.　日本語教育学会

細川英雄（2010）「実践研究は日本語教育に何をもたらすか」『早稲田大学日本語教育学』7, pp.69–81.　早稲田大学大学院日本語教育研究科

細川英雄（2012a）『研究活動デザイン―出会いと対話は何を変えるか』東京図書

細川英雄（2012b）『「ことばの市民」になる―言語文化教育学の思想と実践』ココ出版

細川英雄＋NPO法人「言語文化教育研究所」スタッフ（2004）『考えるための日本語―問題を発見・解決する総合活動型日本語教育のすすめ』明石書店

細川英雄・武一美・牛窪隆太・津村奈央・橋本弘美・星野百合子（2007）『考えるための日本語・実践編―総合活動型コミュニケーション能力育成のために』明石書店

細川英雄・武一美（編）（2012）『初級からはじまる「活動型クラス」―ことばの学びは学習者がつくる：『みんなの日本語』を使った教科書・活動型クラスを例に』スリーエーネットワーク

細川英雄・蒲谷宏（編），市嶋典子・塩谷奈緒子・須賀和香子・武一美・津村奈央（著）（2008）『日本語教師のための「活動型」授業の手引き―内容中心・コミュニケーション活動のすすめ』スリーエーネットワーク

細川英雄・鄭京姫（編）（2013）『私はどのような教育実践をめざすのか―言語教育とアイデンティティ』春風社

三代純平（2013）「「個の文化」探求としての言語文化教育研究―ライフストーリー研究と実践研究の経験を通じて」『言語文化教育研究』11, pp.2–12.　早稲田大学日本語教育研究センター言語文化教育研究会

横溝紳一郎（2000）『日本語教師のためのアクション・リサーチ』凡人社

第1部 ▎理論編

第1章 | 実践研究は
どのように考えられてきたか
日本語教育における歴史的変遷

市嶋典子・牛窪隆太・村上まさみ・高橋聡

【キーワード】
実践研究観、文献調査、方法としての位置づけ、枠組みへの運動、
実践者の理念／イデオロギー

1 | 問題の所在

　日本語教育においては、2000年以降、実践研究が注目されるようになった。2004年に、それまでの日本語教育学会主催の東京地区会員研修と実践研究発表会が統合され、現場の教師が自身の実践を公開する場として「実践研究フォーラム」が開始された。また、日本語教育学会発行の学会誌『日本語教育』(以下、『日本語教育』)では、2005年発行の126号で「日本語教育の実践報告——現場の知見を共有する」という特集が組まれ、日々の実践を日本語教育研究の基盤として捉える重要性が指摘された。この流れにともなって、現在では、各地で様々な実践報告会[1]が活発に行われるようになっている。

　一方、このような実践報告会においては、「教材と教育技術」などの日本語の教え方の「how to」が中心になる傾向があることも指摘されている（例えば、齋藤2005）。この指摘からは、方法や結果を報告し合うだけでは、実践の根本的な変革を望むことはできないという問題意識がうかがえる。

　2004年に開催された実践研究フォーラムの予稿集冒頭のあいさつ文には「学習者の課題設定と問題解決支援のための教室環境をつくるため

には、日本語教師自身が自らの実践の中から固有の研究を生み出し、その研究を軸にさらに次の実践へと展開させていくことが必要でしょう」（細川2004a）とある。この一文には、日本語教師自らが、実践の中から固有の研究を生み出し展開していくという、実践研究のあり方が示されている。その後、2011年に開催された実践研究フォーラムにおいても、実践研究の意義について有識者の間でパネルディスカッションが行われ、教師自身が自らの教育実践を振り返り、他者と共有するプロセスとして、実践研究が重要性をもつことが確認された[2]。また、実践研究は単なる実践報告[3]とは異なるという主張も聞かれるようになっている（細川2008, 市嶋2009）。

　このことだけを切り取れば、日本語教育学において、実践を核とする研究のあり方は着実に根づきつつあると考えることもできる。しかし、現在発行されている日本語教育関連の学術論文誌において「研究論文」と「実践報告」という分類が存在することからは、実践は報告されるものであり、研究には結びつかないという意識も見え隠れする。日本語教育全体を見れば、実践研究とは何かという議論は、まだ緒に就いたばかりであり、研究領域としての位置づけも明確にされているわけではない。いうならば、それぞれの意識的・無意識的な「実践研究」観に基づいて個別に実施されている「実践」についての「研究」の総体が、現在、日本語教育で実施されている実践研究と呼ばれるものの実態であると考えられるだろう。

　日本語教育において実践のあり方は、移りゆく時代の流れとともに、少しずつ変化を遂げてきた。その変化にともなって、実践を研究することの意義も変容してきたと考えられる。実践研究についてさらなる議論を展開していくためには、日本語教育研究において、実践を研究することにどのような意義が与えられてきたのか、その変遷を明らかにし、反省的に捉えなおしたうえで、意識的な実践研究観を打ち立てる必要がある。

　以上の問題意識から、本章では、従来の日本語教育研究における実践研究の動向を追い、それにともなう実践研究観の変遷を明らかにする。具体的には、日本語教育研究において、実践を扱った研究が、いかなる社会的、歴史的文脈のもとに行われ、その意義がどのように説明されて

第1部 ｜ 理論編

きたのか、また実践研究という概念がどのように意味づけられてきたかを検討し、その変遷を描き出す。そのうえで日本語教育における実践研究の課題を明らかにする。

2 | 調査対象文献の選定と分析の手順

　日本語教育において、実践研究がいかに捉えられてきたかという歴史的変遷を明らかにするために文献調査を行った。現在、日本語教育関連の論考を掲載している学術雑誌は、大学紀要などを合わせると国内だけでも膨大な数にのぼる。また、実際には、実践研究という用語を明確に定義して使用している論考はまれであり、授業分析、授業研究など異なる名称のもとに実践を扱っているものや、教師が実践研究を実施する中で、その意義を主張しているようなものも見られる。そのため、以下の手順で刊行物を選出し、その中で対象文献を絞り込み、実践研究の内容とその実践研究に与えられた意義の両方を検討することにした。

Ⅰ. CiNii（国立情報学研究所 論文情報ナビゲータ）から日本語教育分野の論考を「授業」・「教室」・「実践」・「実践研究」のキーワードで絞り込み（2010年3月実施）、該当する文献を多く掲載する刊行物を選出した。

Ⅱ. Ⅰで抽出された刊行物の中から、市嶋（2009）の基準である①「教育現場における実践の内容が具体的かつ明示的に述べられている論文」および、②「実践研究についての概念規定がなされている論文」を軸に対象論考を選出した（①は、日本語教育において、具体的にどのような実践研究が行われてきたのか、②は、日本語教育において実践研究にどのような意義が与えられてきたのかを把握するために選出した）。

Ⅲ. Ⅱで抽出された論考を年代別にまとめ、日本語教育においてどのように実践が取り上げられ、実践研究がいかに捉えられてきたのかについて、その変遷を検討した。

　以上の手順に沿って、日本語教育において実践研究の潮流に影響を与

えた論考、あるいは実際に、実践を対象として研究を行っている論考を
選出し検討した。各刊行物からの論文の選出は本章の共同執筆者が分担
して行った。分析対象とした刊行物は、以下に示す表1、表2のとおりで
ある。

　日本語教育学会、国立国語研究所、国際交流基金が発行する3誌は、
いずれも公益性の高い機関発行の雑誌であり、日本語教育界で広く読ま
れており、影響力があると考えられるものである。中でも日本語教育学
会の学会誌である『日本語教育』は、50年近い歴史をもち、日本語教育
界を代表する学術雑誌である。CiNii検索の結果から、この3誌に加え、
大学院課程において日本語教師養成を実施している大阪大学、お茶の水
大学、筑波大学、早稲田大学の紀要を対象刊行物とした。また、作業を
進めるうちに、これらの刊行物に論考を掲載している著者が、論考を一
般書としてまとめ、それが他の論考に引用されている場合があることが
わかった。そこで、上記刊行物に加え、実践研究の概念規定や具体的な
実践研究を掲載している一般著書や報告書のうち、実践研究の潮流に影
響を与えたと判断できるものも分析対象に含めた。

　これら対象文献をもとに、実践を研究することについてどのような主
張がなされ、またどのように実践が取り上げられているかについて検討
し、主な論者の主張を軸に年代別に整理しなおした。そのうえで、発行
年数が最も長い学会誌『日本語教育』に掲載された論考を軸に日本語教
育全体の流れとして記述した。なお、紙幅の都合上、対象となった論考
全てを記述に入れ込むことはせず、代表的なもののみを取り上げている。

表1　分析対象雑誌

機関名	論文誌名	合計号数	全論文数	対象論文	対象期間
日本語教育学会	日本語教育	135	1510	120	1962.12–2007.10
国立国語研究所	日本語教育論集	25	110	15	1984.10–2009.3
国際交流基金	世界の日本語教育	19	263	2	1991.3–2009.3
早稲田大学	講座　日本語教育	42	323	10	1965.9–2006.11
	早稲田大学日本語研究教育センター紀要	20	154	8	1989.3–2007.7
	早稲田大学日本語教育研究	10	143	10	2002.3–2007.7
	早稲田大学日本語教育実践研究	6	197	0	2004.12–2007.5

	早稲田日本語教育学	9	57	13	2007.9–2011.2
お茶の水大学	言語文化と日本語教育	42	252	16	1991.6–2011.12
大阪大学	阪大日本語研究	22	147	7	1989.2–2010.2
	大阪大学留学生センター研究論集　多文化社会と留学生交流	14	106	5	1997.3–2010.3
筑波大学	筑波大学留学生教育センター日本語論集	2	17	0	1985.3–1986.3
	筑波大学留学生教育センター日本語教育論集	4	37	3	1987.3–1990.3
	筑波大学留学生センター日本語教育論集	26	304	34	1991.7–2011.2
	計	—	3620	243	—

表2　一般著書一覧

書名	著者	発行年	発行機関
日本語教育におけるコミュニカティブ・アプローチ	岡崎敏雄・岡崎眸	1990	凡人社
日本語教育の実習　理論と実践	岡崎敏雄・岡崎眸	1997	アルク
日本語教師のためのアクション・リサーチ	横溝紳一郎	2000	凡人社
実践研究の手引き	実践研究プロジェクトチーム	2001	財団法人日本語教育振興協会
ことばの教育を実践する・探究する　―活動型日本語教育の広がり	細川英雄・ことばと文化の教育を考える会	2008	凡人社

3 ｜ 調査結果——日本語教育における「実践研究」の歴史的変遷

3.1　1970年代　日本語教育の構築と実践

　日本語教育研究の歴史はまだ浅く、1970年代の動向について手がかりとなるのは、1962年に創刊された学会誌『日本語教育』（以下、『日本語教育』）のみである。『日本語教育』においては、1960年代に国語学の視点をもつ論考が多く掲載されていたのに対し、1970年代からは、対象学習者や国別など、日本語教育の環境の違いに注目したものや、日本語教師論を論ずるものが現れ、実践を扱った論考が見られるようになった。

　1973年に発行された『日本語教育』19号においては、特集として「海外における日本語教育の問題点」が取り上げられている。この特集にお

第1章｜実践研究はどのように考えられてきたか

27

いては、それぞれ国別の教育現場の紹介を中心に、実践を取り上げる論考が掲載されている。『日本語教育』22号の特集「日本語教育の最終目標」において、中上級以上のレベルの整備が課題として指摘されるなど、1970年代前半は、まだ日本語教育の中身をつくっていた時期であると考えられ、実践は、技能についての指導法や機器の使用法など、現場の具体的なノウハウを共有することを目的として描かれる傾向にあった（例えば、石田1969, 木村1970, 1972）。

　1975年になると『日本語教育』26号で特集「言語理論と日本語教育」が組まれ、実践と理論の関係についての言及が見られるようになった。この特集において、牧野（1975: 1–4）は、一般に言語理論[4]と言語教育の間の関係として、①言語理論と言語教育は一切無関係である、②言語理論と言語教育は無関係ではないが、それほど密接な関係もない、③言語理論と言語教育は非常に密接な関係があり、表裏一体といってよい、という三つの立場をあげている。牧野は、①の立場は極端であるとし、また、③に基づいて実践し、失敗した先行研究をあげながら、③を実現することは不可能である、と述べている。そして、牧野自身は、「②の中のまた中間的な立場」をとるとした。この指摘からは、当時の日本語教育において実践が、理論とはそれほど密接な関係をもたないものとして位置づけられていたことがうかがえる。一方、1976年には、29号に掲載された安藤（1976）が、速読授業について実践の設計と考察を記すなど、現在の実践報告に近い形で、教師が自身の教育実践の設計と結果を記述する論考も見られるようになった。

　以上のように、日本語教育研究において、実践研究の萌芽は、研究の潮流が従来の国語学から次第に日本語教育に特化した1970年代に確認することができる。そしてその背景には、レベル別、技能別に日本語教育の内容の整備を進めていた当時の状況がある。つまり、この時代、実践研究は、現場に携わる教師一人ひとりが自身の実践を公開し、関係者間で実践のノウハウを共有することで、日本語教育の中身を構築するためのものであったと考えることができる。

第1部　理論編

3.2　1980年〜1990年代前半　教授法の模索、学習への注目から教師の自己研修へ

　1980年代から1990年代前半は、日本語教育にとって変化の時代であった。1980年代は円高が進み、国内外の政治動向とも相まって、日本語教育の対象者が増加し、多様化が進んだとされる時代である。1983年に中曽根内閣が公示した「留学生10万人計画」にともなって国内の大学の留学生数が急増し、国立大学に初めての留学生センターが発足したのは1985年である。また、増加する留学生に対応するために、日本語教師の養成が急務になると、1985年には国立大学（筑波大学、東京外国語大学）に日本語教育の主専攻課程が設置された。これと連動するように、1980年代から1990年代前半にかけては、大学の留学生センターなどの日本語教育機関において研究紀要が発行されるようになり、日本語教育研究が広く展開し始めた時期でもある[5]。日本語教授法のパラダイムがオーディオ・リンガル・メソッドからコミュニカティブ・アプローチへと変化したのも、この時期であった。さまざまな教授法が導入され、試されるという文脈において、実践を研究することに教授法の効果の検証という新たな意味づけがなされるようになった。そしてこの文脈において、実践は理論と関連づけられるようになった。『日本語教育』においても、TPRやサイレント・ウェイといった教授法を援用した論文が多く見られた。これらの論文は、教授法の効果の検証を目的に、実践を扱う点に特徴があり（例えば川口1983, 竹田1987, 三枝1987, 壹岐1987, 山本1987）、教師がより効果的な日本語教授法を追求する方法として、実践研究が実施されている。

　その後、1980年代後半から、コミュニカティブ・アプローチをめぐる議論の中で、「唯一絶対の教授法への決別」（岡崎1991: 3）が宣言されると、従来の教授法を重視した日本語教育に代わって、「内容重視」・「学習者中心」の日本語教育が主張されるようになった。そして、この流れの中で、教授法の効果を検証するための実践研究は、学習者の学習を捉えなおすことを目的としたものへと変化した。

　国立国語研究所日本語センター発行の『日本語教育論集』（以下、『教育論集』）において、石井（1989）は、「学習者中心」の日本語教育においては、学習者がどう学習していくのかという問題が教育の最も中心に置か

れるべきことであると指摘し、「そのためには、実際の教室活動をデータ
とした調査・研究が進められることが必要」（p.16）としている。これ以
降、『教育論集』では、実際の教室活動をデータとした論考が多く現れる
ようになっている。これらの論考は、相互作用、インターアクションを
キーワードに教室活動を描く（例えば、金田 1989, 川岸 1990, 佐々木 1991）とい
う点に特徴があり、学習者の学習プロセスを明らかにすることを目的と
して、実践研究が実施されている。

　さらに 1990 年代になると、学習者の学習に注目するための実践研究
は、教師の自己研修・自己改善[6]を目的としたものとしても描かれるよ
うになった。

　『教育論集』において、古川（1991）は、日本語教師の自律性を「日々
の教育活動の中から自己向上のための契機をつかむことである」（p.1）と
し、自分の教授行動を客観視したうえで、教授活動を支える枠組みを継
続的に再構成することの必要性を述べる。つまり、教師が自身の授業で
の教授行動を捉えなおすことを目的とした実践研究の必要性である。

　また、筑波大学発行の『筑波大学留学生センター日本語教育論集』（以
下、『筑波論集』）において、西村（1994: 134）は、従来の日本語教育におけ
る授業研究は、教材や教授法を対象に、何をどのように教えるかという
観点からなされてきたことを指摘し、「しかし、学習者主導あるいは自律
学習という言葉に代表されるように、この数年の日本語教育は学習者の
もつ多様な特性に目を向け、学習者の学習スタイルや学習者のもつ目標
言語に対する信念、学習ストラテジーなどの研究が行われている」とし
ている。そして、「学習者の多様な学習特性を知ることにより授業を改
善し、学習者の多様性に応じた学習方法を提供すること」（p.134）に、そ
の研究の目標があるとしている。

　西村が指摘するように、1990 年代初頭から、調査対象となった刊行物
全体において、学習スタイルやビリーフ調査、学習ストラテジーなどを
扱う論考が多く見られるようになっている。その背景には、この時期、
教師の自己研修が注目を集めるようになったのに加え、ESL（第二言語と
しての英語教育）の研究成果が、第二言語習得理論として日本語教育に導
入されるようになったことがある。これらの研究は学習者研究と呼べる
ものであり、一見、実践研究とは異なるものであるようにも見える。し

第1部　理論編

30

かし、西村の指摘に従えば、学習の解明とは、実践の改善を目標として行われるものであり、両者は学習の解明が行われることで、教師の自己研修が促進されるという関係にある。

このように考えると、1990年代前半において、実践研究は、新井（1995a: 304）が指摘しているように「主に教師の自己研修といった、教師養成・研修との関連で展開している」ということができる。この中で、実践能力のある教師の教授行動を記述しモデル化することも、実践を研究することの目的の一つとして述べられるようになっている（例えば、新井1995b）。

以上をまとめると、日本語教育が大きな変化を迎えた1980年代、教授法の普及とともに、教授法の効果測定を目的として実践を理論と関連づけて検討する論考が見られるようになった。その後、1980年代後半、教授法の潮流がコミュニカティブ・アプローチへと移行し、「学習者中心」の議論が起こると、学習者の学習が注目されるようになった。その中で、教室における学習プロセスの解明を目的とした新たな実践研究の流れが生まれている。

また、1990年代の教師養成、教師研修の文脈においては、教師の教授行動の捉えなおしや教師の自己研修、また、優れた教師の教授行動の定式化を目的として、実践が分析されるようになった。この時期、分析の対象として、実際の授業内でのインターアクションや学習者の発話に注目が集まるとともに、教師が自身の印象や主観に基づいて実践を記述するのではなく、トランスクリプトや調査データを用いて客観的に実践を分析するという、研究の「方法」が重視されるようになった。これらの研究のめざすところは、学習者の学習プロセスの解明であるが、それは同時に、日本語教育における科学的知見の蓄積を志向することでもあった。例えば、前述の西村（1994）は、教育学で行われてきた授業研究一般の定義について、「授業に関する科学的知見を得ようとするものである」（p.134）とし、「教育学において授業に関する科学的な蓄積は不十分な状態にある」（p.134）が、それでも「日本語教育における研究をはるかに凌いでいる」（p.134）としている。

つまり、1970年代から続く、指導法や教材の使い方など、日本語教育の中身を共有することを目的としたものに加えて、1990年代初頭から

は、「教師の教授行動の捉えなおし」や「優れた教師の教授行動の定式化」という動機に基づき、学習者の学習プロセスの解明を目的とした実践研究が、方法論を重視するものとして行われるようになったといえるだろう。そしてそれは、科学的な知見を蓄積することを動機とするものでもあった。

3.3　1990年代後半〜2000年　教師の成長、内省のための実践研究と展開

　1990年代半ばに、教師の教授行動の捉えなおしを目的として実施されるようになった実践研究の流れは、1990年代後半には、教師自身の自己成長の議論に結ばれている。

　岡崎・岡崎（1997）は、日本語教師養成の教育実習において、従来の教師トレーニングから教師の成長へとパラダイムを転換することの必要性を述べ、「特に学習者が急速に多様化し、それへの対応が緊急で不可欠の課題となった日本語教育のもとでは、教育現場はますますその複雑さを増し、教師トレーニングによる教師養成で養成された教師では対処することが難しいという現実がある」（p.10）とする。そして教師の成長においては、教授活動の評価をとおした自己研修型教師やアクション・リサーチの観点が必要であることを指摘し、「それらを貫く理念としての内省」（p.37）を「内省モデル」として、教育実習プログラムの中核に位置づけている。

　岡崎・岡崎（1997）の議論では、教授活動の評価や自己研修型教師が、「必然的に教師自身による研究を促すものとなる」（p.18）とされ、アクション・リサーチは、「自分が担当する教室のもつ（あるいは教室に影響を与える教室外の）問題について教師自身が理解を深め、自身の実践を改善することを目指して提起され進められる」（p.19）ものであるとされる。このように従来の授業研究、実践研究などの用語に加え、「アクション・リサーチ」という用語が日本語教育に導入されたのは、学習者の多様化を背景として、実践の改善を通じて教師自身が成長するための内省が注目されたという点がある。

　岡崎らの論考に見られるアクション・リサーチについては、その後、横溝（2000）が、「「どのような方法によって教授の向上を図り、その成果をどのように測定するかについて予め綿密に計画を立て、報告に際して

はその実施のプロセスと結果をありのままに報告する」タイプの実践研究である」（p.24）とし、その特徴として精緻な方法論を示した。

　以上のように、教師研修の文脈において、1990年に主張された「教師の自己研修・自己改善」のための実践研究は、1990年代後半からは、教師が自身の実践を振り返り、内省することで成長していくための方法論に位置づけられるようになっている。

　一方、1990年代後半には、教師個人が成長するためだけではなく、組織のカリキュラムを発展させることを目的として、教育機関全体で実践研究に取り組む例も見られた。ここではその一例として、1997年に大阪大学留学生センターが創刊した『大阪大学留学生センター研究論集　多文化社会と留学生交流』（以下、『阪大留セ論集』）を取り上げたい。

　『阪大留セ論集』は、従来の日本語教育学と日本語学の論考が混淆しているような研究紀要とは異なり、日本語教育実践そのものに注目する論集である。掲載論考には、当該センターにおけるカリキュラム、教室談話やフォローアップインタビューなどをデータとするものが多い。これは、教育機関として、日本語教育実践を軸に据え、「学習者そのもの」への関心を重視することの表れといえよう[7]。創刊から数年の論集構成の変遷にも、より日本語教育の現場の実態に即した研究を求める姿勢[8]が反映されている。

　大阪大学留学生センターにおける日本語教育研究の現在までの流れの源流をなす論考として、第2号（1998）に掲載された岡崎、西口、新矢ほかの3本の論文があげられる。ここで順に紹介しながら、それぞれの論考で実践研究がどのような動機のもとに行われているのか、検討する。

　まず、「学習理論を応用した実践」を検証し「報告する」ことを目的とするものである。岡崎洋三（1998）は、「学習理論を実践に応用させる」（p.23）という考えに基づき、客観的理論として正統的周辺参加論を裏づけとする実践を実施し、「学習者中心の日本語学習」を志向した「実践報告」として記述している。この実践報告には学習者の学習プロセスを記述する中、岡崎が、教師が教えるということをめぐり「日々実践し、それを教育の場で応用していく」（p.23）と述べるくだりがあり、岡崎の研究動機にかかわる実践観を垣間見ることができる。実践研究は、学習理論のパラダイム転換にともない、1990年代後半には、日本語の教授法に

第1章　実践研究はどのように考えられてきたか

33

限らず、最新の学習理論を応用した「実践報告」として実施されるようになっている。

　次に、実践の実態からの理論構築を目的とするものである。西口（1998）は、実践の実態からの理論構築を「カリキュラム」として位置づけている。西口は「従来的な日本語教育」の問題点を分析し「新しいカリキュラムとカリキュラム・ストラテジーを提案」（p.29）することを論じる中で、カリキュラムと学習資材、教育成果やその評価、また新カリキュラムと教師との関係といった、実践の設計と実施における諸問題について考察している。既存の理論を応用した実践の報告ではないという点において、西口（1998）の実践研究は、岡崎（1998）とは根本的に異なるものだといえる。西口は、カリキュラムを教育実施の枠組みであり、教育環境であると捉えたうえで、「理念や信念を包含しうる」ものとして、授業担当教師の存在に着目する。よって、西口の「カリキュラム・ストラテジー」論においては、授業を担当する各教師の「理念と信念」が尊重され、「新しい教育の創造に関与することができる」存在として定義されている（p.36）。これは、岡崎（1998）の「教えるということ」をめぐり「日々実践し、それを教育の場で応用していく」（p.23）という実践観とも通底するものといえるだろう。

　最後に、実践知の共有を目的とするものである。新矢ほか（1998）は、実践の成功事例と問題提起をありのままに報告することでの実践知の共有を志向する研究の流れとして、独自のカリキュラムおよび教材による漢字教育の実践について、プログラムの概要紹介および枠組み、教育資材、具体的な学習活動とその意図を記述し、「教育実践において教師が果たすべき役割」（p.45）を論じている。教師の問題意識を具体的な教育実践とした設計と実際の教授過程と学習者の学習プロセスを記述し、その成果を評価したうえで新たな課題に対する提言が述べられている。こうした現場における授業実態の記述による論考は、個々の教師が獲得した教育実践の知見や問題意識を教室外の他の教員と共有するのに一定の効果が期待できるものである。

　岡崎（1998）、西口（1998）、新矢ほか（1998）の各論考は、①学習理論の応用と検証（岡崎1998）、②実践の実態からの理論構築（西口1998）、③実践知の共有（新矢ほか1998）の三つの切り口で整理できる。上記の三論

第1部｜理論編

34

考が発表されて以後、『阪大留セ論集』の論考の多くが、上記のいずれか
の切り口で分類できる。しかしながら、1990年代後期以降には、上記③
のタイプが多数を占めるようになり、実施した取り組みを記述するも、
コースやプログラムの枠組みを越え、日本語教育実践の理念や目的を問
いなおそうとするというよりは、次回実践への提言の考察に留まってい
る。

　1990年代に入り、教師研修の文脈において「教師の自己研修・自己改
善」を志向するようになっていった実践研究は、1990年代後半には「教
師の成長」を目的に、教師が自身の実践を振り返り、内省することによ
って、成長していくための「方法」に明確に位置づけられるようになっ
ている。また、実践研究を実施する目的も、学習理論の応用と検証、実
践の実態からの理論構築、実験知の共有などを包含するものへと広が
り、その形態も、個別的なものから教育機関での組織的な展開へと広が
ったといえるだろう。

3.4　2000年代～　記述方法への関心と形式としての実践研究

　2000年代からは、アクション・リサーチの議論で主張された実践研究
における方法論の重要性が、それとは異なる動機をもって主張されるよ
うになっている。また、実践を記述する方法についても、他領域の影響
のもとに新しい手法が取り入れられるようになり、実践を扱う研究は、
形のうえでも広がりを見せている。

　財団法人日本語教育振興協会の実践研究プロジェクトチームによる
『実践研究の手引き』(2001)は、教師による「実践研究」の様々な手続
きや方法を具体的に解説し、実践研究の方法論の確立をめざしたもので
ある。この冊子においては、実践研究の特徴として、教育実践の主体（教
師）が研究の主体となること、教師自身の個別文脈での課題を扱うこと、
一般化、理論化をめざすものではないこと、実践現場の中で行われる研
究であること、学術研究と相互補完的な関係にあることがあげられてい
る。注目すべきは、ここでいわれる実践研究が、教師自身の個別文脈で
の課題を扱い一般化や理論化を目的としないものであり、実践現場の中
で行われる研究であること、また、いわゆる学術研究とは、一線を画し
た相互補完的なものであることが明記されている点である。つまり、こ

第1章 | 実践研究はどのように考えられてきたか

こでは、アクション・リサーチの特徴であった、教師の成長のための精緻な方法論とは異なり、それぞれの教師が自身の実践における個別の課題を記述し、読み手である他の教師に理解されるための方法論の確立がめざされている。

　加えて、2000年代の中ごろには、実践研究の新しい記述の形として、エスノグラフィー的な切り口で日本語教師や日本語学習者について記述する論考が現れ、実践研究の記述方法についても広がりが見られた。それらは、執筆者がフィールド・ワークにおける観察者として、学習者あるいは日本語教師の行為を分析し、教室で起こった気づきや葛藤を描き出そうとする試みである。

　『阪大日本語研究』に発表された5本の論考、李（2004, 2006）、ロクガマゲ（2007, 2008）、岡本（2010）は、いずれも執筆者自身が日本語教育に教師としてかかわる立場にあり、自らの問題意識が研究目的として明確に記述されている。いずれも、社会文化的な背景をもった個人が、学習者あるいは教師という立場に立ったときに、どのように行動をするのかを明らかにし、人間科学的な視点から日本語教育研究を描き出そうとする教育現場のエスノグラフィー研究の様相が濃い。こうした社会学的手法を取り入れた記述は、実践研究を描く新たな方法の一つといえるだろう。

　2000年代から、多様な動機のもとに、実践研究の方法論に関心が寄せられるようになり、また記述の形も、社会学の方法を取り入れたものへと広がりを見せるようになった。その中で、実践研究を、研究として評価するための方法を明確化する必要性も指摘されている。

　横溝（2005）は、日本語教育における「実践研究」というカテゴリー自体のあいまいさを指摘し、それをどう評価すべきかについての見解の不統一さを問題としている。そのうえで、実践研究という領域で了解される研究方法の明確化、その良し悪しを判断する評価基準の作成が必要不可欠であるとする。

　また、横山ほか（2010）は、「「実践報告」とは何か──知見の共有を目指して」というタイトルで、「実践報告」に分類される論文はどのような条件を備えているべきか、また、「実践報告」を執筆する際にはどのようなことに注意すべきかについて、分析、検討している。論考の中では、「実践研究」が研究論文と位置づけられ、「実践報告」とは区別されるも

のとして扱われている。「実践研究」が「ある理論に基づいて明確な研究課題を設定し、その課題への回答を実践の分析・検討から導くことをとおして、理論の検証を目指すもの」（p.95）と位置づけられるのに対し、「実践報告」は、「実践の目的はもちろん明確に設定されなければならないものの、むしろ個別の実践の手法を掘り下げ、その内容を広く学会員に公開し共有することで、個々の日本語教育の現場をより活性化するとともに、日本語教育全体で教育実践の手法を発展させるための議論の場を創ることを目指している」（pp.95–96）ものであるという。

　この議論に見られるように、実践における手法を掘り下げ、共有することの重要性は大きいが、手法のみに重点を置くスタンスは、教育学において佐藤（1998）が指摘した「実践の典型化」という問題につながるものであるともいえる。

　佐藤のいう「実践の典型化」とは、「優れた実践の技法を一人の名人芸ではなく誰もが共有しうる技術として、一般化し、授業を改革する運動へと導く立場」（p.26）である。佐藤は、「すぐれた授業の典型化」は、先端部分の実践を焦点として特定の基準のもとに教育技術を一般化する傾向があり、教師の仕事を画一化してしまうと批判している。また、佐藤（2008）は、実践や授業は単純な様式ではなく、形式主義的な理解に留めておくべきではないとし、授業を研究することを制度化、様式化することを批判している。このように、実践の重層性、多様性は、既存の研究法に頼るだけでは、十分に記述しきれないのである。

　実践研究の記述について、広瀬ほか（2010）は、複雑な実践を記述するためには、実践研究に内在する自身のスタンスとリンクした方法を、実践研究を重ね、改善しながら、自ら創造していく視点が重要になると主張している。そして、自身を含む実践の意味世界を理論として他者に提示すること、その方法を探究していくことそのものが実践研究であるという。実践研究を「実践を分析対象とした研究」ではなく、「実践をめぐる研究」とするならば、このように、自身の実践研究へのスタンスとリンクした研究方法そのものを探究していくプロセスもまた、実践研究の一部であると考えるべきであろう。

　『教育論集』において、文野（2004）は、日本語教育においては、「教室の実態について解明が遅れているのが現状である」（p.47）と述べ、教師

が現場で何をなすかを考えるうえでも、教室現場を記述することの重要性を指摘している。実践研究プロジェクトチームによる『実践研究の手引き』の提唱に呼応するように、『教育論集』においても、2000年前半には授業研究に並んで、実践研究という用語が意識的に使われるようになっている。例えば、鈴木・得丸（2008）では、「作文添削活動の実践研究」が取り上げられ、作文添削者の共同体における実践知の獲得が描かれた。さらに、市嶋・長嶺（2008）では、進学動機を促すための日本語教育実践が取り上げられ、自身の実践の改善を目的とした研究が実践研究として記述されている。その翌年に発行された『教育論集』25号では、「日本語教育における実践研究」が「特集」として大きく取り上げられるに至っている。この特集号において、市嶋（2009）は学会誌『日本語教育』に掲載された実践とかかわりのある論考について分類し、実践者の教育観の記述がほとんどなされておらず、教室の実態を示すデータも示されていないことが多いと指摘している。

このような日本語教育における実践研究の位置づけのあいまいさは、『教育論集』25号で企画された国立国語研究所『日本語教育論集』編集委員会（2009）による実践研究をめぐる「座談会」[9]の内容からもうかがうことができる。

掲載された「座談会」において、参加者らは、皆同様に、日本語教育における、実践研究が研究論文の下位に位置づけられる現状に危惧を示している。その一方で、「実践研究には、現場の実践を見るための道具が必要」（p.53）という意見や「可視化されたデータを説得力のある形で見せていく方法、記述的な方法が必要」という意見に対して、「そういうもの（注：実践を記述するためのツールキット）を使うと、研究が形骸化してしまう」（p.65）という反論が出されている。また、「ぼんやりしていた教育観が、実践研究のプロセスではっきりしてくるということ」（p.58）と、教師の教育観の明確化が実践研究の意義として指摘される一方で、それをどこかに研究論文として投稿する場合には、型に当てはめる形をとることで、実践研究が成立するという現実的な意見が出された。

もちろん、この「座談会」は、日本語教育における実践研究の位置づけや定義を明確にしようという意図で企画されているわけではない。しかし、それぞれの日本語教育関係者から語られる実践研究の位置づけの

大きなすれ違いは、1970年代から行われてきた日本語教育における実践研究が、実際には非常にあいまいで漠然としたものであったことを如実に物語っている。「座談会」の議論に散見される意見として、まずは研究の俎上にのせるための実践研究の方法論が必要であるという主張がある。事実、この座談会に続く形で掲載されている、文野・阿部（2009）では、「実践の公表に向けて」というタイトルで、日本語教師が書く論文が同論集に採用されるための方法が示されている。

　2000年代には、それまでの「授業報告」や「実践報告」と並んで、意識的に「実践研究」が用いられるようになり、それら用語の意味の違いについて、主に、方法論や評価方法から問われるようになった。これまで取り上げた諸例からわかることは、その観点の多くが、実践報告を研究論文に押し上げるという動機から示されていることである。もちろん、日本語教育において、実践研究を実施する動機やあり方についての議論が全くなされずに、「実践研究」という用語のみが使われてきたというわけではない。それは、冒頭に示した「実践研究フォーラム」の開始と前後して、実践研究の捉え方について記した論考が見られるようになってきたことからも明らかである。それでは、実践研究のあり方とはどのようなものであると考えられるのか。次節では、実践研究のあり方が概念としてどのように論じられてきたのかを検討したい。

3.5　概念としての実践研究

　日本語教育において、実践研究を概念として捉えている論考が現れるのは、2000年代に入ってからである。

　『早稲田大学日本語教育研究』（以下、『早稲田研究』）において細川（2002）は、日本語教育の新しいパラダイムとして、学習者の思考と表現を結ぶ日本語教育を挙げ、その任に当たる教室担当者は「学習者主体の理念に基づきつつ、既成の研究を実践に応用するのではなく、自らの実践の中から固有の研究を生み出すということでなければならない。その研究を軸にさらに新しい実践へと展開するという、実践から研究へ、研究から実践へという循環、そして自分にしかできない実践とオリジナリティこそ、これからの日本語教員養成に求められる課題ではないだろうか」（p.70）と述べている。この「自らの実践の中から固有の研究を生み出す」

第1章　実践研究はどのように考えられてきたか

ことと「研究と実践の往還」の二点は、細川（2004b）でも「日本語教育の専門性」（p.34）として述べられ、日本語教育学は、「人とことばの関係および個人と社会の関係を考える実践研究分野」（p.28）と位置づけられる。続く、細川（2005）では、「何を」「どのように」教えるのかという教育内容や方法に焦点化した「実践」の立場に対して、教師自身が「どのような教室をめざすのか」、その理念の設計として「実践」を捉え、その振り返り、再設計である「研究」と一体のものとして、「実践研究」を提唱する。また、「現在よりも充実した仕事をするための、よりよい居場所をつくろうとする実践者の意思の表れが、「実践」のための「研究」、すなわち「実践研究」である」（p.7）と述べる。そして、「実践」それ自体が「研究」であり、「この「実践」＝「研究」の立場では、なぜこの教室なのかという理念からはじまって、日々の教室活動の具体化を経て、この教室で何ができたのか、そして、次の何をするのかという、全ての振り返りと次への展開が「実践」であり、同時に「研究」である」（p.7）と強調する。

　ここでいわれる実践研究は、よりよい実践をめざす実践研究者（教室担当者）の自己表現として表れるものであり、実践と研究の往還による内省と、他者とのインターアクションによって実現されるものとされ、実践研究者を主体として描かれている。

　また、『早稲田研究』において、川上（2006）は、学習者の能動的な「学び」である学習者の「日常的実践」の存在をあげる。学習者の「日常的実践」は、「教師の主体的なかかわりや職業的なアイデンティティによる「実践」の相互構成的関係にある実践であり、両者がそろうことによってはじめて、日本語教育学的に語る「実践」となるのではないか」（p.11）と述べ、日本語教育における「実践」は、実践研究者（教室担当者）と学習者によって相互に構成される関係性的現象であるとする。

　一方、『早稲田日本語教育学』において、舘岡（2010a）は、「実践研究」を、「次の実践をさらによくしようとする一連のプロセスである」（p. ii）と捉え、「第1ステージでは、「計画、実践、振り返り、改善」という一連のサイクルが実践研究であるということが広く共有された」（p. ii）としたうえで、実践研究の第2ステージの始まりを宣言する。「実践が埋め込まれている状況は本質的には一回性のものである。常に実践は動態

性の中にある。（中略）こうした動態性の中にある実践を研究することが第2ステージの実践研究だと考える。計画、振り返り、改善という一連の動きを線状のモデルとして捉えたのでは不十分で、変化を内包した動態的な実践研究の可能性を追究するステージに入っていると考えるのである」（p. iii）という。舘岡のいう動態的な実践とは、実践研究者（教室担当者）の視点だけではなく、複数の参加者の織りなす関係性的現象の場としての実践という視点を問うものである。舘岡（2010b）では、この考えのもと、授業中のある事件を取り上げ、動態性の中にある実践研究の一つの形が示されている。

　実践の場は、実践研究者（教室担当者）と全参加者間の関係性が相互に作用する動態性として存在している。その「今」の記録は、そこに参加する全員に、教育や学習の価値観の変容を含んだ課題を提供するものになる。「実践研究とは、あくまでも考え方としての概念であり、教育や研究のための方法ではないのである。今、実践研究とは何かと改めて問われれば、それは、自分にとっての自明の教育観・人間形成観を批判的に問い直すときに生まれる、教育課題意識と深く関わる研究と答えることになろうか」（細川 2010: 79–80）という言は、実践研究者のみならず、その実践に参加する全員に向けられている。この、実践を研究すること自体を日本語教育実践と捉え、「実践＝研究」とする立場は、実践研究を教育や研究のための方法としてではなく、一つの概念として捉えたという点で大きな意味をもっている。概念で捉えることは、研究の場や対象、記述の方法など、研究の様々な具体性を限定することがないからである。細川（2010）は「「実践研究とは何か」とその範囲や範疇を定めることが目的化し、そのカテゴリー化を進めることで「実践研究」の価値を高めようとするようなことは、かえって実践研究の趣旨に合わない」（p.79）と述べ、概念としての実践研究を主張し、それぞれの実践研究者による意識と方向性が、教育実践との関係を定めるものであることを強調している。

4 ｜ まとめと考察

　日本語教育において実践研究は、日本語教育が国語学から自立し、「日本語教育学」としての確立を模索していた1970年代に、その具体的な活

路として実践が注目されるようになり、現場の教師が自分の実践を紹介する形で、記述されるようになった。しかし、1970年代、実践は、直接的に理論と結びつけて考えられるものではなかった。1970年代に結ばれることのなかった理論と実践は、1980年代の教授法研究を背景に結ばれるようになった。特に1980年代後半、コミュニカティブ・アプローチとともに、内容重視・学習者中心の日本語教育が主張されるようになると、学習者の学習を捉えなおすための研究の必要性が生まれ、実践をデータとした調査や研究が本格的に始まった。

　1990年代に入ると、学習者の学習への注目は、それを捉える教師の自己研修、自己改善へと展開し、実践研究は、学習者研究をともないながら、教師養成・教師研修の文脈で議論されるようになった。この時期、実践研究の意味は、教師自身が教室での教授行動を捉えなおすこと、また同時に、優れた教師の教授行動の定式化として主張されている。

　1990年代の終わりには、学習者の多様化を迎え、どのような多様性にも対応できる絶対的な教授法追求の限界が意識されるようになった。その中で、教師トレーニングから、教師の自律的成長へというパラダイム転換が教師養成において起こり、アクション・リサーチの観点が導入され、実践研究をアクション・リサーチとして捉える流れが生まれた。この議論において、実践に向かう教師の内省の必要性が主張され、実践研究は、教師の成長の方法論として位置づけられるようになった。

　2001年には、財団法人日本語教育振興協会の実践研究プロジェクトチームによって、「経験の社会的蓄積、実践の評価、改善、向上」を目的とし、日本語学校を中心とした、学術研究とは異なる文脈での「実践研究」の方法論の確立がめざされた。このような動きが、ややもすると現場主義といわれることのあった日本語学校の教育現場から湧き上がってきたことは、注目するべきことだろう。『日本語教育』においても、2004年には、「授業研究」に並んで「実践研究」という用語が使われるようになっている。また、2000年代は、社会学を背景に、実践研究にエスノグラフィー的手法が取り入れられ、実践の記述方法が広がりを見せるようになった。2000年代前半には、実践研究は、日本語教師が教室を描く行為として、あるいは、自身の実践を改善するための方法として、関係者の間で広く意識されるようになっている。

第1部　理論編

このように実践研究は、時代とともに変化しながら、徐々に普及してきた。一方、市嶋（2009）が指摘するように、2007年までに『日本語教育』に掲載されている論文の多くは、言語学、国語学、第二言語習得等に関する分野で、日本語教育実践と切り離した文脈で研究されたものであり、実践にかかわりのある論文は全体の約8％にすぎないという現状がある。

　日本語教育では、1970年代以降、実践を重視するべきであるという主張は、現在まで続いている。その一方で、日本語教育において、実践研究のあり方が本格的に議論されるようになったのは、2000年に入ってからのことである。実践研究をめぐる議論には、科学的知見の蓄積を志向する研究者の議論があり、実践の改善をとおした成長を重視する日本語教師養成者の議論があり、実践から立ち上がる教育観の更新を重視する教師の議論があった。つまり、異なる立場で日本語教育に携わる教育研究者、教育実践者が、それぞれに異なる動機のもとに、実践研究の意義を主張してきたのである。もちろんこのどれもが、日本語教育における実践研究の固有性を模索するプロセスであることには違いない。しかしながら、それは日本語教育研究において常に何かの「方法」であった。それは、科学的知見を蓄積するための方法であり、教室での学習や教授のプロセス解明のための方法であり、教師の成長のための方法であった。そして、現在、それら異なる動機に基づく実践研究が、それをどのように記述するのかという、実践研究の方法論の問題として議論されているのである。

　近年の指摘にあるように、実践を動態性の中で捉えるのであれば、その研究とは、実践を平面化し静的に記述するというよりは、波及効果をもち、枠組みに動きを与える運動であるとも考えられる。人間活動そのものを研究の主題とし、相互作用をデータとするという緩やかな規定のもとで、場、環境を問わず、自らの教育課題を開き、更新しながら、実践＝研究という枠組みに動きを与えていく過程こそが、新たな実践研究の形となるのではないだろうか。今すべきことは、実践研究とはこういうものである、という限定やモデル化よりむしろ、実践研究の可能性を広げていくことなのである。

　実践は、社会・文化・個人の人生等と連続して存在している。そうし

第1章　実践研究はどのように考えられてきたか

た実践と連続した一つひとつを実践研究として位置づけていくことが可能である。そのためには、実践研究を無批判に既存の方法の枠組みにはめこむのではなく、枠組み自体を自ら構築していくスタンスが求められる。自身の実践研究へのスタンスを見極め、そのスタンスとリンクした記述や研究方法を考えていかなければならない。そこから見えてくるものは、日本語教育実践者としての理念やイデオロギーであり、これらは教師一人ひとりに求められると同時に、教育機関として、さらには日本語教育学という研究領域としても、問われるべきものであるだろう。実践研究は、個人の実践のみならず既存の枠組みにも変革を与え、パラダイムシフトを巻き起こしていく力をもつものであるといえよう。

謝辞
本章は、調査文献の選定にあたり、早稲田大学の今井なをみさん、山口大学の山本冴里さんに協力していただきました。心より感謝いたします。

注	[1]	例えば、「日本語教育方法研究会」「ビジネス日本語研究会」「日系子弟のための日本語教育実践交流会」などが行われている。
	[2]	詳細はhttp://www.nkg.or.jp/kenkyu/Forumhoukoku/kk-Forumhoukoku.htm参照。
	[3]	例えば、細川（2008）は、「実践研究」においては、教室活動を観察・分析し、教室活動そのものの記録等をデータとしたうえで、言語観、教育観を示し、新しい活動へとつないでいくことが重要であり、このような教室活動観察に基づいていないものを「いわゆる「実践報告」にとどまっている」（p.225）ものとして位置づけている。
	[4]	ここでの理論は、基礎科学における「理論（グランドセオリー）」を意味すると考えられる。
	[5]	例えば、1984年に『日本語教育論集』（国立国語研究所日本語センター）、1988年に『筑波大学留学生教育センター日本語論集』（筑波大学）、1991年に『言語文化と日本語教育』（お茶の水女子大学）が創刊されている。
	[6]	ここで言われる「教師の自己研修・自己改善」は、1990年代後半には、内省や省察による「教師の成長」の議論へと結ばれるものである。

第1部　理論編

[7]	『阪大留セ論集』において、日本語の言語構造や談話研究を扱う論考の採択は、掲載稿全体から見ると少数である。特に、接触場面研究や習得研究に関する論考は少ない。
[8]	2010年現在、『阪大留論集』の掲載記事は「学術論文」「研究ノート」「実践報告」「調査報告」「活動報告」「その他」のいずれかに位置づけられる。
[9]	「座談会」には、石黒広昭・齋藤ひろみ・舘岡洋子・丸山敬介・横溝紳一郎・阿久津智・阿部洋子・河野俊之・文野峯子・宇佐美洋・金田智子・野山広が参加した。

参考文献

新井眞美（1995a）「turn-takingへの関わりからみた教室内インターアクションにおける教師と学習者の役割」『言語文化と日本語教育』10, pp.1–12. お茶の水大学日本言語文化研究会

新井眞美（1995b）「教室研究の展望と課題―教室における第二言語習得過程の解明に向けて」『言語文化と日本語教育』9, pp.304–314. お茶の水女子大学日本言語文化研究会

新矢麻紀子・三登由利子・米田由喜代（1998）「入門期の漢字教育における学習活動と教師の役割」『大阪大学留学生センター研究論集 多文化社会と留学生交流』2, pp.45–62. 大阪大学留学生センター

安藤淑子（1976）「速読指導の実態と問題点―学部留学生に試みた場合」『日本語教育』29, pp.47–56. 日本語教育学会

壹岐節子（1987）「楽しい学習「サジェストペディア」」『日本語教育』61, pp.90–104. 日本語教育学会

石井恵理子（1989）「学習のとらえ方と教室活動」『日本語教育論集』6, pp.1–18. 国立国語研究所

石田敏子（1969）「日本語教育におけるVTRの可能性について」『日本語教育』14, pp.34–41. 日本語教育学会

市嶋典子（2009）「日本語教育における「実践研究」論文の質的変化―学会誌『日本語教育』をてがかりに」『日本語教育論集』25, pp.3–17. 国立国語研究所

市嶋典子・長嶺倫子（2008）「「進学動機の自覚を促す」日本語教育実践の意義―レポート分析とエピソード・インタビューを基に」『日本語教育論集』24, pp.65–79. 国立国語研究所

岡崎敏雄（1991）「コミュニカティブ・アプローチ―多様化における可能性」『日本語教育』73, pp.1–11. 日本語教育学会

岡崎敏雄・岡崎眸（1997）『日本語教育の実習―理論と実践』アルク

岡崎洋三（1998）「正統的周辺参加としての日本語学習―研究留学生

対象の入門クラスでの場合」『大阪大学留学生センター研究論集　多文化社会と留学生交流』2, pp.17–18.　大阪大学留学生センター

岡本和恵（2010）「「ネイティブ」教師・「ノンネイティブ」教師の意識とその実践―ティーム・ティーチングを通して見えてきたもの」『阪大日本語研究』22, pp.205–236.　大阪大学大学院文学研究科日本語学講座

金田智子（1989）「日本語教育における学習者と教師の相互交渉について」『日本語教育論集』6, pp.39–75.　国立国語研究所

川上郁雄（2006）「「ことばと文化」という課題―日本語教育学的語りと文化人類学的語りの節合」『早稲田大学日本語教育研究センター紀要』20, pp.1–17.　早稲田大学日本語教育研究センター

川岸陸深（1990）「学習者間の相互交渉―学習者間の相互交渉を活発なディスカッションとする為の教師のストラテジー」『日本語教育論集』7, pp.56–76.　国立国語研究所

川口義一（1983）「サジェストペディアの理論と実践」『日本語教育』51, pp.88–100.　日本語教育学会

木村宗男（1970）「聴解指導の方法について（1）」『日本語教育』15, pp.47–53.　日本語教育学会

木村宗男（1972）「聴解指導の方法について（2）」『日本語教育』16, pp.51–61.　日本語教育学会

国立国語研究所『日本語教育論集』編集委員会（2009）「座談会―日本語教育に求められる実践研究とは何か」『日本語教育論集』25, pp.52–70.　国立国語研究所

齋藤ひろみ（2005）「「こどもたちのことばを育む」授業づくり―教師と研究者による実践研究の取り組み」『日本語教育』126, pp.35–44.　日本語教育学会

三枝恭子（1987）「サイレント・ウェイによる日本語入門―学習者と教師にとっての初日の重要性」『日本語教育』63, pp.105–121.　日本語教育学会

佐々木香代子（1991）「学習者の心的態度とインターアクション―ペアワークに対する一考察」『日本語教育論集』8, pp.52–67.　国立国語研究所

佐藤学（1998）「第一章　教師の実践的思考の中の心理学」佐伯胖・宮崎清隆・佐藤学・石黒広昭（著）『心理学と教育実践の間で』pp.9–56.　東京大学出版会

佐藤学（2008）「第3章　日本の授業研究の歴史的重層性について」秋田喜代美・ルイス，C.（編）『授業の研究　教師の学習　レッスンスタディへのいざない』pp.43–46.　明石書店

実践研究プロジェクトチーム（2001）『実践研究の手引き』財団法人日本語教育振興協会

鈴木（清水）寿子・得丸さと子（智子）（2008）「作文添削活動の実践研究における添削者の学び―TAEを用いた内省の分析」『言語文化と日本語教育』36, pp.11–20. お茶の水女子大学日本言語文化研究会

竹田恵子（1987）「TPRを利用した初級日本語授業」『日本語教育』63, pp.105–121. 日本語教育学会

舘岡洋子（2010a）「緒言「実践研究」は何をめざすか」『早稲田日本語教育学』7, pp. i–v. 早稲田大学大学院日本語教育研究科

舘岡洋子（2010b）「多様な価値づけのせめぎあいの場としての教室―授業のあり方を語り合う授業と教師の実践研究」『早稲田日本語教育学』7, pp.1–24. 早稲田大学大学院日本語教育研究科

西口光一（1998）「自己表現中心の入門日本語教育」『大阪大学留学生センター研究論集 多文化社会と留学生交流』2, pp.29–44. 大阪大学留学生センター

西村よしみ（1994）「初級日本語授業における学習者ストラテジーと授業研究―内的過程を把握する研究方法と技法の開発について」『筑波大学留学生センター日本語教育論集』9, pp.133–148. 筑波大学留学生センター

広瀬和佳子・尾関史・鄭京姫・市嶋典子（2010）「実践研究をどう記述するか―私たちの見たいものと方法の関係」『早稲田大学日本語教育学』7, pp.43–68. 早稲田大学大学院日本語教育研究科

古川ちかし（1991）「教員は自分自身をどう変えられるか―教員の自己改善に関する考察」『日本語教育論集』7, pp.1–18. 国立国語研究所

文野峯子（2004）「「質問―説明」連鎖の終了に関する質的研究―初級日本語クラスの一斉授業の場合」『日本語教育論集』20, pp.34–49. 国立国語研究所

文野峯子・阿部洋子（2009）「実践の公表に向けて」『日本語教育論集』25, pp.71–83. 国立国語研究所

細川英雄（2002）「日本語教育学におけるステレオタイプと集団類型認識」『早稲田大学日本語教育研究』1, pp.63–70. 早稲田大学大学院日本語教育研究科

細川英雄（2004a）「実践研究フォーラムへようこそ」『教育現場からの日本語教育実践研究フォーラム予稿集』p.1. 日本語教育学会2004年度研究集会 第5回実践研究フォーラム

細川英雄（2004b）「日本学を超えて―日本語教育学の位置づけと課題」『早稲田大学日本語教育研究』4, pp.27–35. 早稲田大学大学

院日本語教育研究科

細川英雄（2005）「実践研究とは何か―「私はどのような教室をめざすのか」という問い」『日本語教育』126, pp.4–14. 日本語教育学会

細川英雄（2008）「活動型日本語教育の実践から言語教育学実践研究へ―岐路に立つ日本語教育とこれからの方向性」細川英雄＋ことばと文化の教育を考える会（編）『ことばの教育を実践する・探究する―活動型日本語教育の広がり』凡人社

細川英雄（2010）「実践研究は日本語教育に何をもたらすか」『早稲田日本語教育学』7, pp.69–81. 早稲田大学大学院日本語教育研究科

牧野成一（1975）「言語理論と日本語教育の関係」『日本語教育』26, pp.1–4. 日本語教育学会

山本一枝（1987）「Community Language Learningの応用―コミュニケーションのための学習活動として」『日本語教育』61, pp.105–125. 日本語教育学会

横溝紳一郎（2000）『日本語教師のためのアクション・リサーチ』凡人社

横溝紳一郎（2005）「実践研究の評価基準に関する一考察―課題探求型アクション・リサーチを中心に」『日本語教育』126, pp.15–24. 日本語教育学会

横山紀子・宇佐美洋・文野峯子・松見法男・森本郁代（2010）「「実践報告」とは何か―知見の共有を目指して」『2010年度日本語教育学会春季大会予稿集』pp.94–105. 日本語教育学会李暁博（2004）「日本語教師の専門知についてのナラティブ的理解」『阪大日本語研究』16, pp.83–114. 大阪大学大学院文学研究科日本語学講座

李暁博（2006）「「ざわざわ」とした教室の背後の専門的意味―ナラティブ探求から探る」『阪大日本語研究』18, pp.138–168. 大阪大学大学院文学研究科日本語学講座

ロクガマゲ, S.（2007）「目標言語を第2言語とする教師とその実践―スリランカの日本語教師のケース・スタディー」『阪大日本語研究』19, pp.193–222. 大阪大学大学院文学研究科日本語学講座

ロクガマゲ, S.（2008）「初級クラスにおける媒介語の使用とやりとりの構造―日本語を第2言語とするスリランカの日本語教師の考え方と授業実践」『阪大日本語研究』20, pp.167–196. 大阪大学大学院文学研究科日本語学講座

第2章 | 新しいパラダイムとしての
実践研究
Action Researchの再解釈

三代純平・古屋憲章・古賀和恵
武一美・寅丸真澄・長嶺倫子

【キーワード】
「AR」、「A・R」、批判的、省察、協働

1 | 実践＝研究という新しいパラダイムとしての実践研究

　日本語教育における「実践研究」とはどのような営みであるべきか。本章では、この問題を探究したい。「営み」という曖昧なことばを用いるのは、私たちが論じようとする「実践研究」が従来の「実践」を「研究」する実践研究とは異なるニュアンスをもつためである。実践研究を従来の研究の中に位置づける議論から一線を画すべく、どのような「研究」か、ではなく、あえてどのような「営み」かと問うことにした。

　私たちは、この問題にAction Research（以下、AR）の議論の展開を追うことで、アプローチを試みる。第1章では、日本語教育における「実践研究」に関するコンセンサスはいまだ得られていない状況にあることが明らかにされた。また、「実践研究」が日本語教育研究の中で周縁化されているという問題も指摘された。そこで本章では、ARをめぐる議論を検討することから「実践研究」を考えることで、日本語教育における「実践研究」を改めて定義する。そのことにより、本書における私たちの「実践研究」の捉え方を明確にすると同時に、「実践研究」についてのコンセンサスの形成へ向けた議論を行う土台を築きたい。

　私たちは、「実践研究」の方法を模索する過程で、ARに関する研究を行うようになった。その時点で私たちは、横溝（2000）等を参考に、AR

49

を、日本語教師が自身の行った授業を「内省」し、「内省」した結果をもとに授業を改善するサイクルとして理解していた。そして、ARを自分たちの実践を考察するための研究方法として取り入れたいと考える一方、計画、実践、「内省」のサイクルにより研究を進めるARに対し、日本語を教える技術の改善に議論が集中し、その背景にある教育観などの議論に消極的なのではないかという印象をもっていた。「日本語教育は何をめざすか」を問い直すことによって活動型日本語教育の方法を探究してきた私たち[1]にとって、そのことはARがもつ問題点であるとさえ感じられた。

　しかし、ARに関する文献を読み進めるにしたがい、ARが提起する最も重要な点は、ARが従来の実証主義的な研究とは異なる研究パラダイムであることであり、そこから実践と研究の意味が再構築できることがわかってきた。例えば、社会心理学者のパーカー（2008/2004）は、ARを次のように定義している。「アクションリサーチとは研究活動を未来構想的な政治的実践へと変革する活動である」（p.174）。パーカー（2008/2004）によれば、実践研究（AR）[2]は、実践のデータに基づき科学的な理論を実証するという営みではなく、それ自体が、ある社会的、政治的な立場から状況を改善していく実践である。つまり、パーカーの主張するARは、私たちが当初想定したような実践を研究するための方法ではなく、むしろ実践＝研究という新しい研究パラダイムなのである。

　このARの提起する実践研究観を、日本語教育の「実践研究」として位置づけることにより、日本語教育における「実践研究」を定義すると同時に、そのように定義することの意義について論じることが本章の目的である。なぜなら、そうすることで、第1章で指摘された、「実践研究」が「実践」を対象とした研究の集合体以上のコンセンサスをもてずにいるという問題や、「実践研究」が従来の研究の下に位置づけられたり、研究の中で周縁化されたりするという問題から抜け出せ、日本語教育の実践と研究がより密接に関わりながら発展できると思われるからである。

　だが、上述したARの実践研究観は、私たちがオリジナルで開発した理論ではなく、ARが本来もっていた考え方である。それを私たちがあえて改めて取り上げて、「実践研究」として日本語教育へ導入しようと試み

第1部　理論編

る背景には、日本語教育では、パーカーが提起したような新しいパラダイムの実践研究としてARが受容されてこなかったという経緯がある。日本語教育において、ARは、主に教師が成長するための方法や、実践を研究するための方法として受容され、実践＝研究という新しいパラダイムとして提起されたことの意味や、その中で論じられている、研究や研究が生成した知の政治性、それを批判的に捉え、状況を改善していこうという研究の実践性に対する認識が非常に希薄になっている。この問題は、日本語教育に限った問題ではなく、ARの論者によってしばしば指摘されている。例えば、テイラー（2008/1994）は以下のように述べている。

> 一部の教育者は、アクションリサーチが批判的な視点をもたない政策決定者や経営者・管理者たちに容易に取り込まれてしまうのではないか、という危惧をいだいている。すでに学校で教師たちは、アクションリサーチを、事前に定められた教育カリキュラムの目的を達成したり、標準テストの得点を高めたりする最適な手法を探すための調査法と見なすよう訓練されている。これは、アクションリサーチの精神に全く反している。　　　　　　　　　　　　　　　（p.147）

テイラー（2008/1994）は、ARが教育において既存の価値観の範疇における技術的な向上を志向する方法論として受容されることを鋭く批判する。日本語教育研究の分野におけるARもまたここで批判されているような「批判的な視点をもたない」「最適な手法を探すための調査法」として行われているのではないかと私たちは考えるようになった。

そこで、本章では、まず第2節でARに関する議論を整理することで、パーカーらが主張したARがどのような営みなのか、さらには、テイラーが危惧したような受容のされ方をしたARとはどのような営みかを示す。その際、前者を「AR」、後者を「A・R」とそれぞれ表記することで両者を明示的に区別する[3]。

「AR」　：よりよい社会を構想し、構築しようとする志向をもつAR。そこには、従来、別々の行為として捉えられてきた「実践」と「研究」を「実践」＝「研究」という一つの社会実践とし

て捉えることが含意される。

「A・R」：既存の価値観の中で最適な手法を探すための調査法としての
AR。そこには、「実践」を改善するための「研究」や、「実
践」を「研究」するための方法というように、ARを「実践」
と「研究」の二つのことばとして捉えていることが含意され
る。

　そのうえで第3節では、日本語教育においてARが「A・R」として受
容されたプロセスを、ARを議論するためのキーワードとなる 'critical'、
'reflection'、'collaboration' という三つの単語の翻訳と解釈の問題に着
目し批判的に検証する。最後に第4節において、私たちの日本語教育に
おける「実践研究」の定義を明確にし、さらにそのように「実践研究」
を定義することの意義を論じる。

2 ｜ Action Research の成立と展開

　本節では、ARの成立とその後の展開を概観する。2.1では、まず、AR
の成立について概観し、ARが「AR」として構想された点を確認する。次
に、海外の教育研究において展開された「AR」を検討する。最後に、日
本の教育研究におけるARの受容について考察する。2.2では、第二言語
教育研究におけるARの受容には、「AR」と「A・R」の二つの系譜があ
ることを示したうえで、それぞれの論者の主張を検討する。2.3では、日
本語教育研究におけるARが「A・R」として受容されたことを示したう
えで、その背景を考察する。

2.1　Action Research の成立と教育研究における展開

　ARは、1940年代に誕生し、アメリカの社会心理学者レヴィン（Kurt
Lewin）が創始者とされる。レヴィンは、マイノリティとマジョリティ等
の集団相互関係を改善するという社会的実践のための研究としてARを
提唱した（レヴィン 1954/1948: 269–271）。レヴィン（1954/1948）は、ARを
「社会行動の諸形式の生ずる条件とその結果との比較研究であり、社会
行動へと導いていく研究である」（p.271）と定義している。ただし、レヴ

第1部 ｜ 理論編

ィンは実践と研究を切り離して捉えてはいない。レヴィン（1954/1948）
は、社会研究を行うためには、「大学の研究機関が新しい科学的洞察を生
みだすだけでは不十分である」（p.276）と述べ、社会的実践と研究を統合
する必要性を主張した。こうして、社会変革を志向し、場に根ざした実
践と科学的研究が一体となって進んでいく営み、すなわち、「AR」とし
てARは構想された[4]。レヴィンは、さらに計画→実施→評価というス
パイラルによって進行するARの循環モデルを示している。そして、こ
のモデルに沿って、直面する特定の状況を診断して変化に向けた計画を
立て、行動を起こし、その結果を評価するというプロセスを繰り返すこ
とにより、集団相互の関係を改善していくことをめざした。

　アメリカにおいてレヴィンが提唱したARは、その後イギリス、オー
ストラリア、北欧、ラテンアメリカ、アフリカ、インドなど、様々な国
や地域へと国際的に広がっていった。また、教育、労働市場、民衆運動、
地域開発、女性運動、コミュニティ開発、成人教育、精神医学、心理学、
看護など、多様な研究領域において発展した（例えば、江本2010, ガーゲン
2004/1999, ケミス・マクタガート2006/2000, 佐藤一子ほか2004, 保坂2004, Borda
2001, Elliott 1991, Gergen 2003, Zeichner 2001）。AR導入に際しての目的や問題
関心は、研究領域によって多岐にわたっており、定義や方法論も一様で
はない。したがって、それぞれの目的や問題関心、対象領域に応じたAR
が併存している現状にある。

　では、教育研究において、ARはどのように受容、展開されたのであろ
うか。以下、海外、及び、日本の教育研究におけるARの受容と展開を
概観する。

　ARは、レヴィンと同時代に、アメリカにおいてコレイ（Stephen Corey）
により教育研究の分野に導入された（Zeichner 2001: 274）。コレイは、ARが
教育研究の妥当な形式として認められることをめざした。しかし、実証
主義のパラダイムに基づく研究方法との比較から、仮説や因果関係の検
証の脆弱性や、研究に関わる基本的な技術や手続きに対する抵抗姿勢、
一般化の欠如などに対し、ARは厳しい批判を受けた（Burns 1999: 28）。そ
の結果、ARは1980年代に至るまで、アメリカの教育研究の分野から姿
を消した（Zeichner 2001: 274）。

　その後、教育研究におけるARは、イギリスとオーストラリアにおい

第2章　新しいパラダイムとしての実践研究

て展開され、いずれにおいても「AR」が推進された。

　イギリスにおいてARに関する議論を牽引したのは、エリオット（John Elliott）である。エリオットは、ステンハウス（Lawrence Stenhouse）とともに、1970年代に始まった教師主導のカリキュラム改革運動に携わった（Elliott 1991）。当時、イギリスでは、政府主導によるカリキュラム改革が推進され、教師に対する監視とコントロールが増大していくことが懸念されていた。そうした教育や教師を取り巻く社会的状況を変革していくために、エリオットは、カリキュラム改革に「AR」を導入した。エリオットにとってARは、教育実践と教師の成長、カリキュラム開発と評価、教育研究と実践の省察といった、異なる過程を一つの「省察的教育実践」（a reflective educational practice）（Elliott 1991: 54、筆者ら訳[5]）として統合する営みである。エリオットは、ARによって教師が授業実践の場に根ざして実践の改善に取り組み、そのプロセスを通して教師自身がカリキュラム改革へと関わっていくことをめざした。また、カリキュラム開発を行うことが教師の成長につながるとし、ARを通して教師の職業的学びを支える学校文化の形成を図った。さらに、実践を改善していくためには「実践者による継続的な省察のプロセス」（a continuing process of reflection）（p.50）が必要であり、省察的教育実践を行うことにより、授業実践に埋め込まれた価値観の理解と再解釈が可能になると主張した。ここで必要とされる省察は、カリキュラムに内在し、授業実践を方向づける所与の価値観への批判的省察を伴うものであり、単なる教授技術の改善に向けた省察とは極めて異なる。しかし、教師が互いに孤立した状況で省察を行うことは、ARを「技術的スキルの改善を目的とした技術的合理性の形態」（p.55）、すなわち「A・R」に陥らせる危険性があることをエリオットは指摘する。孤立した状況でARに取り組む教師がカリキュラム改革を実現することは困難であり、自分たちがカリキュラムに変化をもたらす力をもたないと気づいた教師は、実践の改善は技術的スキルの向上であると考えることで安心を得ることができるからである。そこで、エリオットは、教師らが共通の関心に基づく協働的省察（collaborative reflection）を行うとともに、その過程に生徒や親、雇用者をも巻き込むことを提案している（pp.55–56）。このように、エリオットはARを推進していくうえで不可欠な要素として、協働（collaboration）を位置づけている。

第1部　理論編

54

オーストラリアにおいては、ケミス[6] (Stephen Kemmis)、カー（Wilfred Carr）、マクタガート（Robin McTaggart）がARに関する議論を牽引した（ケミス・マクタガート 2006/2000, Carr & Kemmis 1986, Kemmis & McTaggart 1988, McTaggart 1994）[7]。ケミスらもまた、「AR」の導入によるカリキュラム改革を強力に推進した。イギリス同様オーストラリアにおいても、学校主導によるカリキュラムの再検討と開発、及び、教師の専門家意識の増大がARに対する関心へとつながった。ケミスらは、教師が専門性を伸長させるためには、教師がカリキュラムの理論化に携わる必要があるという問題意識に基づき、カリキュラム、授業実践、学習に関する知識を伸長させる方法としてARを導入した（Carr & Kemmis 1986, Kemmis & McTaggart 1988）。ケミスらはレヴィンが示したARの循環モデルに基づき、計画→実施→省察→新たな計画というスパイラルを通して、教師が授業実践の場に根ざし、実践の改善を図っていく営みとしてARを捉えている（Carr & Kemmis 1986）。Carr & Kemmis（1986）は、ARを次のように定義する。

　　アクションリサーチは、社会的状況の中で、参加者によって行われる自己省察的な（self-reflective）探究の形式である。そして、それは、彼らの実践、実践の理解、実践が行われる状況の合理性（rationality）と正義（justice）を改善することをめざす。　　　　　　　　　　（p.162）

　この定義からわかるように、ケミスらは、ARを、社会的状況に埋め込まれた実践、実践に対する理解のあり方、実践が埋め込まれた社会的状況を包括的に改善していくための社会実践と捉えている。また、ARは、歴史的・社会的文脈に埋め込まれた教育実践を批判的に省察することにより、カリキュラム改革、ひいては、社会変革を志向すると述べる（Carr & Kemmis 1986）。さらに、「協働的（collaborative）であるとき、そのアプローチは唯一アクションリサーチである」（Kemmis & McTaggart 1988: 5）と述べ、ARにおいて協働は必須であることを主張する。一方、ARのスパイラルだけを方法論として取り入れたり、既存の実践の効率を上げるための手段、すなわち「A・R」としてARを捉えたりするような受容の仕方を厳しく批判した（McTaggart 1994）。

　以上、海外の教育研究におけるARの受容と展開を概観した。最後に、

日本の教育研究における AR の受容と展開について考察する。

　日本の教育研究における AR は、秋田喜代美、佐藤学によって紹介・導入された。佐藤はこれまで数多くの学校改革を手掛けているが、教育実践の探求に向けたフィールド・ワークの方法として AR を採用し、「学校改革にアクション・リサーチ[8] の方法を応用すること」（佐藤 2003: 147）を志向している。佐藤は、学校を歴史的・社会的・文化的に構成された「モノと人と知の配置による権力システム」、すなわち「装置」と捉え（佐藤 2003: 158）、歴史的・社会的・文化的文脈をもつ地域社会とのつながりの中に学校を位置づける。そして、生徒だけではなく、教師、親、市民、教育行政の担当者といった教育に関わる者たちが学び育ち合う「学びの共同体」へと学校を再構築することを志向し、AR による学校改革を推進している（佐藤 1999, 2003）。佐藤は「学びの共同体」の構築には、教育に関わる者たちが連携し、協働で改革に取り組むことが重要であると主張する（佐藤 1999）。こうした佐藤の取り組みは、学校を取り巻く多様な共同体全体の問題として学校改革をめざす AR、すなわち「AR」として捉えられる。

　次に、秋田の AR について検討する。秋田ほか（2001）は、1960 年代以降、教師教育の領域において、AR が「専門性の発達を促す手法として検討されてきた」（p.152）と述べている。続いて、AR が「社会変革、社会改革の組織運動として向かう方向性と、教師の専門的成長を支援するための現職教育の方法として発展する方向性の二方向を持ちながら展開してきている」[9]（p.152）ことを紹介している。しかし、そうした現状に対して、特に批判の目は向けられていない。さらに、秋田（2005）では、レヴィンやステンハウス、エリオットらが推進した「AR」の理念や特徴等を詳細に紹介する一方で、それに続く記述においては、AR[10] が対象とする範囲やめざす次元は多様であることを示し、「よって、集団や社会の変化・個人の意識的解放だけを求めるわけではない」（p.174）と述べている。これらの記述からは、秋田が教育実践を社会的文脈に埋め込まれたものとして批判的に捉え、社会変革を志向していくことが AR においては不可欠であるという立場には立っておらず、教師の専門性の発達という観点から AR を捉えていることが窺える。それは、秋田ほか（2001）の小学校において実施された AR に関する記述にも表れている。そこに

は、授業実践が置かれた社会的文脈や、ARがどのような社会的変化を志向して行われたかに関する言及はない。また、教師による省察も、直面する状況や自身の行動に対する省察であり、実践を規定する価値観にまでは及んでいない。以上から考えた場合、秋田が推進するARは、「A・R」と捉えられる。

　しかし、秋田は、実践の改善に向け、「最適な手法を探すための調査法」（テイラー 2008/1994: 174）としてARを行っているわけではない。例えば、秋田ほか（2001）でめざされているのは、教師の介入による教室談話の変化や教室内における関係性の変化、そして、教師自身の気づきや変化に対する理解であり、McTaggart（1994）が批判するような「A・R」とは異なる[11]。また、3.3でも触れるが、秋田（2005）は、同じ実践に携わる者の環において共同生成された知を、類似の文脈や問題関心を共有する研究者や実践者にも公表し、「二重の環を作っていく」（p.179）必要性を主張する。こうした協働への志向は、エリオットやケミスらが推進する「AR」に通じるものがある。さらに、ARには「研究する人と実践する人との関係や、研究と実践活動のウェイトによって幅がある」（秋田 2005: 174–175）と述べていることを勘案すれば、秋田は、「A・R」を受容したというより、「AR」、「A・R」いずれも受容し、また、双方をARとして捉えていると考えることができる。

2.2　第二言語教育研究における Action Research に関する議論

　本項では、第二言語教育研究におけるARの受容と展開を概観する。柳瀬ほか（2000）は、ESLを牽引してきたリチャーズ・ロックハート（2000/1994）、Cornwell（1999）、Crookes（1993）、Nunan（1992）等がCarr & Kemmis（1986）やKemmis & McTaggart（1988）をどのように受容したかを検討した。そして、ESL関係者の多くが実践の技術の改善を重視する一方、Burns（1999）のような社会変革を志向する最新の研究も存在し、第二言語教育研究においてもARが行われてきたことを指摘している。本項では、柳瀬ほか（2000）を参考にしつつ、海外、及び、日本の第二言語教育研究におけるARの受容の仕方を次の二種に分類したうえで、それぞれを詳細に検討する。一つは、Crookes（1993）、Edge（2001）、Burns（1999, 2010）等に代表される社会変革の思想を継承する立場である。も

う一つは、Nunan（1992）、Wallace（1998）、佐野（2005）等に代表される、ARを教師教育や教師の成長のための方法の一つとして捉えたうえで、教師個人の「内省」を重視する立場である。

2.2.1 「AR」としての Action Research の受容

Crookes（1993）は、授業改善を目的として行われる「A・R」と、実践の現状そのものを前提から問い直す進歩的で革新的な「AR」を区別し、後者が本来のARであると主張する。「AR」では、日々の実践で生じた問題を教師が解決するだけでなく、「改革の循環的プログラム」（Carr & Kemmis 1986）を通して、実践が埋め込まれた状況を批判的に捉え直し、実践や実践者をより広い文脈に解放することが目的とされる。クルックスは、社会的文脈の中に存在するがゆえに、社会的政治的価値観と無関係に検討、評価することができない教育実践について、学校や教育機関の価値観を問うような研究がほとんどなされていないことを指摘した。そして、与えられた価値観を自明とし、実践で生じた具体的な問題の解決や改善のみを希求した教育研究を批判している。一方、省察的（reflective）、協働的（collaborative）、対話的（dialogic）な特徴を有する「AR」によって、実践上の問題が解決するとともに、教育の刷新や教師の職業的成長、研究成果の他分野への応用が促進され、既存の価値観が吟味されるとしている。

　このように実践を社会的な文脈で批判的に捉える「AR」を提唱している研究者としては、ほかにEdge（2001）やBurns（1999, 2010）が挙げられる。

　Edge（2001）は、ARには教師の変化やエンパワメントが重要であるが、エンパワメントされるのは教師としての人間であることから、教師という枠に止まらず、市民社会という視点から教育を捉えるべきであると主張する。さらに、ARの結果が授業改善につながるとしても、学習者が置かれた社会的文脈まで考慮した研究をすべきであり、学習者自身の人生の目標に照らして教育の意味づけを行うことが必要であるとしている。Edge（2001）にとってARとは、授業の改善や教師の成長のみをめざす営みではなく、より社会的な営み（「AR」）であると言える。

　また、Burns（1999）は、ARに共通の特徴として、文脈依存性や、省察

と協働の重要性、情報収集やデータ収集の信頼性などを挙げたうえで、実践を社会的政治的文脈から批判的に捉えようとする「AR」のみがARのより高い目的を果たせるとして評価した。そして、教育実践が必然的に社会的政治的な行為であり、イデオロギーや特定の価値観に基づいて行われる以上、「AR」では、教育実践を個人の実践の枠組みを超えた、より広い社会的政治的文脈から捉える必要があると述べている。

　さらに、Burns（1999）は、Crookes（1993）と同様、「AR」の社会的政治的批判性を支える活動として、「AR」参加者個人による「省察」とそのプロセス、及び、それらをグループのアイディアとして弁証法的に統合できるような「協働」の重要性を主張する。この場合の「協働」とは、問題解決のみをめざした「協働」ではなく、問題をより広い文脈で捉えて省察し解決するための、参加者それぞれが批判的な対話を自由に行えるような「協働」である。協働的な「AR」は、私的で個人的な考えをよりシステマティックで総合的な問題解決へ導く。さらに、教師が自身の実践の文脈に即した教授理論を立ち上げることに貢献し、部署や組織のいずれにも肯定的な経験をもたらす。Teacher-researcherは、ARのプロセスを分かち合うことによって、新しい教授法や活動を試したり、自身の実践を批判的に評価できるようになると同時に、最終的には、組織の改善と職業的成長という二つの目的を達成できるとしている。

2.2.2 「A・R」としての Action Research の受容

　前掲のクルックス、バーンズ、エッジの主張するARが、既存の知識や概念、価値観の捉え直しとそれをもとにした教育の刷新を志向する「AR」であるのに対し、Nunan（1988, 1989, 1990, 1992）、Nunan & Bailey（2009）、Wallace（1998）、リチャーズ・ロックハート（2000/1994）、佐野（2000, 2005）は、ARを、教師自身が授業実践の記述・分析を行うことを通して、専門的能力や資質を向上させる授業研究方法、つまり教室内に閉じられた「A・R」として受容する。

　ニューナンは、教室や教師のあり方について多くの本を著している（Nunan 1988, 1989, 1990, 1992, Nunan & Bailey 2009）。それら著作の中で、ニューナンは教師が自身の教室実践を観察・分析し自己研修につながる研究方法としてARを紹介する。例えば、Nunan（1992）では第1章「応用言

語学の研究方法と歴史（An introduction to research methods and traditions）」（pp.17–20）でARを取り上げる。そして、ARの目的は、リサーチが実施される個別の場面や文脈における問題を発見・解決することである[12]と主張する。特定のクラスルーム、学習者のグループ、一人の学習者の記述的なケーススタディーであっても、もしそれが問いからスタートし、データと解釈で裏付けられ、教師個々の文脈や立場からの視点で実行されているものであればARの一つであるとする。さらに、協働（collaboration）、変化（change）は必須のものではないと言及する（Nunan 1992: 18）。したがって、Nunan（1992）が提示する7段階に分けられたARのサイクル（Nunan 1992: 19）は、データの分析・解釈の結果を公開する（同僚とのワークショップや論文公開）までで完結するモデルとなっており、教室・学生・教師が置かれた社会的文脈や状況に関する省察（reflection）は求められていない。

　Wallace（1998）は、ARとは「reflective cycle の構造化された省察（reflection）の型」（p.15）であると述べる。ARは教師の成長（development）を目的に、教室データを集め分析・省察するための型や方法といった限定的なものとして解釈される。

　　　主に個人的または専門的な小さなグループの成長に関わるものであり、そのプロセスが実際に活動している教師の振り返りに役立つことが重要であると考える（中略）ARの目的は、そのプロセスで、ARを通して教師として成長し続けることを支援することである。

　　　　　　　　　　　　　　　　　　　　　　　　　（Wallace 1998: 17–18）

　リチャーズ・ロックハート（2000/1994）は、「本書では、アクション・リサーチを、教師が主体的に行う研究で、教室での指導や学習についての理解を深め、教室での実践に変化をもたらそうとするものという意味で使っている。」（p.15）と述べる。各章には「アクション・リサーチ　ケーススタディー」として、教室で発生する課題に対して教師が何らかのアクションを起こし、その結果を「内省」[13]し、次の教室のアクションへ還元するというサイクルの具体例が掲載される。すなわち、同書においてARは、教室をめぐる課題を、アクションを通して「内省」する方法として解釈・使用される。同書において「内省」は、授業日誌によっ

てもたらされる授業への気づきや、授業日誌を同僚と共有することによる学びなど、教師の学びに限定されるものである。

　日本の英語教育研究分野におけるARもまた、教師個人の成長に寄与する教師教育や授業改善の方法として論じられる。例えば佐野（2005）は、授業で何かの問題に気づいたら、実態の把握と原因の究明に努め、対策を講じて実践し、結果を検証して解決をめざすものがARである（p.iii）と定義する。そして、ARを三つに分類し、佐野自身の立場を明確に位置づける。

　　教育でのARは3種類に大別されます。1つは教育改革運動の立場
　　で、保護者なども巻き込んで、調査結果を行政に反映しようとする
　　ものです。2つ目は、理論研究の結果を教室での実践で検証しよう
　　とする立場です。第3は、教師が自分の授業を改善し、指導力の向
　　上を目指すものです。本著は、この第3の立場です。　　（佐野 2005: 5）

　このように、佐野は「教師が自分の授業を改善する」ことに限定したAR、つまり「A・R」を英語教育研究において提唱する。

2.3　日本語教育研究における Action Research に関する議論

　日本語教育研究において、ARに関するまとまった言及を最初に行ったのは、おそらく、岡崎・岡崎（1997）である。岡崎・岡崎（1997）は、Kemmis & McTaggart（1988）、及び、リチャーズ・ロックハート（2000/1994）を参考にARを次のように定義している。

　　アクションリサーチは、自分の担当する教室のもつ（また教室に影響
　　を与える教室外の）問題について教師自身が理解を深め、自分の実践
　　を改善することを目指して提起され進められる、小規模な調査研究
　　であり、自分の教室を超えた一般化を直接的に目標とするものでは
　　ない。　　　　　　　　　　　　　　　　　　　　　　　　　（p.19）

　以下、岡崎・岡崎（1997）によるARの捉え方に関し、さらに詳しく紹介する。

岡崎・岡崎（1997）は、教育実習や教師研修を支えている理論的枠組みとして、ARを含む次の三つの考え方を挙げている。①教師トレーニングから教師の成長への転換。②教授活動の評価を通した自己研修型教師。③アクションリサーチ。そして、①②③のつながりに関し、次のように説明している。

　1980年代までの教師養成や教師研修は、教師トレーニングが行われる場であった。教師トレーニングとは、教師志望者、あるいは現職教師を対象に、あらかじめ決まっている教師として備えるべき諸技術をマスターさせるための訓練である。しかし、教育現場の複雑さや学習者の多様性が注目されるようになってきた結果、教師の成長という捉え方が新たに提起された。教師の成長とは、どのような学習者に対し、どのような原則や理念に基づいて教えるかを「自分なりに考えていく姿勢を養い、それらを実践し、その結果を観察し改善していくという考え方」（p.10）である。

　教師の成長を実現するためには、教師が自身の教授活動を自身で評価する必要がある。自身の教授活動を評価することにより、教師は自らがどのような学習者に対し、どのような方法で教えているかを意識化できるようになるとともに、自身の教授活動を「見る目が養われていく」（p.14）。このような自身の教授活動の評価を積み重ねることにより、教師は自己研修型教師となっていく。自己研修型教師とは、「自分自身で自分の学習者に合った教材や教室活動を創造していく能動的な存在」（p.15）である。

　教授活動の評価や自己研修型教師のような、個々の教師が、自身が教室で何を起こしているか／自身の教室で何が起こっているかを把握するとともに、自身の把握に基づき、教授活動を改善していこうとするあり方は、必然的に「教師（教師研究者 Teacher Researcher）の行う研究」（p.18）を促す。教師自身により行われる、自身の現場の問題を理解すると同時に、問題の解決を図ろうとする、「優れて実践的な性格をもつ」（p.18）タイプの研究がアクションリサーチである。

　上述したように岡崎・岡崎（1997）は、教師の成長という考え方に基づき、教師養成・研修が行われる場合に必然的に導かれる研究活動として、ARを捉えている。このようなARの捉え方は、ARが「実践」を改善する

ための「研究」であると捉えられているという点で、また、教師個人の成長と関連づけられているという点で、「A・R」に近い捉え方である[14]。

　一方、岡崎・岡崎（1997）がARを「AR」としても捉えていたのではないかと推察できる記述も見られる。岡崎・岡崎（1997）は、ARのような教師自身による研究により、「教師は、自分が無自覚なままもっている「枠」がどの程度適切であるかについてのフィードバックを研究対象である学習者から得ることができる。のみならず時には研究が「枠」の限界を指し示し、突き動かすこともある」（p.18）と述べている。岡崎・岡崎（1997）は、「枠」に関し、詳しく説明していない。しかし、教師による「内省の捉え方の広がりと深まり」（p.31）[15] に関する次の説明が、岡崎・岡崎（1997）における「枠」を理解するための手がかりになる。

　　　内省の捉え方は広がりと奥行きを見せ始めている。この広がりの中で特に注目すべき点は、教室現象を教室の中だけに限定して考察するという考え方のほかにそれを教室を取り巻いているコミュニティーや社会全体との関係で捉え考察していこうとする考え方も形成されてきているということである。
　　　　　　　　　　　　　　　　　　　　　　　　　　　　　（pp.34–35）

　上記の説明から、「枠」とは、教師が抱いている日本語の教授や教室運営に関する価値観のみならず、教室と教室を取り巻くコミュニティや社会の関係を含む概念であることが推察される[16]。「枠」が教室と教室を取り巻くコミュニティや社会の関係を含む概念であるとすれば、教室と教室を取り巻くコミュニティや社会の関係を踏まえた教室実践の改善を志向しているという点で、岡崎・岡崎（1997）は、ARを「AR」としても捉えていたと推察できる。

　以上のように、ARは、日本語教育研究における受容の最初期において、「A・R」でもあり、「AR」でもあるような営みとして紹介された。

　岡崎・岡崎（1997）により言及されたARは、その後、横溝（2000）により、「現職教師の自己成長に大きく貢献する一手段」（p.9）として、つまり、「A・R」としての側面が強調された形で紹介された。横溝（2000）は、上述した岡崎・岡崎（1997）によるARの定義を参考に、ARを次のように定義している。

第2章　新しいパラダイムとしての実践研究

> 自分の教室内外の問題及び関心事について、教師自身が理解を深め
> 実践を改善する目的で実施される、システマティックな調査研究
>
> (p.17)

　このような定義からもわかるように、横溝（2000）は、ARを通し、教師個人が自らの行動・態度を「内省」し、変化させ、結果として成長することを重視している。つまり、横溝（2000）におけるARの捉え方は、ARが「実践」を改善するための「研究」や、「実践」を「研究」するための方法として捉えられているという点で、また、教室実践の改善において、教師個人の行動・態度の変化が重視されているという点で「A・R」である。

　横溝（2000）の発表以後、日本語教育研究において、ARは「A・R」として浸透していった。具体的には、教師養成、あるいは現職教師の研修の手段として「A・R」が用いられるようになった（例えば、迫田2000, 平岩・横溝2004, 横溝ほか2004）。また、横溝（2000）以降、近年に至るまで、授業の改善を通した教師個人の行動・態度の変化を重視するARが（横溝自身による論文も含め）継続的に報告されている（例えば、小竹・横溝2002, 大城2003, 松本2004, 坂本2005, 髙宮ほか2006, 大竹2007, 木原2009）。例えば、髙宮ほか（2006）は、自身の授業の問題点を把握し、把握した問題点を改善することを目的に、概ね次のような枠組みで協働型アクション・リサーチを行った。①学習者全体を対象とするニーズ調査と文化に関するアンケートの実施。②①のニーズ調査、及び、アンケートに基づくカリキュラム作成。③授業の相互観察、及び、相互フィードバック。④日本語教授法指導者による授業の観察とフィードバック。⑤「内省」を支援するためのメンタリングの実施。⑥学習者への定期的なインタビュー。髙宮ほか（2006）を執筆した3名の日本語教師は、当初、教授法やその技術などの手段に目が行きがちであった。しかし、1学期16週間にわたり協働型アクション・リサーチを行った結果、学習者との関わり方や教え方を客観的に見つめ、学習者を把握することが効果的な授業になると認識するに至った。また、授業を見る観点が変わったことにより、教師の学習者への対応が変化するとともに、学習者の授業態度にも変化が見られるようになった。3人の教師は、このようなお互いがもつビリーフスを認識、

共有したうえで、自らのビリーフスを「内省」することで、自身のビリーフス、及び、授業中の行動・態度が変容していく過程を教師としての成長の過程として捉えていた。髙宮ほか（2006）において行われたARは、教師個人の行動・態度の変化やその結果としての成長の実感が重視されているという意味で、また、教室と教室を取り巻くコミュニティや社会の関係を踏まえた教室実践の改善が志向されていないという意味で「A・R」である。

　以上、説明したように、ARは、日本語教育研究における受容の最初期において、岡崎・岡崎（1997）により「A・R」でもあり、「AR」でもあるような営みとして紹介された。しかし、その後、ARは、横溝（2000）により、「A・R」としての側面が強調された形で紹介された。その結果、ARは「A・R」として日本語教育関係者に広く浸透していった。

3 ｜ 日本語教育研究における Action Research の受容のあり方と課題

　前節で私たちは、ARは、大きく「AR」と「A・R」の二つの系譜に分類できることを指摘した。実践＝研究として、カリキュラム改善から社会への働きかけをめざし企画されるのが「AR」である。イギリスではElliot（1991）などが、オーストラリアではCarr & Kemmis（1986）、Kemmis & McTaggart（1988）、ケミス・マクタガート（2006/2000）などが教育における「AR」の代表的な例であった。さらに第二言語教育の分野においてはクルックス、バーンズ、エッジらが、ケミスらの主張する「AR」の系譜に連なる論者として位置づけられる。

　それに対し、「A・R」は、自らを「AR」から差別化し、大きな意味での社会への働きかけからARを切り離し、自らの（主に）教室実践を改善するための方法としてARを捉えた。「A・R」の論者は、「AR」が社会変革をめざす大規模な研究であるのに対し、「A・R」は自分の実践の改善を目的とした小規模な研究であるとする（佐野2005）。第二言語教育研究の分野において、この「A・R」の系譜に位置づけることができるのは、ニューナン、ウォレス、佐野らであった。そして、前節で論じたように、近年、日本語教育における実践研究の一つのあり方として取り上げられるARは、基本的に「A・R」の系譜に位置づけることができる。

第2章 ｜ 新しいパラダイムとしての実践研究

「AR」は、社会的文脈から実践を切り離し、既存のイデオロギーの中で実践の技術的な向上をめざす「A・R」を本来のARの目的とは異なるものであると批判する。「AR」は実践＝研究を一つの社会実践とし、その実践性の中に従来とは異なるパラダイムの研究の意義を見出しているのである。私たちの目的は、そのような「AR」を日本語教育において実践研究と位置づけたとき、実践研究はどのような営みとなりうるのかを探究することである。よって本節では、日本語教育の分野において、どのようにARの議論が受容され、どのような経緯で主に「A・R」としてARが捉えられるようになったのかを明らかにし、「批判的な」(critical)、「省察」(reflection)、「協働」(collaboration) の三つのことばの翻訳・解釈から「AR」と「A・R」の違いを明確にする。

　前節においてしばしば触れられてきたように、「批判的な」(critical)「省察」(reflection) を「協働」(collaboration) で行うことが社会変革を志向する「AR」では重要とされている（ケミス・マクタガート 2006/2000, Carr & Kemmis 1986, Kemmis & McTaggart 1988）。この「批判的な」(critical)、「省察」(reflection)、「協働」(collaboration) の三つのことばが「AR」を論じるうえでのキーワードと言える。日本語教育におけるARの受容の問題を考えるうえで、'critical'、'reflection'、'collaboration' という三つのキーワードの翻訳・解釈が重要な意味をもっている。この三つのキーワードはいずれも、「AR」において非常に重要な概念として位置づけられている一方で、「A・R」においてはその位置づけが曖昧である。さらに言うならば、英語教育におけるARの論者である佐野が、「AR」と区別し「A・R」を小さなARとし、あえて、'critical'、'reflection'、'collaboration' を議論から外しているのに対し（佐野2005）、日本語教育におけるARの主要な論者である横溝は、翻訳・解釈のプロセスでその意味を脱イデオロギー化するという方法で消化している（横溝2000）。この受容のあり方は、日本語教育独自のものであり、その受容方法により、「AR」は、「A・R」化していると言える。

3.1 「批判的」(critical) であるということ

　ARにおいて 'critical' に実践を考察することは重要である。「AR」の代表的な著作であるCarr & Kemmis（1986）のタイトルは "*Becoming*

Critical"であり、批判的教育科学（Critical Educational Science）を実践する方法としてARを位置づけている。'critical' は、一般的に「批判的」という訳語が当てられる。例えば、日本語教育では、野元（1996）が 'Critical Pedagogy' の思想的源流とされるフレイレ（Paulo Freire）の理論に基づき、「批判的日本語教育」を提唱している。この「批判的」とは、'critical' という意味である。また 'Critical Pedagogy' の日本語教育への導入を提案した佐藤慎司（2004）は、その導入の際に、「批判的思考」を教育の過程に取り入れる必要を主張する。この「批判的」も 'critical' という意味と捉えられる。

　いち早く日本語教育にARを紹介した岡崎・岡崎（1997）は、教師が自己研修型教師になるために、批判的に自らの言語教育観や教材を見直す必要性を主張し、そのためにARが有効であることを述べる。岡崎・岡崎（1997）は、自己研修型教師に求められることとして以下のように述べる。

　　教師各自がこれまでの教授法や教材のもつ可能性を批判的に捉え直し、これまで無意識に作り上げてきた自分の言語教育観やそれに基づいた教授法やテクニックの問題点を、学習者との関わりの中で見直していくという作業を自らに課すことである。

（岡崎・岡崎 1997: 15）

　この岡崎・岡崎（1997）の「批判的」も、Kemmis & McTaggart（1988）の主張に基づいていることから、英語の 'critical' を意識していると考えられる。

　一方で、日本語教育においてARを推進した横溝（2000）は、'critical' に「批評的」という訳語を当てている。Kemmis & McTaggart（1988）のARの手順を紹介した個所では、「第一段階＝計画」について、「現在起こっていることの向上のために批評的な眼で捉えた行動を計画する」（横溝2000: 34）となっている。

　本章において、私たちは、'critical' の訳語として「批判的」を選択した。それは「批判的」という訳がもつ含意が「AR」において重要であると考えたからである。以下に、'critical'（「批判的」）ということばがARに

おいて意味するものを論じ、「批判的」と訳すことの意義を明確にしたうえで、「批評的」ということばで訳され、同時に日本語教育のARにおいてそれがキー概念から外されたことの意味を検討する。

　では 'critical' ということばが意味するものはどのようなものであろうか。第二言語教育におけるARを精力的に展開するバーンズは、ARを次のように定義したうえで、'critical' ということばを説明する。

　　ARは、あなた自身が教える文脈を探究する、自己省察的で、批判的（critical）で、システマティックなアプローチである。　（Burns 2010: 2）

　Burns（2010）によれば、「批判的」ということばは、否定的な意味で受け取られることがあるが、決してARを行う教師の従来の教え方を否定するものではない。教え方に対して、自分なりの課題を発見しようというむしろ肯定的な態度のことである。つまり、「批判的」であることは、教育実践に対する教師のARという文脈で考えるならば、教師が、従来の教え方や使用されている教材などに対して、多角的に検討し、改善のための課題を見つける態度のことである。

　しかし、「批判的」には、「多角的な検討」以上の含意がある。前述の野元（1996）が「批判的日本語教育」というとき、そこには、教育を通じて社会を「批判的」に読むことで、自分たちの社会的位置づけやそこに潜むイデオロギーを理解し、そこにある問題を明らかにし、それを協働で解決していく力をつけるという目的があった。その理論的枠組みを与えているのは、フレイレの識字教育である。フレイレは、識字教育を通じて、民衆の抑圧された状況を、民衆自身が理解し、それを主体的に変革しようと声をあげることを支援した（フレイレ 1979/1970）。フレイレの実践は、批判的に自らの状況を省察し、参加者が自身の手で社会を変革しようとする実践であることから、ARの一つのルーツとされる（佐藤一子ほか 2004, Borda 2001）。つまり、「批判的」ということばには、社会的状況、そこに内在するイデオロギーや権力関係の問題を明らかにする態度が含意されているのである。

　この点について、最も明確に論じているのは、Carr & Kemmis（1986）である。Carr & Kemmis（1986）は、「批判的見方に立てば、教育の諸問

題は個別的な問題ではなく、社会的問題として立ち現れる」（p.30）と述べ、批判的に教育問題を捉えることの重要性を主張する。Carr & Kemmis（1986）は、Habermas（1974）が提唱する批判的社会科学（Critical Social Science）を教育学に導入し、批判的教育科学（Critical Educational Science）を打ち立てることを試みたが、その第一として、次のような研究観（世界観）に立つことが重要であると述べる。

> 教育研究の批判的社会的アプローチは、合理性、客観性、真実の実証主義的概念を拒否し、真実を、歴史的、社会的に埋め込まれたものとして理解する。
> 　　　　　　　　　　　　　　　　　　　　　　（Carr & Kemmis 1986: 149）

さらに、批判的教育科学についてCarr & Kemmis（1986）は、

> 批判的教育科学の仕事（tasks）は、特定の学校、教室の置かれた教育の実践的現実や学校自体が、教育と社会の関係の歴史的表現であるように、政治的現実から切り離すことはできない。
> 　　　　　　　　　　　　　　　　　　　　　　（Carr & Kemmis 1986: 160）

と述べ、批判的に考えるとは、そのような教育実践が埋め込まれている歴史的、社会的文脈を理解し、その中でイデオロギーによって歪められている自らの価値観、教育観を理解することであるとする。

　つまり、Carr & Kemmis（1986）によれば、「批判的」であるとは、自らの実践が置かれている社会的状況、実践を形づけている「枠組み」（frame）を批判的に検討しようとする態度である。また、実践を社会的に構成された営みであると捉え、実践を規定する歴史、社会、実践に内包されたイデオロギーを明らかにし、イデオロギーにより規定された自らの教育観も問い直すという態度のことである。横溝（2000）が教育分野におけるARに関する代表的著作としてたびたび引用するKemmis & McTaggart（1988）"The Action Research Planner" は、Carr & Kemmis（1986）が理論的な議論を中心としていたのに対し、教育関係者のために書かれたARの手引きといった色彩の強い著作であるが、「批判的」であることを同様に重視している。Kemmis & McTaggart（1988）は、ARにおける行

第2章　新しいパラダイムとしての実践研究

為は‘critically informed action’（批判的な情報に基づいた行為）でなければならないと主張する。なぜなら、ARにおける行為は、社会変化の中で巻き込まれるリスクを考慮し、現実の物質的、政治的制約を認識しなければならず、その行為によって、実践者が状況のより大きな範囲を超えてより効果的に、またより賢明に行動できるようになるからである（Kemmis & McTaggart 1988: 11–12）。

　以上のように、ARは社会心理学者のレヴィンを直接の創始者とし、社会実践へ介入する研究として始められた一方、社会変革をめざした識字教育を行ったフレイレの批判的教育学にもその源流を読み取ることができ、「批判的」を重要な概念として位置づけていた。それは、エリオットからケミスらへと連なる教育におけるARにおいても継承されていたのである。

　だが、日本語教育においてARが議論されるとき、上述のような意味での「批判的」（critical）が重要な概念として取り上げられることは少ない。横溝（2000）では、‘critical’は、「批評的」という訳語が当てられ、しばしば取り上げられるが、決してキー概念として論じられない。むしろ主に二つのレトリックをもって、キー概念として論じることを避けている。

　まず、あえて「批判的」という訳語を避け、「批評的」という訳語を当てている。確かに「批評的」という訳は、‘criticism’がしばしば「批評」と訳されるように、妥当性のある訳語ではある。しかし、Burns（2010）は‘critical’のもつネガティブな印象を懸念し、丁寧に説明しているが、その‘critical’を「批判的」と訳せば、かなり違和感がある。そして何よりも野元（1996）が「批判的日本語教育」を提唱したように「批判的」という訳語がかなり定着しており、岡崎・岡崎（1997）も「批判的」ということばを用いているのにもかかわらず、あえて「批評的」という訳語を用いていることには何らかの意図があると考えざるを得ない。さらに、一般的な訳語を用いずに「批評的」という訳語を当てているのにもかかわらず、「批評的」という耳慣れないことばについて踏み込んだ説明を行っていない。これは、Carr & Kemmis（1986）やBurns（2010）が‘critical’を丁寧に定義し、著書全体を通じて何度も重要な概念として取り上げているのと非常に対照的である。例えば、Kemmis & McTaggart

第1部 │ 理論編

70

（1988）におけるARの手順を紹介する中で、前述の 'critically informed action' を「批評的な目で捉えた行動」（p.34）と訳しているが、それが具体的にどのような「目」であるのかについては説明がない。「批評的」が 'critical' の訳語であることが明示されるのは、本の後半、203頁で横溝自身が書いた「クリティカル・ペダゴジー」の解説が引用される個所においてである。

　　現行の社会制度や教育などに対して、なんの疑問を持たずに受け入れるのではなくて、クリティカル（批評的）な目を持ち続けることにより、よりよい方向へと変えていこうとする理念。

（横溝 1997: 163, 横溝 2000: 203 からの再引用）

　この定義からわかるように、横溝は、'critical' の含意する社会性、政治性を理解したうえで、ARのキー概念から外し、「批評的」と訳すことで「批判的」ということばが「批判的日本語教育」などにおいて内包する政治的な意味を抽象化している。

　「批判的」をARのキー概念から外したもう一つのレトリックは、「並列と分離のレトリック」である。横溝（2000）は、第2章でARの歴史を紹介する際に、ステンハウスからエリオットへと継承されたイギリスの教育改革、その影響を受けてオーストラリアで発展したケミスらの研究を紹介している。その上で、ARを定義する際に、Elliot（1991）と Wallace（1998）のARの定義を並列する形で引用し、その共通項をARの意味の根幹として挙げている。

　　社会的状況の中で、行動の質を向上させるという観点に基づいた、
　　社会的状況の研究
（Elliot 1991: 69）

　　職業上の実践の、ある面の向上に関連した、システマティックなデータの収集と分析
（Wallace 1998: 1）

　　これらの定義に共通しているのは、アクション・リサーチが実践や行動の質の向上を目的としているという点である。　　（横溝 2000: 14）

第2章　新しいパラダイムとしての実践研究

二人の研究者のARの定義に共通しているのは、ARが実践や行動の質の向上を目的とすることであるから、それがARの定義の根幹になると述べられている。この二つを並列することで、「社会的状況」の含意する「批判的」意味について議論されることはない。だが、Elliot（1991）とWallace（1998）のARは簡単に並列できない。第2節で述べたように、Elliot（1991）は、政治主導の教育改革に抵抗し、現場からの教育改革としてのARを構想した。そこには既存の権力を批判的に捉え直す視座と意思が内包されていた。Elliot（1991）は「協働的省察的実践の不死鳥がテクノクラートのヘゲモニーに対する創造的抵抗を試みるために立ち上がる」（p.56）とARの批判的精神を述べる。それに対し、Wallace（1998）は、必ずしもARをそのように捉える必要はないと考えている。これは、ARの哲学的立場をめぐる大きな対立軸である。だからこそ、McTaggart（1994）は、「批判的」な省察を伴わない、実践の効率や成果の向上のみを目的とした研究はARとは呼べないと強く主張しているのである。

このように、横溝（2000）は、立場の異なるARを並列することで、本来大きな論点となる「批判的」であることを余剰的なものとして、議論の対象としない。そして、横溝（2000）の前半部分では並列されてきたエリオットやケミスらは、その後半、第5章「アクション・リサーチを深く理解するために」において、突然、別の種類のARとして分離される。

> しかしながら、教育実践の向上という目的を超えたところに、アクション・リサーチの意義を見出そうとするアクション・リサーチ主唱者も数多く存在している。Kemmis and McTaggart（1988）、Elliot（1991）、Crookes（1993）、Kemmis and Wilkinson（1997）、McTaggart（1997）、Griffiths（1998）等がその代表で、教師個人の成長だけにとどまるアクション・リサーチには満足しない。彼らが問題視しているのは、教育機関が実際に具現化している「価値観」については調査はほとんどなされていないという現状であり、その「疑問視されないままの目標」達成のためにリサーチが利用されているという事実である（Crookes 1993: 133）。　　　　　　　　　　　　　（横溝 2000: 202）

引用中のCrookes（1993）の指摘に従うならば、批判的な省察を行わず

「疑問視されないままの目標」達成のために教育実践を研究したものは
ARと見なすことはできない。だが、その部分についての議論がないま
ま、別の種類のARとしてこれらのARは分離されてしまう。この並列と
分離の二重のレトリックにより、「批判的」であることはARの重要な要
素から外されていくのである。

　以上のようなレトリックをもってARから「批判的」という重要な概
念を周縁化したことで、ARの捉え方にどのような変化が起こり、そこに
はどのような意図と問題が含まれているのか。次にこの問いについて
'reflection' という概念を中心に議論する。

3.2　「省察」(reflection) を行うということ

　ARにとって最も重要なプロセスであり概念は、'reflection' である。
横溝（2000）では、'reflection' が「内省」という訳語により議論されて
いる。「内省」という訳語の使用は、前述の「批判的」という概念を、AR
のキー概念から外したことと非常に大きく関係しており、その意味で、
横溝（2000）に代表される日本語教育のARのあり方やARに対する考え
方を象徴している。同時に、「内省」という訳語によってARの 'reflec-
tion' を議論することは、日本語教育におけるARに関する議論に一定の
方向性を与える効果ももっている。

　2.3で述べたようにARは、日本語教育における「教師の成長」をめぐ
る議論の中で注目されるようになった。議論の中では、教師が自らの実
践を「内省」し、その「内省」に基づいて授業を改善することが教師の
成長につながるという主張がなされた。このような主張は、日本語教育
の多様化という社会的状況の中で「教師トレーニング」から「教師の成
長」へと教師研修（養成）のあり方が問い直される過程では重要な意味を
もっていた。

　一方で、青木（2006）は、「内省」は、社会的状況への考察、及び、働き
かけを不十分にするため、教師のオートノミーを育てるのに十分では
ないと鋭く指摘する。青木のこの指摘は、'reflection' から「批判的」な
意味を周縁化することの問題を的確に表している。だが、そもそも「内
省」や「内省的実践家」ということばを横溝（2000）のオリジナルの概念
として問題化する以前に、「内省」や「内省的実践家」ということばの使

第2章　新しいパラダイムとしての実践研究

73

用自体に問題が含まれている。横溝（2000）では、「内省」は'reflection'の訳語として、さらに「内省的実践家」は'the reflective practitioner'の訳語として用いられ、議論されている。これらの用語の多くはD. ショーンの議論に拠っているが、一般に「反省」、「省察」という訳語が当てられることが多い。ショーン（2001/1983）の訳者は、文脈の中で「反省」、「省察」を訳し分けており、ショーン（2007/1983）の訳者らは、「省察」を主な訳語として用いている。ショーン（2007/1983）の訳者らは、訳注（p.V）にて、「反省」は、過去を批判的に考察するという意味で、「過去性」、「批判性」が際立ちすぎ、「内省」は自分の内面に焦点化することが問題であるとし、「省察」という訳語を用いるとしている。本章は、「批判性」を重視しているが、過去のみに焦点を当てないため、また「批判性」を'critical'ということばで取り出して論じているため、「省察」をいうことばを'reflection'の訳語として採用することにした。

　ショーン（2001/1983）によれば、'reflection'は、行為の過程で状況と対話しながら省察する「行為の中の省察」（reflection-in-action）と行為の後で省察する「行為についての省察」（reflection-on-action）からなる。「行為についての省察」には、自らが実践に適用している理論や価値観といった「枠組み」（frame）の捉え直しが含まれている。この「枠組み」の捉え直しを発展させ、社会歴史的、政治的文脈の中で実践を批判的に検討する批判的省察の必要性が議論されるようになった（Zeichner 1992）。

　ケミスらやバーンズの提唱するARの'reflection'は、この批判的省察を含む省察である。それは、社会へ開かれ、批判性を内在させているという意味において、個人の内向的な省察に焦点化する「内省」とは異なるものであると言える。例えば、Carr & Kemmis（1986）では、しばしば批判的省察（critical reflection）の重要性が論じられている。Carr & Kemmis（1986）にとって、省察は、「批判的」という概念と強く結びついている。彼らにとって省察とは歴史に埋め込まれ、社会的に構成された実践を批判的に検討し、改善のための行動を計画することなのである。Burns（2010）はさらに具体的に省察を四つの次元からなると論じている。それは、「実践の省察」（Reflecting on practice）、「研究過程の省察」（Reflecting on the research process）、「ビリーフスと価値観の省察」（Reflecting on beliefs and values）、「感情と経験の省察」（Reflecting on feelings and experiences）である。特に、「ビ

第1部｜理論編

74

リーフスと価値観の省察」が社会的状況の変革をめざすARにとって不可欠であることを強調している。

　以上のように、「AR」の過程には、社会歴史的に埋め込まれ、形成された「枠組み」を捉え直す批判的省察が求められている。だが、3.1で論じたように、日本語教育におけるARは「批判的」であることの重要性を周縁化してきた。'reflection' に対する「内省」という訳語は、それを象徴することばであると同時に、そのことばによってARを議論することで、社会的状況やそこに内存する価値観に対する「批判的」「省察」、及び、価値観を含む根本的な改善が中心的な課題とされないという状況を生む。つまり「内省」ということばによる議論により、「批判的」であることを周縁化し「省察」を脱社会化、脱政治化しているのである。

　ただし、日本語教育におけるARの一つの特徴は、「批判的」であることを周縁化するが、排除しないことである。横溝（2000）には、ARの特徴として、「状況の改善・変革すなわち教育の質の向上を目標に行うものである」（p.17）とある。「状況の改善・変革」を目標に置いていることから、何らかの現状を批判的に捉えることを前提としていることが示唆される。しかし、ケミスらにとって、状況の改善・変革とは、批判的省察によって達成されるものであったが、ここでは、「すなわち」という接続詞のあとに「教育の質の向上」という曖昧なことばで結ばれることで、「状況の改善・変革」の内実は問われない。このように、「状況の改善・変革」ということばを用いながら、'reflection' を脱社会化・脱政治化したように、議論の全体を脱社会化・脱政治化しているのである。

3.3　「協働」（collaboration）の意味

　「協働」（collaboration）の重要性は多くのARの論者の主張に共通している。しかし、その意味と位置づけは論者により若干異なる。横溝（2000）は、「協働」に関し「一人でアクション・リサーチを進めることも不可能ではない」（p.18）としながらも、ARが協働で行われる意義を強調している。その理由として、他の教師と「励まし合いながらリサーチを進めることができ」ることや多角的な視点から検討できること、さらには、その共同作業が、教師間の「横の繋がり」を形成することを挙げている（p.205）。また、協働のパートナーとしては、基本的に他の教員、及び、

ARをファシリテートする研究者が想定されている。これは、教員養成（研修）において、ARが導入され、実践されてきたことからもわかる。ここで奨励されている協働は、主に教師個人の成長を支えるための協働であり、ARを行う教師やファシリテーターが集まり、研究としてのARを行う際に生まれる協働である。また、横溝（2000）は、ARを協働で行うことで教師間の「横の繋がり」が生まれることも、協働でARを行うことの意味として指摘している。

横溝（2000）がARをより充実したものにするために他の教師やファシリテーターとの協働を推奨するのに対し、Carr & Kemmis（1986）は、ARは常に協働的な営みであるとする。なぜなら、ARの目的は、実践とその実践が埋め込まれた社会的状況の改善にあり、それは一つの社会実践だからである。この時、第一に想定されている協働の相手は、当該の教育実践への参加者である。Carr & Kemmis（1986）は、社会実践としてのARは、地域住民等も含む当該コミュニティの参加者による広く強い協働により推進されるべきであるとする。Carr & Kemmis（1986）は以下のように述べる。

> 究極的なARの目的は、全ての参加者を、相互理解とコンセンサスの構築をめざしたコミュニケーションに巻き込み、民主的な意思決定と共同の行動（common aciton）を行うことである。
>
> （Carr & Kemmis 1986: 199）

また、ケミス・マクタガート（2006/2000）は、自らのARを他のARと区別するべく、「参加型アクション・リサーチ」[17]としたが、その「参加型アクション・リサーチ」の特徴として、「実践的で共同的」（p.260）であることを挙げる。

> 参加型アクション・リサーチは、人々を、社会的相互行為の中で、自分たちを他者と結びつけている**社会的実践**を検討することへと引き入れる。　（ケミス・マクタガート 2006/2000: 260　太字は原文のまま）

つまり、ケミス・マクタガート（2006/2000）にとって、ARは、人々が

自分たちの相互行為、社会的組織化の実践を探究し、それを再構成することで、改善することを探究する過程なのである。このようなARにとっては、協働はARをより充実させるものである以前に、ARという実践の本質的な問題としてあるのである。

「A・R」における協働は、主に、研究としてのARを行ううえでの協働、端的には、教師の学び合いを主に想定している。後述するようにこの協働もARにおいて非常に重要になることは間違いない。しかし、「AR」は、社会実践を協働で行っていくことをARと意味づけている。そのため、第一の協働の対象として、ARを行う実践の当事者たちが想定されるのである。

ただし、「AR」は、ARという社会実践の当事者による協働のみを想定するわけではない。横溝（2000）が指摘したように、他の教師やファシリテーターとの協働の重要性も指摘されている。前節において「AR」にとって「批判的な」「省察」が重要であることを指摘したが、「批判的な」「省察」を行うために実践研究者（Action Researchers）の協働は有効であることが指摘されている（Carr & Kemmis 1986）。そのため Carr & Kemmis（1986）はARを行う実践研究者たちが自己批判的なコミュニティを形成することの必要性を強調している。

すなわち、ARは、二つの階層における協働が有機的に機能することで実践を発展させるのである。第一に、ARという実践に直接参加するものによる協働、第二に他の実践研究者たちとの協働である。第二の協働は、ARにより深い「省察」をもたらし、第一の協働をより充実した協働へと導く。その協働によって行われたARは、第二の協働による相互の学び合いをより豊かなものにする。秋田（2005）は、一つの実践における参加者たちの協働を一つの環とするならば、それぞれ別のARをするものたちの協働はさらに外の環を形成すると述べる。この二重の環がARにおける協働によってつくられるのである。

この実践研究者たちの環は、個々の成長を支えるためのネットワークであるばかりでなく、それ自体が、教育実践としての意味をもつ。つまり二つ目の環は、新しい大きなARとして立ち現れるのである。Elliot（1991）やCarr & Kemmis（1986）は、ローカルで小規模な実践の改善こそが、大きなカリキュラム改革につながると考えていた。そして、現場の

第2章 新しいパラダイムとしての実践研究

77

教師のローカルな実践からこそカリキュラムを構築するべきで、その実践が教師という職業の専門性を高めるとCarr & Kemmis（1986）は主張する。教育という制度の改善・改革のために、実践研究者たちの協働が不可欠なのである。パーカー（2008/2004）は研究のもつ実践性に意識的になることがARにおいて重要であることを指摘した。実践研究者たちの協働は、研究という実践を通じて、その領域の社会実践を改善する力となる。その意味では、ARを行う実践研究者たちの協働は、もう一つのARなのである。

4 ｜ 日本語教育実践としてのアクションリサーチの可能性

　以上、'critical'、'reflection'、'collaboration' という三つのキーワードの翻訳・解釈を手がかりに日本語教育におけるARの受容について検討してきた。その検討から、三つのキーワードの意味が曖昧に受容される過程で、「AR」のもつ社会性や政治性が周縁化されていったことがわかった。第2節で論じたように、「AR」を中心に提起されたARであったが、提起された段階から「A・R」として解釈される危険性が指摘されてきた。ただ、第二言語教育の分野ではエッジとニューナン、日本の英語教育では、柳瀬らと佐野のように、比較的明確に「AR」と「A・R」のどちらかの立場に分かれ、主張を展開していた。このことにより「AR」の立場からARを構想する可能性が開かれていた。
　しかし、日本語教育では、キーワードの解釈を曖昧にすることで「AR」と「A・R」の境界を曖昧にしながら、内実は「A・R」としてARが位置づけられた。この作業に対して、横溝はかなり自覚的であった。横溝（2006）は、日本語教育のARにおいて、行政の協力などが必要な社会変革を視野に入れたARは現実的に実行が困難で、教室の改善へと収束する傾向が強いと指摘している。さらに横溝は鼎談の中で、日本語教育の現場でARが受け入れられるために「ハードルを低く作戦」として戦略的にそのような立場をとったことに触れている（春原ほか2006: 358）。横溝が一連の著作において「A・R」としてARを日本語教育に導入したことを私たちは批判的に検証した。だが、日本語教育にはもともと「A・R」としてARを歓迎する土壌があった。確かに、ARの魅力は、現

第1部｜理論編

場の人間が参加でき、現場の「知」がその領域の理論にコミットできることである。しかし、「政治」や「社会」の変革や教室外の人間との協力が求められた途端に、現実的にARを行うことは難しいと感じてしまう教育現場の教師が多いのは間違いないだろう。この問題を乗り越えるために、とりあえず難しいと思われる部分は曖昧なことばで周縁化することで、とりかかりやすいものとして日本語教育のARが構想されたのである。このこと自体には一定の意義があったのかもしれない。

　だが、「A・R」としてARを受容したことが、教育実践の意味を社会的文脈からローカルに問い直すこと、ローカルの知をその領域の理論へとボトムアップにつなげていくことを難しくしている。私たちは、むしろ受容のプロセスの中で周縁化された「AR」を日本語教育におけるAR、ひいては実践研究として位置づけることで、ローカルな現場に根ざした知を共有し、日本語教育の知として蓄積できると考えている。「AR」の掲げる批判的省察や協働の困難は、Carr & Kemmis（1986）なども指摘しているように、日本語教育に限った困難ではない。だからこそ「A・R」として受容される傾向をARは最初からもっていた。しかし、その困難を乗り越えるためにこそ「AR」が構想されたことは、エリオットのカリキュラム改革からもわかる。多様化する日本語教育の現状で、社会的・政治的文脈から日本語教育の意味を再構築することは、日本語教育において重要な課題である。そのためにも、「AR」を日本語教育における「実践研究」として位置づけることには大きな意味がある。なぜなら、困難な社会的問題に現場の感覚に根ざしながら立ち向かうことを可能にするものは「AR」をおいてほかにないと思われるからである。

　曖昧化され周縁化された「AR」の意味を明確にするために、私たちは第3節において、三つのキーワードを検証した。ここで、その議論をもとに三つのキーワードを改めて定義したい。

「批判的」（critical）：自らの実践が置かれている社会的状況、実践を
　　　　　　　　　　　　形づけている「枠組み」を検証し、よりよいも
　　　　　　　　　　　　のへと再構成しようとする態度
「省察」（reflection）：「批判的」に実践について考察すること
「協働」（collaboration）：実践への参加者を実践研究に巻き込み、共に

実践の改善へと向かうこと

　この三つのキーワードの定義を踏まえたうえで、日本語教育における「実践研究」を「AR」に基づき定義するならば、以下のような営みであると言える。

　　　実践研究：実践への参加者たちが協働で批判的省察を行い、その実
　　　　　　　　践を社会的によりよいものにしていくための実践＝研究

　私たちは、この定義に基づいて日本語教育における「実践研究」を捉えることに大きな意義があることを主張してきた。その意義について改めて以下の三つの観点から確認することで、本章の結論としたい。

　　①日本語教育実践を社会的文脈の中で問い直す。
　　②日本語教育研究における実践研究の意味を再構築する。
　　③日本語教育実践共同体を構築する。

　まず、①の意義について論じる。2.3で述べたように、日本語教育におけるARは、教師研修（養成）の改革の文脈で主に議論されてきた。そして、その中心課題は、「内省」による教師の成長であった。その文脈の中で教師の成長を志向する「A・R」が果たした役割は大きい。ただし、「A・R」は、「日本語を上手に教えること」、「学習者の日本語が上手になること」がある程度「前提」として共有された上での議論が中心であった。しかし、いかなる日本語教育実践も、社会的状況に埋め込まれており、歴史的・社会的に位置づけられている。例えば、外国人定住者の増加、外国につながる子どもの教育、留学生の日本企業への就職といった問題に日本語教育がどのように対応していくかは、社会的、政治的に検討すべき課題である。こうした例にとどまらず、日本語教育実践は、本来的に社会性、政治性を帯びている。したがって、日本語教育研究においても、教育実践を社会的状況から切り離し、教師が自らの教室実践を改善するプロセスの中で自己成長をめざすことにより専門性を高めていく「A・R」のみならず、教育実践を社会的状況の中で捉えることにより

第1部｜理論編

専門性を高めていく「AR」を議論する必要がある。

　例えば、「A・R」では、日本国内の大学の日本語の授業で、どのように教えることで「日本語能力」が向上するのかを、実践を通じて研究する。これも意味があることであろう。だが「AR」では、まず大学において日本語の教室がどのような意味をもっているのかを考えたうえで、必要な実践＝研究を行う。どのような大学で、どのような学習者がいて、どのような教育が、学習者に、社会に望まれているのか、そして実践者＝研究者、つまり「実践研究者」（Action Researchers）である教師はどのような教育を行いたいと考えているのか、それらの要望はどのようなイデオロギーの中で形成され、どのように改善が可能なのかなどを検討することになる。そこでは「日本語能力」の向上のための教授法の改善の議論の代わりに「日本語教室」の意味が実践＝研究されていく。例えば、来日直後の学習者を対象とした教室には、学習者が他のクラスメイトや教師と共に自らの留学生活を設計していく場所という意味が見えてくるかもしれない。あるいは、学部別に分かれ、普段、留学生が会うことがない場合、留学生同士の交流の場としての意味が強いことがわかるかもしれない。学部の授業に十全に参加するための交渉をサポートする場になるかもしれない。反対に、学部の中で経験した差別などを大学として解決していく場になるかもしれない。また、日本語教師は、大学内で発生する諸問題の調停者という役割を、自身が担うべき役割として、視野に入れていくのかもしれない。そういったそれぞれの文脈の中で、より意味のある実践にするための実践＝研究が行われていくのである。

　つまり「AR」は、日本語教育実践を社会的文脈の中で問い直すことで、その実践の意味をより深いもの、より発展性のあるものへと改善していくことができる可能性をもっているのである。

　次に、②日本語教育研究における実践研究の意味の再構築について述べたい。第1節において「実践研究」とはどのような営みかを明らかにしたいという問題意識を述べた。この問題意識の根底には、私たち自身が、教育実践を研究するための方法論としてARを捉えていたことがある。近年、日本語教育学全体として、日本語教育学の研究方法が議論される中、実践研究は、教育実践を研究するものとして、その研究方法が議論されている（横山ほか2010）。ARもしばしばその方法論の一つと位置

づけられる。

　しかし、「AR」は、実践研究を従来の研究とは異なるパラダイムの研究として位置づけることを可能にする。「AR」は、単に実践を研究するのではなく、それ自身が実践を改善し、よりよい実践を行うという社会実践なのである。この実践＝研究というパラダイムは、いくつかの実践研究に対する変化を突きつける。

　第一に、実践研究の評価が変わる。実践研究は、その実践研究がフィールドとした実践をいかに改善したかによって評価される。より直接的に日本語教育実践の改善へと研究が関わり、そのことが「研究」としても評価されることになる。この研究の評価の転換は従来の研究パラダイムでは評価されなかった「実践研究」の実践的意味を再評価することができる点においても重要である。

　第二に実践研究の公表の意味が変わる。実践研究は社会実践であると論じるとき、それは、教育実践を「AR」という実践と捉え、立ち上げ、改善していくという意味において実践であるのに加え、研究活動としての「AR」もその研究領域に働きかける実践であるという意味がある。ならば、「AR」の公表の意味は、研究活動の実践性から考えなければならない。つまり「AR」は研究活動自体が社会実践となる社会構成主義的な言説運動として理解される（ケミス・マクタガート 2006/2000, パーカー 2008/2004, Gergen 2003）。研究活動もまた社会的状況に埋め込まれており、研究活動を行うことは、言説を社会的に構成していくことである。その意味で、公表もまた社会実践であり、実践研究は、自らが構成する言説やその公表という行為の社会的意味をもその考察の対象としなければならないのである。

　第三に、研究者と実践者の（権力）関係が変わる。細川（2008）は、実践研究が、従来の研究の下に位置づけられることを批判する。しばしば「実践報告」と呼ばれ、「研究」と区別されることはそれを象徴している。しかし、「AR」は、決して実践研究が従来の研究の下ではないことを明確に主張する。「AR」は、上述のように、日々の実践を「実践研究」として再構築する可能性を開き、そのことは、いわゆる「現場の教師」を「実践研究者」とすることで、研究者と実践者の関係を再編する。日々の実践の改善の努力を「実践研究」として評価することは、その実践の改

善に寄与すると同時に、「現場の教師」のエンパワメントにつながる。

　最後に③日本語教育実践共同体の構築について論じる。これは、主に「AR」の‘collaboration’を実践研究に導入することで拓ける可能性である。第3節で論じたように「AR」は協働の二重の環を形成する。すなわち、一つの「AR」に参加する実践研究者の協働の環と、「AR」の公表により形成される実践研究者の協働の環である。前述のように、研究を公表する行為自体も社会的言説に働きかける実践である。実践研究を公表することで、「AR」の提起する研究観、実践観、そして「AR」により絶えず更新される教育観を議論、共有することができる。そのことによって日本語教育に関わる者たちの実践共同体（レイヴ・ウェンガー 1993/1991）を形成することが可能になるだろう。個々の「AR」が作りだす実践共同体と、その公表、共有、そしておそらく批判的省察により作りだされるより大きな実践共同体が有機的に関係することで、個々の実践も、またそれに伴い全体的な日本語教育実践も発展することができるだろう。

　以上、三つの意義から、私たちは「実践研究」を「AR」に基づいて定義することにより、新しいパラダイムとしての「実践研究」を切り拓いていきたいと考えている。よりよい実践、よりよい日本語教育をめざし、その実現に向け実践研究共同体を形成していくための道筋は、社会実践として「実践研究」を行うことによって見出されるであろう。

注　[1]　細川英雄＋NPO法人「言語文化教育研究所」スタッフ編（2004）、細川英雄＋ことばと文化の教育を考える会編（2008）を参照のこと。

　　[2]　興味深いことに、パーカー（2008/2004）では、ARの訳語として「実践研究」が当てられている。

　　[3]　「AR」「A・R」という表記は、Action Researchの二種類の訳語、「アクションリサーチ」と「アクション・リサーチ」から着想を得た。私たちは、Action Researchにどのような訳語を用いるかに、各論者のAction Researchの受容の仕方が表れているのではないかと推察している。パーカーらは、ARを一つの社会実践とし、それを新しい実践＝研究というパラダイムとして提起する。その意味で「アクションリサーチ」は一つのことばとして捉えられる。パーカー（2008/2004）においても「アクションリサーチ」と訳されている。一方、テイラー

[4]	（2008/1994）が批判するARは、「実践」の「研究」としてARを捉えているが、このようなARに分類されるものの多くに「アクション・リサーチ」という訳語が当てられている。なお、中立的な表記としては、Action Research（AR）を用いる。
[4]	ただし、レヴィン（1954/1948）におけるARの表記は「アクション・リサァチ」となっている。
[5]	以下、和訳のない文献は、筆者らによる訳を用いる。
[6]	ケミスは、1970年代後半に、エリオットとともにイギリスのEast Anglia大学でARに取り組んでいる（Zeichner 2001: 275）。
[7]	ケミス、カー、マクタガートによるARの議論については、3節で詳細に検討する。
[8]	佐藤のARは、「AR」と捉えられるが、ここでは佐藤（2003）の表記に即して、「アクション・リサーチ」と表記する。
[9]	Noffke（1997）に依拠して述べられている。
[10]	秋田ほか（2001）では、「アクションリサーチ」と表記されているが、秋田（2005）では、「アクション・リサーチ」となっている。
[11]	Kemmis（2001）は、理論と実践の研究におけるアプローチを1）効果を得るための技術的関心に基づく実証的アプローチ、2）実践の局面における意思決定への関心に基づく解釈的アプローチ、3）社会的教育的実践を規定する抑圧やイデオロギーから人々を解放することへの関心に基づく批判的アプローチに分け、教育研究の分野で行われているARには、この三つが混在していると述べている（pp.91–92）。また、2）にはショーン（2007/1983）等の影響が見られ、このアプローチに基づくARは、実践者の自己省察や語り・記述を含んだ自己教育のプロセスであるとしている（p.92）。そこでめざされているのは、実践や実践者の理解と変化である。この分類に従えば、秋田のARは、2）の系譜に位置づけられよう。
[12]	Cohen & Manion（1985）の議論に依拠して主張される。
[13]	リチャーズ・ロックハート（2000/1994）ではreflectionの訳に「省察」を当てているが、その内容は本章3.2で議論する「内省」にあたることからここでは「内省」を用いた。
[14]	ただし、岡崎・岡崎（1997）にとって、ARは「教師の専門的成長を支援するための現職教育の方法」（秋田ほか2001: 152）ではない。ARは、教授活動の評価や自己研修型教師といった考え方から必然的に導かれる教師のあり方である。また、2.1で紹介した秋田喜代美と同様、岡崎・岡崎（1997）も、ARを実践の改善に向け、「最適な手法を探すための調査法」（テイラー2008/1994: 174）として捉えているわけではない。
[15]	岡崎・岡崎（1997）は、教師の成長、教授活動の評価、自己研修型

第1部　理論編

教師、アクションリサーチという考え方に関し、「内省の広がりと奥行きをもった考え方に支えられてこそ、日本語教師が日々考えるよすがとなり得る性格のもの」（p.36）と述べている。

[16] 上述した岡崎・岡崎（1997）によるARの定義において、自分の担当する「教室に影響を与える教室外」（p.19）の問題に関しても、教師自身が理解を深めることに言及されていることからも、「枠」が教室と教室を取り巻くコミュニティや社会の関係を含む概念であることが傍証される。

[17] ケミス・マクタガート（2006/2000）では、Participatory Action Researchの訳として、「参加型アクション・リサーチ」が用いられている。Participatory Action Researchは、「研究＝実践」という立場に立つAction Researchであるため、1節で説明した筆者らの定義に即せば、「参加型アクションリサーチ」とされるべきである。しかし、ここでは、ケミス・マクタガート（2006/2000）における表記に即し、「参加型アクション・リサーチ」と表記する。

参考文献　青木直子（2006）「教師オートノミー」春原憲一郎・横溝紳一郎（編）『日本語教師の成長と自己研修―新たな教師研修ストラテジーの可能性をめざして』pp.138–157.　凡人社

秋田喜代美（2005）「学校でのアクション・リサーチ―学校との協働生成的研究」秋田喜代美・恒吉僚子・佐藤学（編）『教育研究のメソドロジー―学校参加型マインドへのいざない』pp.163–183.　東京大学出版

秋田喜代美・市川洋子・鈴木宏明（2001）「アクションリサーチによる学級内関係性の形成過程」『東京大学大学院教育学研究科紀要』40, pp.151–169.　東京大学

江本リナ（2010）「アクションリサーチとは」筒井真優美（編）『研究と実践をつなぐアクションリサーチ入門―看護研究の新たなステージへ』pp.10–62.　ライフサポート社

大城朋子（2003）「文脈指示語「コ・ソ・ア」の用法に関するアクション・リサーチ―日本語教育副専攻の学生の場合」『沖縄国際大学日本語日本文学研究』7(2), pp.29–55.　沖縄国際大学

大竹啓司（2007）「中級クラスにおける協働学習のアクション・リサーチ」『国際交流基金バンコク日本文化センター日本語教育紀要』4, pp.171–180.　国際交流基金バンコク日本文化センター

岡崎敏雄・岡崎眸（1997）『日本語教育の実習―理論と実践』アルク

ガーゲン，K. J.（2004）『あなたへの社会構成主義』（東村知子

訳）ナカニシヤ出版（Gergen, K. J. (1999) *An Invitation to Social Construction*. London, Thousand Oaks, and New Delhi: Sage.）

木原直子（2009）「学習者の情意面を意識した外国語教育―台湾日本語専攻者向け会話授業のアクション・リサーチ」『言語文化と日本語教育』38, pp.112–115.　お茶の水女子大学日本言語文化学研究会

ケミス, S.・マクタガート, R.（2006）「参加型アクション・リサーチ」デンジン, N. K.・リンカン, Y. S.（編著）『質的研究ハンドブック 2 巻―質的研究の設計と戦略』（平山満義・藤原顕訳）pp.229–264.　北大路書房（Kemmis, S. & McTaggart, R. (2000) Participatory Action Research. In N. K. Denzin & Y. S. Lincoln (Eds.) *Handbook of Qualitative Research* (2nd ed.) (pp.567–605). California: Sage.）

小竹直子・横溝紳一郎（2002）「「私メッセージ」実行のためのアクション・リサーチ」『広島大学日本語教育研究』12, pp.67–73.　広島大学大学院教育学研究科日本語教育学講座

坂本裕子（2005）「外国語学習者の学習意欲を高めるための方法に関する一考察―日本語を学習する中国人学習者へのアクションリサーチを通して」『言語コミュニケーション研究』5, pp.2–10.　愛知淑徳大学言語コミュニケーション学会

迫田久美子（2000）「アクション・リサーチを取り入れた教育実習の試み―自己研修型の教師を目指して」『広島大学日本語教育学科紀要』10, pp.21–29.　広島大学

佐藤一子・森本扶・新藤浩伸・北田佳子・丸山啓史（2004）「アクション・リサーチと教育研究」『東京大学大学院教育学研究科紀要』44, pp.321–347.　東京大学

佐藤慎司（2004）「クリティカルペダゴジーと日本語教育」『Web 版リテラシーズ』1(2), pp.1–7.　くろしお出版　http://ci.nii.ac.jp/naid/40015299055（2013 年 1 月 20 日閲覧）

佐藤学（1999）『学びの快楽―ダイアローグへ』世織書房

佐藤学（2003）「活動の装置としての学校―改革のデザインから実践の科学へ」三脇康生・岡田敬司・佐藤学（編）『学校教育を変える制度論―教育の現場と精神医療が真に出会うために』pp.146–190.　万葉舎

佐野正之（編著）（2000）『アクション・リサーチのすすめ―新しい英語授業研究』大修館書店

佐野正之（編著）（2005）『はじめてのアクション・リサーチ―英語の授業を改善するために』大修館書店

ショーン, D.（2001）『専門家の知恵―反省的実践家は行為しなが

ら考える』（佐藤学・秋田喜代美訳）ゆみる出版（Schön, D. A. (1983) *The Reflective Practitioner: How Professionals Think in Action*. NY: Basic Books.）

ショーン，D.（2007）『省察的実践とは何か―プロフェッショナルの行為と思考』（柳沢昌一・三輪建二監訳）鳳書房（Schön, D. A. (1983) *The Reflective Practitioner: How Professionals Think in Action*. NY: Basic Books.）

髙宮優美・松本一美・川北園子（2006）「協働型アクション・リサーチによる教師の成長の可能性―学習者との関わりから見えてきたこと」『WEB版日本語教育実践研究フォーラム報告』http://www.nkg.or.jp/kenkyu/Forumhoukoku/kk-Forumhoukoku.htm（2013年1月20日閲覧）

テイラー, M. (2008)「アクションリサーチ」バニスター, P.・バーマン, E.・パーカー, I.・テイラー, M.・ティンダール, C.『質的心理学研究法入門―リフレキシビティの視点』（田辺肇訳）pp.141–158. 新曜社（Taylor, M. (1994) Action Research. In P. Banister, E. Burman, I. Parker, M. Taylor & C. Tindall (Eds.) *Qualitative Methods in Psychology: A Research Guide* (pp.108–120). Philadelphia: Open University Press.）

野元弘幸（1996）「機能主義的日本語教育の批判的検討―「日本語教育の政治学」試論」『埼玉大学紀要　教育学部（教育科学Ⅱ）』45(1), pp.89–97. 埼玉大学教育学部

パーカー, I.（2008）『ラディカル質的心理学―アクションリサーチ入門』（八ツ塚一郎訳）ナカニシヤ出版（Parker, I. (2004) *Qualitative Psychology: Introducing Radical Research*. Maidenhead: Open University Press.）

春原憲一郎・細川英雄・横溝紳一郎（2006）「鼎談「ひとを変えるということ・ひとが変わるということ」」春原憲一郎・横溝紳一郎（編）『日本語教師の成長と自己研修―新たな教師研修ストラテジーの可能性をめざして』pp.328–395. 凡人社

フレイレ, P.（1979）『被抑圧者の教育学』（小沢有作・楠原彰・柿沼秀雄・伊藤周訳）亜紀書房（Freire, P. (1970) *Pedagogy of the Oppressed*. NY: Continuum.）

平岩ゆか・横溝紳一郎（2004）「人を育て、自分も育つコミュニケーションとは―日本語教育実習TAとしてのアクション・リサーチ」『広島大学日本語教育研究』14, pp.51–56. 広島大学大学院教育学研究科日本語教育学講座

保坂裕子（2004）「アクション・リサーチ―変化から見えてくるもの」無藤隆・やまだようこ・南博文・麻生武・サトウタツヤ（編）『ワ

ードマップ質的心理学―創造的に活用するコツ』pp.175–181.
新曜社

細川英雄（2008）「日本語教育における「実践研究」の意味と課題」『早稲田日本語教育学』3, pp1–10.　早稲田大学大学院日本語教育研究科

細川英雄＋ことばと文化の教育を考える会（編）（2008）『ことばの教育を実践する・探求する―活動型日本語教育の広がり』凡人社

細川英雄＋NPO法人「言語文化教育研究所」スタッフ（編）（2004）『考えるための日本語―問題を発見・解決する総合活動型日本語教育のすすめ』明石書店

松本剛次（2004）「ピア活動を取り入れた授業の効果に関する一考察―インドネシアの大学でのアクションリサーチを通して」『日本語教育研究』47, pp.105–120.　言語文化研究所

柳瀬陽介・横溝紳一郎・峰野光善・吉田達弘・兼重昇・那須敬弘・藤井浩美・加藤賢一・三浦省五（2000）「アクション・リサーチと第二言語教育研究」『英語教育』49(8), pp.42–59.　大修館書店

横溝紳一郎（1997）「日本語学を追求するためのキーワード50」『AERA Mook：日本語学のみかた』pp.159–166.　朝日新聞社

横溝紳一郎（2000）『日本語教師のためのアクション・リサーチ』凡人社

横溝紳一郎（2006）「教師の成長を支援するということ―自己教育力とアクション・リサーチ」春原憲一郎・横溝紳一郎（編）『日本語教師の成長と自己研修―新たな教師研修ストラテジーの可能性をめざして』pp.44–67.　凡人社

横溝紳一郎・迫田久美子・松崎寛（2004）「日本語教育実習におけるアクション・リサーチの役割」『JALT Journal』26(2), pp.207–222.　全国語学教育学会

横山紀子・宇佐美洋・文野峯子・松見法男・森本郁代（2010）「「実践報告」とは何か―知見の共有を目指して」『2010年度日本語教育学会春季大会予稿集』pp.94–105.　日本語教育学会

リチャーズ, J. C.・ロックハート, C.（2000）『英語教育のアクション・リサーチ』（新里眞男訳）研究社出版（Richards, J. C. & Lockhart, C. (1994) *Reflective Teaching in Second Language Classrooms*. Cambridge: Cambridge University Press.）

レイヴ, J.・ウェンガー, E.（1993）『状況に埋め込まれた学習―正統的周辺参加』（佐伯胖訳）産業図書（Lave, J. & Wenger, E. (1991) *Situated Learning: Legitimate Peripheral Participation*. Cambridge: Cambridge University Press.）

レヴィン, K.（1954）『社会的葛藤の解決―グループ・ダイナミック

ス論文集』（末永俊郎訳）創元社（Lewin, K. (1948) *Resolving Social Conflicts: Selected Papers on Group Dynamics*. NY: Harper and Row Publishers.

Borda, O. F. (2001) Participatory (Action) Research in Social Theory: Origins and Challenges. In P. Reason & H. Bradbury (Eds.) *Handbook of Action Research: Participative Inquiry and Practice* (pp.27–37). London: Sage.

Burns, A. (1999) *Collaborative Action Research for English Language Teachers*. Cambridge: Cambridge University Press.

Burns, A. (2010) *Doing Action Research in English Language Teaching: A Guide for Practioners*. NY: Routledge.

Carr, W. & Kemmis, S. (1986) *Becoming Critical: Education, Knowledge and Action Research*. London & Philadelphia: The Falmer Press.

Cohen, L. & Manion, L. (1985) *Research methods in education*. London: Croom Helm.

Cornwell, S. (1999) Interview with Anne Burns & Graham Crookes. *The Language Teacher, 23*(12), pp.5–9.

Crookes, G. (1993) Action research for second language teachers: going beyond teacher research. *Applied Linguistics, 14*(2), pp.130–144.

Edge, J. (2001) Attitude and Access: Building a New Teaching/Learning Community in TESOL. In J. Edge (Ed.) *Action Research. Case Studies in TESOL Practice Series* (pp.1–11). Alexandria: Teachers of English to Speakers of Other Languages.

Elliott, J. (1991) *Action Research for Educational Change*. Milton Keynes, Philadelphia: Open University Press.

Gergen, K. (2003) Action Research and Order of Democracy. *Action research, 1*(1), pp.39–56.

Griffiths, M. (1998) *Educational research for social justice: Getting off the fence*. Philadelphia: Open University Press.

Habermas, J. (1974) *Theory and Practice*. (trans. T. McCarthy). Boston: Beacon Press.

Kemmis, S. (2001) Exploring the Relevance of Critical Theory for Action Research: Emancipatory Action Research in Footsteps of Jürgen Habermas. In P. Reason, & H. Bradbury (Eds.) *Handbook of Action Research: Participative Inquiry and Practice* (pp.91–102). London: Sage.

Kemmis, S. & McTaggart, R. (1988) *The Action Research Planner*. (Third edition). Victoria: Deakin University Press.

Kemmis, S. & Wilkinson, M. (1997) Participatory action research and the study of practice. In B. Atweb, S. Kemmis & P. Weeks (Eds.) *Action research in practice: Partnership for social justice in education* (pp.21–36). New York: Routledge.

McTaggart, R. (1994) Participatory action research: issues in theory and practice. *Educational Action Research, 2*(3), pp.313–337.

McTaggart, R. (1997) Guiding principles for participatory action research. In R. McTaggant (Ed.) *Participatory action research: International contexts and consequences* (pp.25–44). NY: State University of New York Press.

Noffke, S. (1997) Professional, Personal and Political Dimensions of Action Research. *Review of Research in Education, 22*, pp.305–343.

Nunan, D. (1988) *The Learner-Centred Curriculum: A study in second language teaching*. Cambrige: Cambrige University Press.

Nunan, D. (1989) *Understanding Language Classrooms: a guide for teacher initiated action*. NY, Prentice Hall International.

Nunan, D. (1990) 5. Action research in the language classroom. In J. C. Richard & D. Nunan (Eds.) *Second Language Teacher Education* (pp.62–81). Cambrige: Cambridge University Press.

Nunan, D. (1992) *Research Method in Language Learning*. Cambrige: Cambridge University Press.

Nunan, D. & Bailey, K. M. (2009) *Exploring Second Language Classroom Research: A Comprehensive Guide*. Boston: Heinle Cengage Learning.

Wallace, M. J. (1998) *Action Research for Language Teachers*. Cambridge: Cambridge University Press.

Zeichner, K. (1992) Rethinking the practicum in the professional development school partnership. *Journal of Teacher Education, 43*(4), pp.296–307.

Zeichner, K. (2001) Educational Action Research. In P. Reason & H. Bradbury (Eds.) *Handbook of Action Research: Participative Inquiry and Practice* (pp.273–280). London: Sage.

第3章 社会に埋め込まれた「私たち」の実践研究
その記述の意味と方法

三代純平・古賀和恵・武一美
寅丸真澄・長嶺倫子・古屋憲章

【キーワード】
社会的文脈、自己言及的記述、ストーリー、リソース、
実践研究共同体

1 はじめに

　第2章では、「実践」を「研究」するAction Research（以下AR）を「A・R」、「実践＝研究」という新しい研究パラダイムとしてのARを「AR」としたうえで、「AR」としてのARを日本語教育の実践研究として位置づけた。この新しい研究パラダイムとしての実践研究は、いかに記述・公表されるのだろうか。無論、実践研究という営みにおいて、記述・公表は不可欠ではない。それぞれの現場で実践研究を遂行することで完結する場合もあるだろう。また、論文以外の形態で公表することも可能だろう。しかし、いわゆる研究という文脈に位置づけるためには、論文としての記述の仕方を議論する必要がある。

　そこで本章では、まず第2節において、実践研究を記述する意味について論じる。そのうえで第3節において横溝（2000）を、第4節において池田（2008）をそれぞれ取り上げ、その記述の特徴を批判的に考察することで、実践研究の記述の方法について議論し、私たちの考える実践研究の記述の方法について、社会的文脈の記述と自己言及的記述という二つの観点から論じたい。

2 | 実践研究を記述する意味

　本節では、実践研究を記述する意味について、教育学において AR を推進している佐藤（1999）の議論や、質的研究の一つであるライフストーリー研究の記述の問題について言及している石川（2012）の議論に基づいて論じる。

　AR の記述の問題について、佐藤（1999）は以下のように述べている。

　　アクション・リサーチの研究による知見が、エッセイやストーリーのスタイルで豊かに表現され、学術的な研究誌のオーソドックスな論述のスタイルになじまないのは、決して旧来の経験科学の方法よりも劣った認識によるのではなく、近代科学の言語と論理では表現しえない探究をアクション・リサーチが獲得しているからであろう。たとえば、一人称で経験を反省し記述する表現の様式は、教育心理学の学会誌において認定しうるだろうか？　アクション・リサーチによって探求された実践的見識（practical wisdom）を豊かに表現した語りは、今日の学会誌が共有している審査基準で内容の高さと妥当性を評価しうるだろうか。アクション・リサーチの方法論がいつまでも未成熟なのは、この実践的探求の方法が近代の経験科学の方法を超えているからである。　　　　　　　　　　　（佐藤1999: 336–337）

　前章で論じたように、「実践＝研究」としての実践研究は、実践を研究する方法論であるばかりではなく、よりよい社会の形成をめざす社会実践でもある。「実践＝研究」としての実践研究においては、「批判的」（critical）な「省察」（reflection）を「協働」（collaboration）で行うことが重要となる。「批判的」な「省察」とは、自らの実践が置かれている社会的状況、実践を形づけている「枠組み」（frame）を批判的に検討し、実践を規定する歴史・社会、実践に内包されたイデオロギーを明らかにするとともに、イデオロギーにより規定されている自らの教育観を問い直す行為である。また、「協働」とは、実践研究により改善しようとするコミュニティに参加・関係する人々＝実践研究者たちが、改善に向け、実践を「批

判的」に「省察」し、「省察」をもとに行動することである。このような
「実践＝研究」としての実践研究を記述する意味は、三つの立場から考え
ることができる。一つ目は、実践研究を記述する実践研究者（Action
Researchers）の立場である。二つ目は、記述された実践研究を読む読者（そ
れは往々にして、他の実践研究に従事するもの）の立場である。そして、三つ
目は、実践研究という問題意識を共有する実践研究共同体の立場であ
る。これら三つの立場から、実践研究を記述する意味はそれぞれ次のよ
うにまとめることができる。

Ⅰ　実践研究をストーリー化することで協働による批判的省察がよ
　　り深いものになる。
Ⅱ　実践改善のストーリーとして参照できる「リソース」となる。
Ⅲ　実践研究共同体を構築することができる。

　Ⅰは、記述するという行為自体の意味であり、ある実践＝研究に携わ
り、それを共に記述する実践研究者たちにとっての意味である。上述し
た佐藤（1999）の引用にあったようにAR、つまり実践研究は「ストーリ
ー」として記述される。このストーリーを作成する過程が、私たちによ
り深い実践の理解をもたらす。私たちはある出来事を一つの一貫性をも
った物語として理解したとき、はじめて「理解できた」と感じる（野口
2002）。実践研究をストーリーとして記述しようとする行為の中に、より
批判的な省察が含まれる。実践研究の記述を通し、実践が置かれている
社会的状況、実践の「枠組み」、実践を規定する歴史・社会、実践に内包
されたイデオロギー、イデオロギーにより規定されている自らの教育観
を意識化することにより、実践を批判的に捉えることが可能になるので
ある。さらに、その記述という作業を中心に置くことで、実践研究に携
わる当事者たちが一つのストーリーを共構築、共有することになり、彼
ら／彼女らの協働が促進される。
　Ⅱは、記述された実践研究を読むことの意味であり、それは主に、他の
類似した実践において問題の解決を試みる実践研究者にとっての意味で
ある。実践研究は、社会的文脈に根ざした固有の実践の改善のストーリ
ーである。そこで探求されるのは「実践のなかの理論（theory in practice）」（佐

第3章　社会に埋め込まれた「私たち」の実践研究

藤1999: 333)であり、一般理論ではない。当然、類似の実践に携わる実践研究者も理論の実践への適用ではなく、「実践のなかの理論」の探求を本分とする。であるならば、記述された実践研究はどのように読まれるのか。どのように読まれるものとして記述すべきなのか。私たちは、その答えを、ライフストーリー研究をめぐる石川（2012）の議論の中に見る。

　石川（2012）は、ライフストーリー調査において、自己言及的記述を書き込むことにより、調査者が未知の状況や他者と出会い、悪戦苦闘していく過程がわかり、その記録が読者の生活を組み立てる「リソース」になると主張する。この議論のアナロジーで、実践研究を捉えることができる。固有の文脈に根ざした「私たち」の経験としての実践研究をその実践の中にある理論も含め記述することで、それを読んだ実践研究者は、自らの実践研究を組み立てる「リソース」として読むことができるのである。つまり、実践研究の記述は、次の実践研究のための一般理論を提供するのではなく、次の実践研究を考えるための「リソース」としてのストーリーを提供するのである。

　佐伯（1995）は、看護師を例に、プロになるとは、一般の規則に則して行動できることではなく、そこから離れ、状況に応じて最善の行動を選択できるようになることだと述べる。そのためには、第一に自らの経験を積み重ねていくことが必要であることは言うまでもない。だが、自己の行動を判断するうえで、あるいは、自己の経験の意味を理解するうえで、他者の経験から学ぶことは多い。日本語教育の文脈で論じるならば、日本語教師は、実践研究者として実践研究を積み重ねることでこそ、自分が関わる日本語教育実践をより充実させていくことができる。しかしそのときに、実践研究のプロセスで批判的省察を助けるための「リソース」として他の日本語教育関係者たちが行っている実践研究を参照することは非常に有効である。この「リソース」として実践研究の記述には大きな意義があると私たちは考えている。例えば、ある日本語教師が自分の担当する学習者をどのように地域のコミュニティへ参加させていくかについて悩んでいるとき、一般理論として応用できる参加の理論（そのようなものがあると仮定して）を適用することよりも、他の事例と自分の状況を比較しながら検討していくほうがより実践的で有効なのである。

　最後にⅢについて説明したい。Ⅰは対象となる実践研究を記述する実

践研究者たちから見た意味であった。それに対して、Ⅱは記述された実践研究の読者にとっての意味であった。そして、Ⅲはその両者を含む実践研究に携わる人々が形成する実践研究共同体にとっての意味である。レイヴ・ウェンガー（1993/1991）は、人々は実践を共有することで共同体を形成することを主張し、そのような共同体のあり方を「実践共同体」（community of practice）と呼んだ。これになぞらえて言うなら、ある特定の実践研究に携わる人々は、実践研究共同体を形成する。それはさらに、それぞれが記述した実践研究を共有し、批判的に議論を重ねることで、実践研究という問題意識と営みを共有する実践研究共同体を形成する。つまり、実践研究の記述は、第2章で論じた協働の二重の環のうちの外の環、すなわち、それぞれ別々の実践に携わる実践研究者の連帯による環を形成するという意味があるのである。

　この外の環に当たる実践研究共同体が形成されることにより、実践研究の知見がより広く、強く社会に影響を与えるようになる可能性がある。Ⅱにおいて実践研究のストーリーが「リソース」になることを述べたが、その「リソース」としてのストーリーの蓄積が社会的に力をもちうることを石川（2012）は以下のように指摘する。

　　　新たなストーリーが流通するためにはそれを受容する社会的コンテ
　　クストやコミュニティが必要であり（Plummer 1995=1998）、よって新た
　　なストーリーの生成と流通は社会変革の可能性を秘めていると言え
　　る。以上を要するならば、調査者の試行錯誤の経験を率直に描くこ
　　とは、この社会を生き抜き、また社会を作り変えていく助けとなる
　　ような知を産出することにほかならないのである。　　（石川2012: 9）

　日本語教育における実践研究は、その蓄積を通して、新しい研究観、学習観、教育観、言語観を生成していく可能性を秘めていると言えるだろう。佐伯（1995）は、学習を文化的実践への参加として捉えた。その際に、文化を「つねに過去の伝承とともに未来への新たな文化づくりのさまざまな実践が行なわれているという、未知なる世界に開かれたいとなみ」（p.30、傍点：原著）と定義した。実践研究もまた文化的実践への参加である。実践研究の積み重ねが、外の環としての実践研究共同体を構築

し、その共同体の文化を生成する。そして、それは常に未来に開かれているのである。

　ただし、実践共同体の文化を未来に開かれたものにするためには、常に批判的省察による発展が求められる。つまり、実践研究を積み重ねるだけでなく、それを批判的省察により検証・研究しなければならないのである。そのためには、実践研究を研究するというメタ実践研究が必要になる。実践研究の検証には、実践研究を記述し、検証可能な言説とすることが求められる。この点も、実践研究の記述の意味として加えられるであろう。

　以上、三つの立場から実践研究を記述する意味について論じた。実践研究の記述にこのような意味をもたせるためには、実践研究において、何をどのように記述すべきであろうか。

　本章では、実践研究の記述例として横溝（2000）と池田（2008）を取り上げ、両者の記述を批判的に考察することで、「実践＝研究」としての実践研究において「何を」、「どのように」記述するべきかを論じる。横溝（2000）は、第2章で日本語教育研究における「実践」の「研究」としてのAR、すなわち「A・R」を代表する議論として取り上げた横溝の著作の第3章に所収されている。そのため、ARの記述方法はどのようにあるべきかを強く意識して書かれており、結果的に「実践」の「研究」としての実践研究の記述の代表例となっている。また、「A・R」では何が記述されていないかを把握することを通し、「AR」としての実践研究では何を記述すべきかを逆説的に把握することが可能である。

　一方、池田（2008）は、「実践＝研究」としての実践研究として意識的に記述されたわけではない。しかし、日本語教育実践を社会実践として捉え、当該の実践を改善するために研究を行っている。つまり、池田（2008）の実践研究に対する姿勢は、本書で提案する「実践＝研究」としての実践研究と重なる部分が多い。また、その記述内容・方法は、「実践＝研究」としての実践研究の記述を考えるうえで示唆に富んでいる。

　そこで、これら二つの論考を「何を」記述しているか、「どのように」記述しているかという二つの側面から考察する。そして、考察をもとに、「実践＝研究」としての実践研究において、「何を」、「どのように」記述すべきかを述べる。

第1部　理論編

96

3 横溝紳一郎（2000）「プロセス・シラバスに関するアクション・リサーチ ——二種類の学習者対象の授業への導入をめぐって」の記述

3.1 横溝（2000）の概要

　横溝（2000）は、「A・R」の具体例としてプロセス・シラバスを導入し、改善していくプロセスを記述している。横溝（2000）では、三つのARのサイクルが時系列に記述されている。まず、横溝は、学習者からの類義表現に関する質問から、「類義表現の使い分けの授業」を計画、実施する。実践終了後、授業に対する学習者のフィードバックをもとに内省した結果、「学習項目の選択すなわちシラバス作りに際して、学習者の希望を汲み取ることが必要である」（p.54）という結論に至る。そして、学習者がシラバス作成に参画する方法として、プロセス・シラバスを導入することを決める。具体的には、学習者から得られた事前アンケートの結果に基づき、授業で扱う類義表現を決定した。ここまでがARの、計画→実施→内省というサイクルの一つ目である。

　次のARのサイクルとして、横溝は、上記の事前アンケートの結果をもとに計画された実践を行い、内省を行った。横溝は、実践終了後に得られた学習者からのフィードバックから、プロセス・シラバスに関するさらなる理解が必要であると考えた。そこで、学習者からのフィードバックの分析と並行して、プロセス・シラバスに関する先行研究調査を行った。学習者からのフィードバックとプロセス・シラバスに関する先行研究を併せて検討した結果、当該学期の「類義表現の使い分けの授業」の反省点として、学習への参加や学習手順の決定に関し、学習者が主体的に関わる仕組みがなかった点や、学期中に学習者との交渉を行う機会がなかった点が明らかになった。

　横溝は、上述した反省点をもとに、次のARのサイクルを展開することを予定していた。しかし、担当授業が日本語の授業から日本語教育学の授業へと変わるという横溝を取り巻く状況の変化により、三つ目のサイクルでは、日本語教育学のクラスにプロセス・シラバスを導入する試みに取り組むことになった。この三つ目のARのサイクルにより、横溝は、学習者との交渉のあり方などについてさらに理解が深まったという実感を得た。

第3章　社会に埋め込まれた「私たち」の実践研究

上述したようなプロセス・シラバスに関するARを繰り返し行った成果として、横溝は、自身のプロセス・シラバスへの理解が大きく深まったことを挙げている。

3.2　横溝（2000）は「何」を記述しているのか／「何」を記述していないのか

　本項では、横溝（2000）の記述の特徴を「何を」の側面から考えてみたい。何を記述し、何を記述していないかを考察することで、「実践」の「研究」である「A・R」の記述の特徴と、「AR」としての実践研究では何を記述すべきかを明らかにしたい。

　横溝は、横溝（2005）において「A・R」では以下の内容を記述すべきであるとしている[1]。

　　1　自分の授業の実践内容
　　2　教師側・学習者側に生じたこと
　　3　教師が考えたこと・感じたこと
　　4　実践の向上のために参考にした文献やアドバイス等
　　5　上手くいかなかったこと・失敗・落ち込みなど

　横溝（2000）の「A・R」も上記の5点を中心に記述されている。上記の1で指摘されているように、ARの記述においては、当然、「実践内容」の記述が必要とされる。しかし、横溝の「A・R」の特徴は、この「実践内容」の記述を「自分の授業の」と限定している点にある。つまり、横溝は、日本語教師が自らの行った授業のみを記述することを想定しているのである。そのため、「実践内容」の記述は、授業実践に限定され、実践者＝研究者としての「記述者」は教師に限定される。これは、第2章でも論じたように、横溝がARを「教師の成長」の手段であると捉えているからであろう。横溝（2000）においては、多様な教育実践が記述されることや、多様な関係者が記述することは基本的に想定外となっている。

　また、「実践内容」には、実践の文脈も含まれる。横溝は、自らの行うARを「課題探求型AR」であり（横溝2005）、「課題探求型ARが最重要視しているのは、「実践の現場を構成している構成要素（教師自身、学習者、

教材等）に関する理解の深まり」である」（p.20）としている。横溝にとって現場の構成要素とは、教師自身、学習者、教材等を意味する。例えば、横溝（2000）では、「学習者」に関する次のような記述が見られる。

> 日本語教育の現場で教師として学習者と接していると、「○○と○○はどう違うんですか」という質問を受けることがよくある。学習者の言語運用能力の向上とともにこの傾向は強くなり、知っている構文や語彙の数が増えれば増えるほど、類似表現の使い分けに関する学習者の興味は増すようである。　　　　　　　　　　　　　　　　（p.51）

> 類似表現の使い分けでカバーする学習項目の選択は、学習者のレベル（初級後半～中級前半のレベル）と日本滞在機関（授業開始当時、2週間～10年間）を考慮に入れて（後略）　　　　　　　　　　（p.51）

> 40人の学習者（英語話者28人、中国語話者6人、インドネシア語話者3人、ネパール語・ドイツ語・ポーランド語話者各1人）　　　　　　（pp.51–52）

　前掲の引用のように、「現場の構成要素」としての「学習者」に関する記述は、日本語学習への期待、日本語のレベル、母語などの情報となっている。一方、ここに記述されていない「現場の構成要素」として、実践の置かれた社会的状況が考えられる。例えば、どのような社会的要請で設置された学校や教室なのか。学習者はどのようなアイデンティティ交渉の過程でこの教室にいるのか。またそのアイデンティティ交渉はどのような社会的文脈に埋め込まれているのかなどである。第2章で論じたように「AR」においては、実践が置かれている社会的文脈を踏まえ、実践の社会的意味を批判的に省察することが重視される。横溝の「A・R」ではそのような社会的文脈に関する記述が、学習者の学習ニーズ、日本語のレベル、母語などの情報に置き換えられてしまっているのである。

　前述したように横溝は、「現場の構成要素に関する理解の深まり」を「A・R」の目的としており、その根拠として次のCarr & Kemmis（1986: 162）を参照している。

第3章　社会に埋め込まれた「私たち」の実践研究

99

Action research is simply a form of self-reflective enquiry undertaken by participants in social situations in order to improve the rationality and justice of their own practices, their understanding of these practices, and the situations in which the practices are carried out.

（アクションリサーチは、社会的状況の中で、参加者によって行われる自己省察的な探究の形式である。そして、それは、彼らの実践、実践の理解、実践が行われる状況の合理性と正義を改善することをめざす［筆者ら訳］）

Carr & Kemmis（1986）の記述と横溝（2005）の記述を比較すると、「教師自身、学習者、教材等」という但し書きは、横溝（2005）のオリジナルであることがわかる。同時に、「社会的状況の中で」というCarr & Kemmisが最も強調していた点が曖昧にされていることがわかる。社会的状況の意味が引用の過程で曖昧になり、「現場の構成要素」が、学習ニーズや、学習者の日本語のレベルのような従来の日本語クラスの実践報告でも書かれていた情報として記述されている。横溝（2000）に立ち返って述べるならば、教師自身、学習者、教材等の情報を「現場の構成要素」として記述したうえで、実践の内容を記述している。一方、実践が埋め込まれている社会、教師や学習者が生きる社会、さらに言うならばその社会が構成する言説、価値観など、「AR」の論者が批判的省察の対象とした要素は記述されていない。

「2 教師側・学習側に生じたこと」については、「1 自分の授業の実践内容」に関して指摘した課題と同様、生じたことの意味を社会的状況の中で考察する視点が見られない。また、「4 実践の向上のために参考にした文献やアドバイス等」については、「アドバイス」まで記述する点がユニークであり、実践向上のプロセスを理解するための一助になると思われる。

横溝（2000）の記述において特徴的なのは、「3 教師が考えたこと・感じたこと」に関する記述である。この記述は、従来の研究においては、「客観的」ではないとされ、重要視されてこなかったもので、実践研究の記述を考えるうえで示唆に富む。例えば、横溝（2000）は以下のように記述している。

第1部 理論編

それなのに、プロセス・シラバスを好意的に受け入れることを、私
は学習者に期待していたのである。私が望むような結果が出なかっ
たのも当然であることが分かって、がっかりした。　　　　　（p.71）

　横溝（2000）では、実践を改善するプロセスにおける実践者の期待や心
情が記述されている。このような記述は、実践者が実践をより深く理解
するために有効である。前節で述べた実践研究の記述の意味のⅠを考え
るとき、実践研究者たちの価値観、実践に対してもっている構えを記述
することは、それを批判的に省察するためにも、実践研究者同士で共有
するためにも重要である。また、Ⅱの観点からも同様に重要である。な
ぜなら、そのような実践や心情の記述は、読者自身の実践研究を行う際
の「リソース」として参照するときに、非常に参考になるからである。
読者は、実践を改善するプロセスをよりリアルに追体験でき、自らの実
践において類似した課題を感じているような場合、課題を解決していく
過程で起こる実践者の心情の変化を、自身のケースに引きつけながら読
むことができる。
　ただし、注意を要するのは、実践者の期待や心情をただ書くだけでは
おそらく不十分だということである。その期待や心情を形作っているも
のを射程に捉え、緻密に記述する必要がある。それなくしては、情緒的
なエッセイに留まってしまい、批判的省察のリソースにならない恐れが
ある。期待や心情といった実践研究者たちの構えは、その構えを作り、
変化させたものまで含め、「分厚く」記述されなければならないのであ
る。それは、フィールドワークでいうところの「分厚い記述（thick descrip-
tion）」（ギアーツ 1987/1973）につながる。この点について、佐藤（1999）は
次のように述べる。

　　　一般の研究論文において使用する概念の用語体系における確かさが
　　求められるのと同様、フィールド・ワークの報告における記述言語
　　も鍵となる概念の用語体系の確かさが重視されなければならない。
　　フィールド・ワークを行う研究者は、対象とする教室の出来事を記
　　述する文学的な言語を豊かにするとともに、論題を議論する鍵とな
　　る概念を人文・社会科学のなかで絶えず洗練させておかなければな

第3章　社会に埋め込まれた「私たち」の実践研究

らない。 (p.330)

　この佐藤（1999）の指摘は、そのまま実践研究の記述にも当てはまるで
あろう。従来の研究では排除された主観を積極的に描く実践研究であっ
ても、共有できない独我的な主観の記述ではなく、主観を批判的に共有
できる独自の記述が求められていると考えるべきである。横溝（2000）
の記述はこの点で課題を残している。それは「どのように」という点と
深く関わるため、次項でさらに議論する。

3.3　横溝（2000）は「どのように」記述しているのか

　横溝は、ARの記述について、「どのように」の側面から以下の点を評
価のポイントとして挙げている（横溝2005）[2]。

　　1　ストーリーテラーとしての語りになっているか
　　2　その語りは時系列に沿っているか
　　3　正直で分かりやすい語りであるか
　　4　自分を「私」で、学習者を固有名（仮名を使用）で呼んでいるか

　3.2同様、横溝（2000）も上記のポイントを押さえた記述となっている
のが特徴である。例えば、横溝は以下のように記述する。

　　このクラスで取り扱う具体的な内容を決定しようとした時に思い出
　　したのが、前述のハワイ大学大学院の英語教授法のクラスだった。
　　修士課程の院生が対象である点、外国語教育に関する様々な領域を
　　扱おうとする点など、様々な共通点を見出した私は、このクラスに
　　ハワイの英語教授法のクラス同様、プロセス・シラバスを導入し、
　　更なるアクション・リサーチに挑戦しようと決心した。

（横溝2000: 74）

　ストーリー仕立てで、時系列に、わかりやすいことばで、「私」という
一人称を用いて、筆者の心情を含めながら記述していることがわかる。
第2章で私たちが論じたように、実践研究は、研究であると同時に実践

である。その記述もまた実践であり、それを記述し、読まれることがどういう意味をもつのかということに非常に敏感である必要がある。横溝（2000）の記述は、時系列に教室の状況や教師の心理が記述されているため、読者である日本語教師は、描かれた実践を追体験しながら、自らが実践を行う際に参照するリソースとすることができる。さらに実践、内省、改善のプロセスが記述されているために、日本語教師は、自らの実践を改善するプロセス自体を学ぶことができる。以上の点において、横溝（2000）の記述の方法や、横溝（2005）における記述の方法に関する提言は高く評価できる。

　ただし、「実践＝研究」の実践研究という立場から考えると、3.2の「何を」記述するのかという問題と同様、またそれと深く関わった形で、横溝（2000）には「どのように」記述するのかという点においても課題が残されている。それが端的にわかるのは、「私」という一人称で記述するという点である。私たちは「私」という一人称（それは協働による実践研究の場合、当然、「私たち」となるが）で実践研究を書くことは、非常に意味のあることであると考える。従来の研究が、客観性を重視する中で、自らのことを「筆者」という三人称で呼ぶレトリックが生まれたとするならば、研究がある特定の視点から描かれていることを明確にするためにも、あえて一人称により記述する意味は大きい。パーカー（2008/2004）は、フェミニズム研究に代表されるようなラディカルな質的研究では、研究はニュートラルなものではなく、あるイデオロギーをもった社会実践として捉えられるため、自分の立場を表明する一人称で記述する必要があるとする。

　横溝（2000）が社会的状況を記述しないことと深く関わる点であるが、横溝（2000）にとって「私」という一人称で書く意味は、自らの教室の改善へ向けた内省を重視するためであり、その「内省」には、自らの置かれた状況、その中で形成された価値観への批判的省察は含まれない。横溝（2000）では、ARは「自分の教室を越えた一般化を目指さない」（p.20）とされている。この主張は、一般化できる実証可能な理論を明らかにしようとする実証研究と対比し、ARの特徴を論じるためになされたものである。しかし、社会的状況等に対する詳細な言及、及び、批判的省察を行わずして、自分の教室を、一般化されない固有の現象として描くこと

第3章　社会に埋め込まれた「私たち」の実践研究

は、逆説的に、その教室を普遍化してしまう危険性をもつ。つまり、脱社会化した「私」の教室は、社会的文脈の中における批判的省察を受けつけないという意味で、個別化されていると同時に、その記述は普遍化されているとも言える。だが、「私」という一人称で書くことの意味は、社会的な文脈から切り離され、客観的な現象であるかのように描かれた言語習得の現場の意味を厳しく問い直すことにこそあるのである。

同様の指摘は、「1　ストーリーテラーとしての語りになっているか」、「3　正直で分かりやすい語りであるか」に関しても言える。3.2の最後で述べたが、ストーリーとして記述することや、感情などを含めわかりやすく記述することは実践研究において非常に重要であるが、同時に、それは素朴な感想の記述で終わってはいけない。批判的省察につながる記述を意識したものである必要がある。

3.4　横溝（2000）における実践研究の記述の特徴と課題

3.2、3.3では、横溝（2000）が「何を」、「どのように」記述しているかを考察した。横溝（2000）において、最も特徴的な点は、実践者＝横溝が「何を」、「どのように」記述するかを意識したうえで、記述に取り組んでいるという点である。横溝（2000）は、実践研究独自の記述の仕方を志向しているという点で高く評価できる。一方、「A・R」という立場に立つ横溝の研究の記述には、「AR」としての実践研究という立場から批判的に考察すると、いくつかの課題も見られた。

横溝（2000）の記述において評価できる点は、実践を改善するプロセスにおける実践者の期待や心情に関する記述があり、ストーリー仕立てで、時系列に、わかりやすいことばで、「私」という一人称を用いて記述されているという点である。このような記述により、読者は、横溝（2000）を自身の実践に引きつけながら読むことができる。また、その結果、記述された実践研究を自らが実践を行う際に参照する「リソース」とすることが可能になる。

一方、横溝（2000）の記述には、実践が置かれている社会的文脈に関する記述がないという課題がある。また、上述の特徴で挙げたように、一人称で書かれてはいるものの、それが批判的省察につながる記述になっていないという問題点も見出された。一人称で記述することの意味は、

第1部｜理論編

社会的状況、その中で形成された構えに関する批判的省察を可能にすることであり、そのような記述こそが読者にとって有用な「リソース」となり、ひいては実践研究共同体の発展につながる知見になる。その視点が、横溝（2000）の一人称による記述には欠けていた。

4 池田玲子（2008）「協働学習としての対話的問題提起学習 ——大学コミュニティの多文化共生のために」の記述

4.1 池田（2008）の概要

池田（2008）は、大学コミュニティを多文化共生のコミュニティとすることをめざし、実施された対話的問題提起学習による日本語クラスの実践を報告している。そして、実践の意義と可能性を多文化共生の大学コミュニティ形成の観点から考察している。池田にとって、大学コミュニティが多文化共生をめざすとは、「学生一人ひとりが自身の生活を自分とは異なる文化背景の他者との関わりあいのプロセスに置き、そこに各人の目的遂行を進めること」により、「一人ひとりが自己のアイデンティティの確立・再構成をしていく」ことである（p.61）。多文化共生のコミュニティを創成するためには、異なる文化背景をもつ学び手同士の協働の学びの場を創出することにより、大学コミュニティの成員である日本人学生、留学生双方の意識改革を促す必要があると池田は考えた。そこで、池田は、協働の学びの場として、対話的問題提起学習による日本語クラス（日本人学生、留学生が対等な立場で参加）を開講し、教育実践を行った。「対話的問題提起学習」とは、識字教育者であるパウロ・フレイレの理論と実践に基づいた学習方法であり、Wallerstein（1983）によるESLにおける実践を経て、日本語教育にも導入された。池田は、特に岡崎（1996）の実践をベースに実践をデザインしている。池田による実践の概要は次の通りである。まず、問題を提起する学習者が記述した問題提起文を参加者が共有し、問題の状況を理解する。次に、対話を通じて問題を批判的に分析し、多面的な解釈を行う。最後に、その問題の解決策を考える。

池田（2008）では、1名の学習者の参加のプロセス、つまり問題を提起し、解決していくプロセスを取り上げ、考察している。池田は、その考察から、実践において、①留学生と日本人学生が、提起された問題に対

し、各自の立場を対等に認識しながら、批判的検討を進めていたこと、②対話活動を通し、問題提起者である留学生の意識が変容するとともに、意識の変容が行動の意思決定へと発展したことを論じている。そしてこの2点から、池田は、協働的学びのプロセスが実現する教室をきっかけに、大学コミュニティの多文化共生が実現する可能性を展望として述べている。

4.2　池田（2008）は「何」を記述しているのか／「何」を記述していないのか

本項では、池田（2008）の記述の特徴を「何を」の側面から考える。何を記述し、何を記述していないのかを考察することを通し、実践研究の記述に何が必要なのかを考察する。

池田（2008）は、実践が行われた社会的文脈を次の三つの観点から記述している。①日本社会の留学生受け入れの状況。②自らのめざす日本語教育実践の背景にある理論的状況。③大学内において実践が計画された状況。①は国家政策とその政策がとられた社会的状況である。池田は、日本の少子化の影響から大学の定員割れや労働人口の不足の問題があることを指摘し、その問題に対応するための国策として留学生受け入れの拡大が決められたことにより、今後、急速に大学の留学生受け入れが拡大するであろうと述べる。その結果、留学生受け入れのためのインフラ整備が進む一方、留学生を受け入れ、共に学びあう多文化共生へ向けた意識改革は遅れていることを批判的に論じる。

> 留学生受け入れ増加計画の具体策は、単に物理的空間の拡大措置や教育システムの改定だけでは不十分である。なぜならば、これが人間を対象としている課題であるという点の配慮の欠如ゆえに、長期的な視野を持ったものとは言えない点が指摘でき、このままでは対策の脆弱さが浮き彫りになってしまうからである。最優先されるべきは、物理的側面ではなく、人の意識の側面なのではないだろうか。ここで言う人の意識とは、留学生と留学生が参入する先の構成員の意識である。人々の意識の問題こそが最も優先される課題である。
>
> (pp.60–61)

第1部｜理論編

さらにその多文化共生へ向かう「人の意識」とはどんな意識なのかについて、池田（2008）は次のように述べる。

　　異文化背景の人々が共生するとは、互いの違いを認識しながら互いに関わりあうことであり、その関わりの中で各人が人間として持つ欲求を追求し、自己のアイデンティティを確立・再構成していくことではないだろうか。そうであるならば、大学コミュニティが多文化共生をめざすとは、学生一人ひとりが自身の生活を自分とは異なる文化背景の他者との関わりあいのプロセスに置き、そこに各人の目的遂行を進めることであり、そのことによって、一人ひとりが自己のアイデンティティの確立・再構成をしていくものとなる。

(p.61)

　以上のように、池田（2008）は、広い社会的状況を批判的に考察することで、大学における日本語教育の課題を、大学というコミュニティを多文化共生のコミュニティとするための意識改革とした。そして、その課題を解決するための日本語教育実践として、自らが研究してきた協働学習（池田・舘岡2007）の有用性を「協働の学びの場の創出によって、多文化共生のコミィニティの意識改革が可能となる」（池田2008: 62）と主張する。
　②の「自らのめざす日本語教育実践の背景にある理論的状況」の考察は、①の社会的状況と自らの行ってきた協働学習の接合点における理論的な考察と言えるだろう。その接合点として、池田は「対話的問題提起学習」を取り上げ、その意義と英語教育から日本語教育へ応用されてきた理論的背景を論じ、自らの実践研究をその延長に位置づける。
　そして池田は、社会的状況と理論的背景という実践が埋め込まれている大きな文脈を批判的に考察したのちに、①と②を踏まえながら③の「大学内において実践が計画された状況」について描く。少し長くなるが、引用しよう。

　　本学の日本語クラスは、学科（海洋学の各分野）に所属する学部留学生対象の数クラスと、大学院生、研究生、短期留学生の混在する日本語補講クラスのいくつかがある。補講クラスの場合、大学院生の

ほとんどは学習言語としては英語を使用している場合が多い。こうした院生が大半を占める日本語補講クラスの学生が求める日本語力とは、研究室など大学内で日常接する日本人や他国の留学生、あるいは教職員との相互交流を円滑に進めていくための日本語力だと考えられる。つまり、彼らに必要なのは、専門の日本語などではなく、彼らの所属する大学コミュニティの中で、そこの構成員と共生していくために必要となる日本語である。（中略）

そこで、私は日本語補講クラスの授業では、他者との対話を通じて学習者自身が現実を批判的に検討し、自らを取り巻く世界を他者と協働しながら創造していく力の養成をねらいとして「対話的問題提起学習」を採用することにした。 (pp.66–67)

このように池田は、①と②の観点を踏まえつつ、自らの実践を「対話的問題提起学習」として立ち上げた経緯を述べる。さらに、前年度に実際に行った実践に省察を加え、実践の改善について記述している。

このクラスは、当初（2004 年）の実施では、留学生だけを学習対象としていた。しかし、実際に留学生から提起される問題は、こちらが予想した以上に複雑かつ解決への話し合いが困難なものであった。何よりも、問題の原因には、教師である私の目から見て、明らかに日本人学生や学校の外の日本人の理解不足、誤解が含まれている質のものが多く見られ、留学生だけが認識を改めればいいというようなものではなかった。つまり、この活動には多文化共生の当事者である留学生と日本人学生双方の参加が不可欠だったということである。そこで、翌年からは日本人学生も参加するクラスに変更した。 (p.67)

以上のように池田（2008）は、日本語教育実践が行われた社会的文脈を「日本社会の留学生受け入れの状況」、「自らのめざす日本語教育実践の背景にある理論的状況」、「大学内において実践が計画された状況」の三つの観点から詳細に記述することにより、日本語教育実践を脱文脈化された営みとしてではなく、社会的文脈の中で様々な状況に影響を受けつ

つ行われる営みとして描き出している。この点が、池田（2008）が「AR」としての実践研究の記述の一つのモデルとなりうる点である。

　しかし、一方で、第2章で私たちが定義した実践研究に照らすと、次の二つの問題点が見出される。一つ目の問題点として、一学生の意識の変化の記述に留まっており、実践研究が大学コミュニティに及ぼす影響、つまりどのように多文化共生のコミュニティを作り出すことに貢献したかについては記述が薄いという点が指摘できる。実践研究は、実践＝研究という一つの社会実践である。池田は、大学を多文化共生のコミュニティに変革することを目的に人々の意識改革を促す実践を行った。確かに、池田により行われた実践は、国家、大学、教室という異なるレベルの社会的文脈を考慮し、デザインされている。しかし、実践の考察においては、主に実践に参加していた留学生、及び、日本人学生の意識の変容が描かれており、本実践が大学コミュニティの多文化共生にどのように結びつくかに関しては、論考の最後に、協働的学びのプロセスが実現する教室をきっかけとして、大学コミュニティが多文化共生のコミュニティに変わっていく可能性を指摘するに留まっている。池田（2008）も主張するように、大学コミュニティの多文化共生をめざすにあたり、「人々の意識の問題こそが最も優先される課題」（p.61）であることは確かであろう。また、池田（2008）においては、人々の意識に働きかける方法として、対話的問題提起学習が有効であることが説得力をもって示されている。しかしながら、一人ひとりの学生の意識の変容がどのようなプロセスを経て大学コミュニティの多文化共生へと至るかに関しては、記述されていない。その結果、社会的文脈を考慮し、デザインされた実践であるにもかかわらず、社会実践としての広がりが見えにくくなっている。

　二つ目の問題点として、「私」に関する記述のあり方が指摘できる。3.2、3.3においても議論したが、実践研究は、「私」（あるいは「私たち」や、複数の「私」）という一人称で描く。そこには、その「私」の価値観、構え、さらにその変化を描き、批判的省察の対象とするという意味が含まれていた。池田（2008）も横溝（2000）と同様に、「私」という一人称で記述されているが、そのような「私」に対する再帰的なまなざしは見られない。この点は、「どのように」と深く関わる問題であるので、次項にて再度議論したい。

第3章　社会に埋め込まれた「私たち」の実践研究

4.3 池田（2008）は「どのように」記述しているか

池田（2008）も横溝（2000）と同様、自らを「筆者」という三人称ではなく、「私」という一人称で記述している。また、池田（2008）では、実践が行われた機関が「東京海洋大学　日本語補講クラス　「討論と発表」」（p.67）と固有名で記述されている。このような記述により、東京海洋大学の日本語担当教員である「私」＝池田が、当事者として置かれているローカルな状況の中でどのような問題意識をもち、当該の実践を行うに至ったかがわかる。そのために、読者は、東京海洋大学の日本語担当教員である「私」＝池田が置かれているローカルな状況が理解できるとともに、「私」＝池田が置かれている状況を自分の立場に置き換えて読むことができる。つまり、「リソース」としての価値をもった記述となっている。

ただし、前項において指摘したように、池田（2008）は「私」という一人称を用いて記述されているが、その「私」に意識的に言及されてはいない。部分的に「私」の価値観や構えが記述されている箇所はあるが、全体を通して、「私」に対して省察的に言及されているという印象はない。例えば、前項で引用した部分の以下のような記述は、確かに自己言及的であると言える。

> そこで、私は日本語補講クラスの授業では、他者との対話を通じて学習者自身が現実を批判的に検討し、自らを取り巻く世界を他者と協働しながら創造していく力の養成をねらいとして「対話的問題提起学習」を採用することにした。
> (p.67)

> 何よりも、問題の原因には、教師である私の目から見て、明らかに日本人学生や学校の外の日本人の理解不足、誤解が含まれている質のものが多く見られ、留学生だけが認識を改めればいいというようなものではなかった。つまり、この活動には多文化共生の当事者である留学生と日本人学生双方の参加が不可欠だったということである。そこで、翌年からは日本人学生も参加するクラスに変更した。
> (p.67)

第1部｜理論編

以上のような記述からは、筆者である池田がどのような理念で実践を計画したのか、さらに前回の実践の課題をどのように認識し、どのように改善したのかが読み取れる。だが、このような「私」に関する言及は、全体を通して見られるわけではなく、特に、池田（2008）が対象としている実践の中での池田＝「私」に関する言及はほとんど見られない。

　また、横溝（2000）は、一人称で、ストーリーとして描くことで、読者が「リソース」として読みやすい記述を意識的にめざしていたが、池田（2008）では、特にそのような記述への意識は感じられない。むしろ「私」という一人称で描かれてはいるが、従来の論文のフォーマットに近い記述の方法がとられている。前項で述べたように、実践の埋め込まれている状況については多角的に記述され、そこには「私」の価値観が書き込まれている。だが、実践自体の記述は、まず実践全体の概要が示され、その中で取り上げられたＡという学習者のケースが記述される。そのあとで、二つの考察が、それぞれ「考察1：対等な学び手としての参加」（p.72）、「考察2：認識の変容から現実の行動へ」（p.74）と題して記述されている。その考察は示唆に富むものであり、考察の記述自体はわかりにくいものではない。ただし、データを挙げ、考察するというスタイルは、論文の基本的なスタイルである、「調査・分析結果」→「考察」に由来するものであることは想像に難くない。また、このスタイルが本章を執筆している私たち自身が発表してきたもの（市嶋ほか2008, 三代2005等）を含め実践報告のオーソドックスなスタイルになっている。だが、その実践概要と考察には「私」が積極的に描かれていないし、ストーリーとして実践のプロセスを追体験できる記述にもなっていない。

　つまり、池田（2008）は、一人称による記述にはなっているが、「私」自身を考察の対象とすることや、ストーリーとして実践研究を描き、読者の「リソース」とすることには自覚的ではないのである。むしろその記述は、従来の研究の記述方法を援用しながら、自らの実践を描いたものになっている。

4.4　池田（2008）における実践研究の記述の特徴と課題

　池田（2008）の記述において評価できる点は、実践が置かれている社会的文脈に関する記述が詳細であるという点である。この点が横溝（2000）

と大きく異なり、私たちが「AR」としての実践研究の記述の一例として批判的に検討すべく取り上げた所以である。

　しかし、検討を通して、「何を」と「どのように」それぞれに課題も見出された。「何を」に関しては二つの課題があった。一つ目の課題は、「大学コミュニティの多文化共生をめざす実践」でありながら、教室内で起こった現象がどのように大学コミュニティに影響を与え、変容を促したかに関して記述されていないという課題である。二つ目の課題としては、実践を通じた「私」の価値観とその変化が記述されていないという点が挙げられる。前者の課題は、特に、本章の第2節で論じた、実践研究を記述する意味のⅠに関わる。実践研究を記述する意味の第一は、記述する作業を通じて、実践研究への参加者が「協働」で実践を「批判的」に「省察」することである。記述を教室内における現象に留めるのではなく、教室内で起こった現象がどのように大学コミュニティに影響を与え、変容を促したのかまでを記述することで、大学コミュニティ全体の実践研究へと発展する可能性が見えてくる。

　後者の課題は、「どのように」と併せて考えなければならない。池田（2008）は、一人称による記述にはなっているが、一人称でストーリーとして実践研究を描き、読者の「リソース」とすることには自覚的ではなかった。というよりも、横溝（2000）のようには、実践研究の記述を自覚的に検討していないのではないかと推察される。この点が、池田（2008）の実践研究の記述としての最も大きな課題であり、同時に、ここにこそ、私たちが本書を企画し、本章を記述する意味がある。確かに、私たちが提起する実践研究に類似するものは、過去にあった。その意味で、私たちの議論は、オリジナリティがないという批判を学会や研究会等で受けることがある。だが、「実践研究」の意義を明確にし、その記述を批判的に考察することで、池田（2008）のような優れた実践研究を批判的に議論することができ、さらには充実した実践研究の記述のあり方を検討できるのである。

第1部｜理論編

5 日本語教育における実践研究の記述

5.1 社会的文脈の記述

　第3節と第4節において、それぞれ横溝（2000）の記述と池田（2008）の記述を「何を」と「どのように」という観点から批判的に考察してきた。両者の最も大きな違いであり、主に「何を」という観点に関わるのは、社会的文脈を記述しているかどうかということであった。

　横溝（2000）の記述は、教室の状況と、実践を研究している教師の心情を丁寧に記述している点で高く評価できる。しかし一方で、横溝（2000）は、「私」の実践の個別性を強調し、一般化できないとする過程で、その社会的文脈に根ざした固有の実践のもつ個別性とその社会的意味を追求する可能性を閉ざしている。その結果、横溝（2000）は、自らが実践を行う日本語の教室が置かれている現状と、自らの実践の目的を、読者が共有しなければならない、あるいは共有されている「前提」として描き、「前提」の枠組みの中で、実践の改善を論じている。横溝（2000）において、「前提」の枠組み内における教師の「内省」は行われているものの、「前提」の批判的な省察は行われていない。その結果、教室の問題は、不動の「前提」の枠組み内に閉じた問題として論じられ、実践は社会的文脈から切り離される。したがって、提示される実践の改善や他の教師や学習者との協働は、社会的文脈に位置づけて記述されない。こうした「実践」の「研究」が向かう方向性は、「前提」の枠組み内における状況の改善である。

　これに対し池田（2008）は、日本語教育が置かれている社会的文脈を多様な角度から批判的に考察することで、教室実践の社会的位置づけと意義を描き出している。第2章で論じたように、「AR」としての実践研究は、実践を社会に埋め込まれたものとして捉え、そこにあるイデオロギーや権力関係をも批判的に捉え直し、よりよいと信じられる社会をめざすための社会実践である。その意味で、池田（2008）のように、実践が置かれた状況とその状況を作り出している価値観を「前提」ではなく、乗り越えていくものとして批判的省察の対象とする必要がある。そうすることにより、実践は社会的により価値があると実践研究者が信じられる

ものへと発展することができる。

　私たちは、本章の第2節において、実践研究を記述することの意味を、筆者たち、読者たち、当該の領域全体という三つの立場から、以下の三つが考えられることを主張した。

Ⅰ　実践研究をストーリー化することで協働による批判的省察がより深いものになる。
Ⅱ　実践改善のストーリーとして参照できる「リソース」となる。
Ⅲ　実践研究共同体を構築することができる。

　この3点に基づき、社会的文脈を記述することの意義を改めて論じたい。まずⅠについては、前述のように、社会的文脈を記述してこそ、その実践を乗り越えるための批判的省察が可能になることが挙げられる。Ⅱに関して言えば、より詳細に社会的文脈やその実践のもつ、あるいは実践研究者たちのもつ価値観やその変化を描くことで、読者たちは、自らの実践研究の置かれた社会的状況と比べて考えることができる。それは、読者であるその他の実践研究に従事する者たちが、その実践研究をより具体的な「リソース」として読み、利用し、私・私の実践・私の教室の置かれている社会的背景を省察することにつながる。さらに、Ⅲの実践研究共同体の構築という側面から考えるなら、脱文脈化された実践の記述は、既存の価値観に根ざした「前提」を共有しつつ、実践の個別性を強調することで批判的な相互参照を拒む。それに対し、社会的文脈の記述を行った実践研究は、その類似した領域、社会的文脈の実践研究を蓄積することで、より広範囲の社会的状況とその状況のもつ問題を共有する。ここに協働して問題の解決へと向かう連帯の可能性が開けるのである。

5.2　実践研究における自己言及的記述の可能性

　横溝（2000）と池田（2008）の記述の特徴を、「どのように」という観点から見ると、「私」という一人称を用いて描いていることが挙げられる。ただし、4.3で論じたように、池田（2008）は、一人称を用いて描いているものの、論文全体の構成は従来の研究論文に準じていた。それに対し

第1部｜理論編

て3.3で指摘したように横溝（2000）はかなり意識的にARの記述法を模索している。一人称で、ストーリーとして、感じたことなどをわかりやすいことばで率直に描くという方法は、実践研究の記述の方法として評価できる。第2節で論じたように、実践研究の記述は「リソース」にならなければならない。わかりやすい語りにより記述されるストーリーは、読者が筆者の経験を追体験するうえで有効である。だが、横溝（2000）の記述には、「私」自身を批判的な省察の対象としていないという問題があった。この点を含め、ここで改めて「私」という一人称で記述することの意味を考えてみたい。

　修正版グラウンデッド・セオリー・アプローチの提唱者である木下（2003）は、従来の量的研究が、研究の信頼性と妥当性により評価されていたのに対し、質的研究は、何よりもその知見がどのように現場に還元され、現場の改善に役立ったかにより評価されるべきであると主張する。実践研究の記述がもつ実践性とは、つまるところ、記述が実践の改善にどのように寄与するかということである。それは、一義的には、実践研究者が自ら関わり、実践研究の対象となっている実践の改善に寄与することであるが、公表までを見据えた意味での記述を考えるならば、問題意識を共有する他の実践に関わる実践研究者たちによる実践の改善に寄与することでもある。したがって実践研究の記述は、実践改善の「リソース」としての価値が問われるのである。そのように考えるならば、実践研究の記述には、実践が置かれている社会的文脈に関する詳細な記述とともに、実践者が実践を行う過程で何を感じ、何を考え、価値観がどのように変容したかという省察のプロセスに関する記述が必要となる。そうすることにより、問題意識を共有する他の実践への参加者たちが、当該の実践を自身の実践と比較したり、自身の実践に翻訳したりすることが可能になる。

　「私」という一人称による記述は、実践者の省察のプロセスを表すのにきわめて重要な記述の方法である。ただし、一人称による記述には留意点もある。それは、従来の研究が「客観性」という名のもとで、現象が内包する価値観を「前提」とし、問い直せなくしたように、「主観性」の名のもとで「私」の価値観を絶対化してしまう危険性があることである。例えば、パーカー（2008/2004）は次のように警鐘を鳴らす。

第3章　社会に埋め込まれた「私たち」の実践研究

私という表現を使えば、研究者自身の固有の立場に関心を向けてもらうのに役立つし、研究の主題である現象について、読者と異なる新しい視点を導きいれることができる。ただし、どうしてその考えに至ったかのプロセスを示さないまま、ただ信じてくれるように自分の考えを読者に告げてしまうとしたら危険である。　　　　　(p.215)

「私」という一人称で記述することは、研究に関わる「私」自身を省察の対象とし、自己言及的に記述することである。この点に留意したうえで、一人称による記述の仕方を考える必要がある。フィールドワーカーである山田（2011）による次のような議論は、「私」という一人称で記述することの意味を考えるうえで示唆に富む。

しかしながら、私の調査経験からわかったことは、分析者である「私」が、そのフィールドに身体を持って入り込み、そこで出会う人々と一定の関係を形成することで初めて、その場で起こる現象について、ある解釈を伴った理解がもたらされるということだ。しかもこの解釈は、フィールドの人々の影響を受けて、そのつど変わっていくものである。その意味で解釈の終点はない。ところが、解釈が変化するからといって、それが信頼できないということではない。むしろ、私はその時、変化するフィールドのただ中にいながら、フィールドの重層的で多様な意味に開かれており、また、その現場のさまざまな人々と責任ある応答関係に置かれ、フィールドの持つ多様性と固有性を経験しているのである。その意味では、できあがったエスノグラフィーは「私」個人の視点を抜きにしては存在しなかったものだ。だが同時に、それは「私」個人だけのものではなく、私の置かれたフィールドでの関係性から生まれたものでもある。

(pp.9–10)

　上記のように、山田（2011）は、エスノメソドロジーとライフストーリーという二種類の質的研究を対象に、フィールドワークにおける研究者の「私」の意味を厳しく問い直している。実践研究者は、フィールドワーカーよりさらに積極的に実践というフィールドに関わっている。その

第1部｜理論編

116

意味で、上記の山田（2011）の指摘は、実践研究にも当てはまる。「私」という一人称の意味は、実践研究者が、実践の中で体得したことばにより、実践への参加者としての視点から、実践を記述する点にある。さらに言うならば、一人称の「私」は、脱社会化され、絶対化された私ではなく、関係性の中で構築された「私」である。そのような「私」を記述することで、その「私」もまた分析の対象となる。ここに「私」という一人称によって、実践研究を記述することの意味がある。

　また、ライフストーリー研究者の石川（2012）は、研究の中で調査者の経験を自己言及的に記述する意味について、「調査協力者の経験の理解可能性」(p.7)、「社会を生き抜くための「リソース」としての知」(p.8)の二つの観点から議論している。まず、石川（2012）は、調査を通じて、調査者自らのもつ「構え」が浮き彫りになることと、その「構え」を理解したうえで調査協力者と向き合うことで、調査協力者の経験がより深く理解できると述べている。「調査過程の振り返りはときに大きな痛みを伴うが、その痛みを調査協力者の経験をよりよく捉えるための視角の形成に昇華させていくことが肝要である」(p.7)と石川は主張する。次に、第2節で引用したように、石川は、調査者の経験を自己言及的に記述することで、読者は、その経験を「リソース」とすることができると述べる。

　このライフストーリー研究の議論を、実践研究の文脈に置き換えることは可能である。実践研究こそ、研究者＝実践者として関わるのであるから、実践における経験を書き込むことは、その実践をより深く理解することにつながる。また実践研究者がもっていた構えやそこから見えた実践、さらに実践を通じて変化した構えなどが批判的に描かれることで、読者である実践研究者は自らの実践の中で自分が形成している構えに自覚的になり、実践のもつ問題やそれを乗り越える方法を考えることができる。

　以上が、実践研究を一人称で描く意味であり、それは、ただ一人称を用いるのではなく、自己言及的に、つまり、「私」自身を批判的に省察しながら記述することなのである。さらに実践研究のもつ可能性として考えなければならないことは、実践研究は、協働で行われる、いわば「私たち」の研究であるということである。「私たち」を批判的に省察したと

き、それは、実践研究者たちが話し合い、統一の見解を共有することで、一人称複数形の「私たち」の視点から描くことになる場合もあるであろう。あるいは、それぞれの実践研究者が多様な実践への関わり方をすることから、異なる価値観の変化を見せることもある。その場合、複数の「私」の視点から多声的に実践研究を記述することで、重層的に実践研究の意味を探求する可能性もある。この複数の「私」から描かれる実践研究も実践研究の一つの可能性として考えていく必要があるだろう。この場合、今まで教師＝研究者の場合が多かった実践研究に、学習者や教師以外の実践への関係者（例えば、ゲストスピーカーや大学の事務職員）も参加する可能性も見えてくる。

5.3 日本語教育における実践研究の記述とその可能性
以上のように本章では、横溝（2000）の記述と池田（2008）の記述を比較、分析することにより、日本語教育実践を対象とする実践研究においては、教室が置かれている状況や教室実践が共同体や社会に与える影響を含め、一人称を用いて記述する必要性を示した。以上の内容は次の2点にまとめられる。

（1）教室の置かれた社会的文脈と実践の社会的意味を批判的に省察し、丁寧に記述する。
（2）一人称（「私たち」や複数の「私」を含む）を用いて、実践研究者の社会的立場や価値観を明確にし、同時にそれを批判的に省察し、その変遷を丁寧に記述する。

以上の2点が、実践研究の記述に求められる。だが、これは大きな指針であり、具体的な記述の方法論ではない。実践研究に求められる記述の方法は、その実践研究ごとに異なるであろう。研究の方法は研究から帰納的に導き出される。記述もまた同様であろう。ただ、一点、補足するならば、実践研究を記述することの意味やプロセスも記述していくことで、その実践研究は、実践研究の記述のリソースとしても優れたものとなる。実践研究の協働のプロセスを記述することや実践研究を行ったこと、記述したことの意味を自覚的に記述することで、当該の実践研究

第1部｜理論編

自体が研究の対象となりうる。そして、そのようなメタ実践研究が実践研究に関する議論をさらに活性化し、教育実践共同体の形成へとつながる。社会実践としての実践研究を記述することにより、日本語教育実践は多くの他者に開かれた営みとなり、無限に更新されていく可能性をもつ。

注　[1]　以下の1〜5は、横溝（2005）のp.20を編集して引用した。
　　[2]　以下の1〜4は、横溝（2005）のp.20を編集して引用した。

参考文献　池田玲子（2008）「協働学習としての対話的問題提起学習―大学コミュニティの多文化共生のために」細川英雄＋ことばと文化の教育を考える会編（著）『ことばの教育を実践する・探求する―活動型日本語教育の広がり』pp.60–79.　凡人社

池田玲子・舘岡洋子（2007）『ピア・ラーニング入門―創造的な学びのデザインのために』ひつじ書房

石川良子（2012）「ライフストーリー研究における調査者の経験の自己言及的記述の意義―インタビューの対話性に着目して」『年報社会学論集』25, pp.1–12.　関東社会学会

市嶋典子・金龍男・武一美・中山由佳・古屋憲章（2008）「学習者が評価する日本語教育実践―自律学習に向って」細川英雄＋ことばと文化の教育を考える会（編著）『ことばの教育を実践する・探求する―活動型日本語教育の広がり』pp.123–141.　凡人社

岡崎敏雄（1996）「日本人と外国人が学ぶ日本語・日本文化教育の進め方」『多言語・多文化の下で、日本人と外国人が学ぶ日本語・日本文化教育』pp.29–39.　筑波大学日本語・日本文化学類

ギアーツ, C.（1987）『文化の解釈学1』（吉田禎吾・柳川啓一・中牧弘允・板橋作美訳）岩波書店（Geertz, C. (1973) *The Interpretation of Cultures*. NY: Basic books.）

木下康仁（2003）『グラウンデッド・セオリー・アプローチの実践―質的研究への誘い』弘文堂

佐伯胖（1995）「文化的実践への参加としての学習」佐伯胖・藤田英典・佐藤学（編）『学びへの誘い』pp.1–48.　東京大学出版会

佐藤学（1999）『学びの快楽―ダイアローグへ』世織書房

第3章　社会に埋め込まれた「私たち」の実践研究

野口裕二（2002）『物語としてのケア―ナラティヴ・アプローチの世界へ』医学書院

パーカー，I.（2008）『ラディカル質的心理学―アクションリサーチ入門』（八ッ塚一郎訳）ナカニシヤ出版（Parker, I. (2004) *Qualitative Psychology: Introducing Radical Research*. Maidenhead: Open University Press.）

プラマー，K.（1998）『セクシュアル・ストーリーの時代―語りのポリティクス』（桜井厚・好井裕明・小林多寿子訳）新曜社（Plummer, K. (1995) *Telling Sexual Stories: Power, Change, and Social Worlds*. London: Routledge.）

三代純平（2005）「韓国外国語高校における批判的日本語教育の試み」『WEB版リテラシーズ』2(2), pp.19–27．くろしお出版　http://literacies.9640.jp/dat/Litera2-2-3.pdf（2013年7月7日閲覧）

山田富秋（2011）『フィールドワークのアポリア―エスノメソドロジーとライフストーリー』せりか書房

横溝紳一郎（2000）「第3章　日本語教育におけるアクション・リサーチの実践報告例　2．プロセス・シラバスに関するアクション・リサーチ―二種類の学習者対象の授業への導入をめぐって」横溝紳一郎（著）『日本語教師のためのアクション・リサーチ』pp.51–108．凡人社

横溝紳一郎（2005）「実践研究の評価基準に関する一考察―課題探究型アクション・リサーチを中心に」『日本語教育』126, pp.15–24．日本語教育学会

レイヴ，J.・ウェンガー，E.（1993）『状況に埋め込まれた学習―正統的周辺参加』（佐伯胖訳）産業図書（Lave, J. & Wenger, E. (1991) *Situated Learning: Legitimate Peripheral Participation*. Cambridge: Cambridge University Press.）

Carr, W. & Kemmis, S. (1986) *Becoming Critical: Education, Knowledge and Action Research*. London & Philadelphia: The Falmer Press.

Wallerstein, N. (1983) *Language and Culture in Conflict Problem-posing in the ESL Classroom*. Reading, Mass.: Addison-Wesley.

第4章 「実践の用語」と「理論の用語」
実践研究における論文のあり方を再解釈する

牛窪隆太・武一美

【キーワード】
実践研究論文、再解釈、「実践の用語」・「理論の用語」、
現場のストーリー、教師の視点

1 │ はじめに ── 過去の実践研究論文を研究対象とする理由

前章では、実践研究の記述の問題について議論し、「実践＝研究」のパラダイムで実施される実践研究の記述において重視されるべき点を確認した。「実践＝研究」のパラダイムでは、社会的文脈そのままに、教育実践を時系列に沿って記述することで、実践が置かれた枠組みや教師自身の経験および教育観をも省察の対象としながら、実践をめぐる様々な枠組みを変革していくことがめざされている。この過程において、教育実践は、関係者の間で共有・検討することが可能な対象として他者へと開かれていくという。

本書の執筆者らは、それぞれ過去に、主に「総合活動型日本語教育」[1]の日本語授業をフィールドとして実践研究を行ってきた。しかしながら、過去に私たちが実施した実践研究において、必ずしもここで主張されていることが意識され取り入れられてきたわけではない。では、私たち自身は実践研究として何を行ってきたのか。本書での批判的省察は、私たち自身の過去の実践研究に対して向けられるべきものでもあり、その過程を再検討することは、「実践の研究」のパラダイムで実施される実践研究の問題を明らかにするうえでも必要な作業である。自身らが行っ

121

てきた実践研究を批判的に検討し、本書の出発点となる問題を実践的な面から明らかにするため、本章では、2006年に発表されたある実践研究論文を取り上げる。論文を執筆する過程において、実践を記述する用語にどのような変化が見られるかを検討することから、授業が「理論の用語」で切り取られる過程において見えなくなったものを検討したい。

2 │ 実践研究論文で取り上げた実践の背景

　本章の執筆者である牛窪と武（以下、私たちと表記）は、2006年11月に公開された実践研究論文の共同執筆者である。論文のフィールドとなった実践は、2005年度秋学期に初中級レベルと中級前半レベルの二つのクラスで、週5コマ、15週にわたって実施された日本語授業である。クラスでは、総合活動型日本語教育の理念の下、学生が自身の選んだテーマについてA4サイズで5ページから10ページ程度のレポートを書くという活動を行っていた。

　2005年当時、所属する早稲田大学日本語教育研究センターでは、教科書を使って日本語学習を進める α コース（教科書型コース）とテーマに沿った活動を行いながら日本語を学習する β コース（活動型コース）という、二つのコースが設置されていた。学生たちはプレイスメントテストの結果によって、1レベルから8レベルのうち自身の日本語力に合ったレベルで開講されているどちらかのコースをコアクラスとして選択することになっていた。

　私たちは、β コース（活動型クラス）の3レベル（武）、4レベル（牛窪）の担当者であった。教育機関の教師の間では、当時、学生は自身の日本語レベルに合ったコースで日本語学習を行うべきであるという風潮があった。そのため、特に、教科書を使用し一斉授業で進めなければならない α コースにおいては、担当教師がそのクラスのレベルに達していないと判断される学生に対して、クラスの受講を拒否することがたびたびあった。私たちのクラスを受講した学生たちの中には、教科書を使った授業を好まない学生や、クラスになじめないまま居場所がなくなり、いわゆる問題のある学生として比較的スケジュールが緩やかな β コースに流れてきた学生もいた。

私たちが実施した3レベルと4レベルのクラスでは、教師があらかじめ準備した語彙や文型を教えるのではなく、学生が書いてきたレポートの内容を話し合う中で、言いたいことを表現するために必要であると判断されたものを適宜導入し、意味を確認するという方法で進めていた。3レベルのクラスに初級の文法項目の学習が終わったばかりの学生もいれば、4レベルのクラスには、自国で既に日本語能力試験1級をとったという学生もいた。しかし私たちは、あくまでもβコースでは学生が言いたいことを表現することを中心に活動を進めたいと考え、二つのクラスで同じ活動を同じスケジュールで実施していた。

　一方、当時の実践では、レポートの推敲を週に5コマ繰り返し実施することによるクラス活動の停滞が、私たち教師にとっての一つの課題になっていた。同じメンバーでお互いのレポートを何度も検討するうちに、レポートではなく、授業の中で話した内容から言いたいことが何となく理解できてしまい、レポートの表現を考える必然性は低くなっていった。

　2005年度春学期の実践を進めるうちに、同僚教師の間で、3レベルと4レベルのクラスで合同授業を実施してはどうかというアイディアが生まれた。レベル間の日本語力の差などを危惧する声もあったが、活動の内容を共有していれば日本語力の差はそれほど大きな問題にはならないと考え、学期途中から合同授業を実施することにした。その結果、レポートを読む段階でのフォローさえ行えば、学生たちは日本語力に関係なくお互いのレポートに的確なコメントをすることができ、また他のクラスの学生からのコメントによって、レポート推敲が再び活性化する様子が観察された。このことから、秋学期の実践では、当初から定期的に合同授業をスケジュールに組み込むことにした。そして、秋学期の実践でも同様の効果が見られた。学生たちが、日本語力の差を乗り越えてお互いのレポートにコメントをし、そのコメントによって、それぞれのクラス活動が再び活性化したのを目の当たりにして、私たちは、教室で日本語力の異なる学生が活動を共有することの意味を考え始めた。

3 | 実践研究論文で主張したこと

　実践研究論文では、合同授業実践でのレポート検討において、異なる

クラスの学生からのコメントによって、停滞していたレポート推敲に新たな変化が見られた事象を取り上げている。私たちは、実践研究論文において、その事象を「社会化」として位置づけることで、日本語教育における教室の社会化の捉え方を論じた。一連の研究は当時同じクラスを担当していた同僚教師との共同研究として実施され、翌年、早稲田大学日本語教育研究センター発行の『講座日本語教育』に掲載された（牛窪隆太・武一美・田中奈央・橋本弘美・細川英雄（2006）「教室の社会化をめざして――日本語3β4βクラスにおける「合同授業」実践から見えてきたもの」『講座日本語教育』第42分冊、以下、「社会化論文」と表記）。

　「社会化」という用語は、当時実施した合同授業実践に際して使用していたものではなく、合同授業での手ごたえを実践研究論文として記述する段階で使用するようになった用語である。私たちは、レポート推敲を重ねる中で学生から聞かれるようになる、「お互いの言いたいことがよくわかった」という状態を、教室コミュニティにおける合意の飽和状態と考えた。そして、合同授業実践で新たな他者と出会うことで、その合意が突き崩され、より大きなコミュニティにおける合意へと向かうというストーリーを「社会化」として描くことを試みた。具体的には、3レベルと4レベルそれぞれの学生のレポート作成過程を追い、合同授業における新たな他者からのコメントによって、レポートの内容に変化がもたらされていることを示した。さらにその変化によって、レポートが活動終盤の「相互自己評価」[2]において高い評価を得ていたこともわかった。以上の分析をもとに、教室という社会において、学生がことばによって合意を積み重ねるプロセスで表現が精緻化する可能性を論じた。

　このような経緯で掲載された「社会化論文」であったが、執筆後、私たちの中には漠然とした違和感が残った。描きたかったことと記述したものの間にはずれがあり、教師として向き合っていた教育実践の実際と「社会化論文」の主張のずれは、実践でやっていることと研究で言っていることの乖離を意味しているような感覚を生み出した。その感覚は、合同授業実践を研究として切り出すプロセスにおいて、私たちが実際の教室で教師として体験したことの大部分が切り落とされてしまっていることから生じたものであった。

第1部　理論編

4 | 実践研究論文を捉え直す基軸

あの実践研究論文を執筆する過程において、私たちは実践の何をどのように切り出したのだろうか。実践を記述するということは、ある用語を用いて、ある視点で実践を切り取るということに他ならない。前章では、実践研究の記述として、一人称を用い、わかりやすいことばで記述することの意味が指摘されている。既に述べたように「社会化論文」において、「社会化」は実践に際して私たちが使用していた用語ではなかった。それは、合同授業による授業改善の意味を記述するものとして事後的に使用されるようになった「理論の用語」であった。

教育学において、佐藤 (1997) は、シュワブ (J. Schwab) の議論から教育における「実践の言語」と「理論の言語」の問題を提起している。シュワブは教育研究者の立場から、科学的探究におけるモード (modes) の複数性を指摘した。探求としての科学は、科学的知識を明らかにする人間によって結ばれる根源から科学を扱うことであり、その探求は普遍性をもつものではなく、差異が生じるものであると主張した (Schwab 1966)。シュワブの議論はその後、カリキュラム理論において展開され[3]、教師の視点からの「カリキュラムの復興」(Schwab 1969) が主張された。

佐藤 (1997) はシュワブの議論を踏まえ、日本の教育現場においても、1960 年代以降、教師たちが実践を記述する言語に変化が見られるようになったと指摘する。教育学において実施されるようになった「授業研究」のテクニカル・タームによって、実践は、研究者が提供する多様な理論との接点をもつようになった。その一方で、「教師たちの言語にテクニカル・タームが氾濫すればするだけ、彼らの実践を語り記述する言語が、抽象化されて具体性を失い、やせ細り衰退した」(p.39) という。つまり、現場の教師が、実践を理論の言語で記述するようになるにつれ、その記述は具体性を欠いた空虚なものになったのである。ただし、シュワブや佐藤の議論の前提にあるのは、科学的探求を行う人間の思考のモードの複数性でもある。「実践の言語」や「理論の言語」の「言語」とは、個々の用語であるとともに用語を結びつける思考法をも包括するものである。そのため、本章では、シュワブや佐藤の議論を概念として援

用しながらも、「実践の言語」と「理論の言語」をそれぞれ「実践の用語」と「理論の用語」に置き換え、具体的な用語という意味で用いる。ここでいう「実践の用語」とは、私たちがシラバスや授業報告書、打ち合わせ資料などにおいて教師として使用していた用語であり、「理論の用語」とは「社会化論文」作成に際し、研究の概念として新しく使用するようになった用語を指している。

　私たちは「実践の用語」を使って、自らの実践を計画・実行してきた。それら「実践の用語」は、「社会化」という「理論の用語」に影響を受け、論文執筆過程において変化している。以下の分析では、その変遷をたどることから、私たちの実践を切り取る視点がどのように規定され、実践研究論文の結論へと結ばれているかを検討し、当時の実践研究論文を再解釈する。

5 ｜ 分析の枠組みと手順

5.1　データの作成

　論文の執筆過程を分析対象とするためには、その執筆過程を再現する必要がある。しかし、「社会化論文」は、2005年に執筆（公開は2006年11月）されたものであり、分析を実施した2011年から振り返っても、当時の記憶は曖昧なものであった。また、人生における経験とは物語的に再構成される（やまだ編著2000）ものであることを考えれば、私たち共同執筆者の間で想起される経験は、それぞれ物語として意味を付与され再構成されていることになる。私たちそれぞれの経験から一つの過程を描くためには、作業順序をできる限り実際の時系列に即して再現する作業が必要であった。そのため、データの作成にあたっては、当時の論文執筆に関わる資料をもち寄ることから始めた。

　資料として保管され、参照可能であったものは、1）教育実践の配布資料、授業担当教師が作成した授業報告書、2）研究の段階において、やりとりされたメール、3）話し合い時の資料や、資料に書きこまれたメモ、4）口頭発表のために作成した資料（予稿集原稿案、原稿）、5）「社会化論文」（原稿案、原稿）であった。まず初めにこれらの資料を1次データとして共有し、実践時に教師が考えていたこと、実践での教師の感覚や実感、「社

第1部｜理論編

会化論文」作成時に考えたこと、研究の結果生み出されたもの、として時系列に並べた。

そのうえで、それぞれの資料から、「合同授業」ならびに「教育実践」を説明する文において使用されている表現を抜き出した。表現は名詞を中心に抜き出したが、他の品詞についても説明の上で重要であると判断できるものについては、名詞化した形で抜き出している。「（〜という）名詞」の形のものや、文ではあるが括弧書きで特別な意味を付されているものについては、一つのかたまりとしてそのまま抜き出した。抜き出された表現について、分類別、時系列をそれぞれ縦横軸にしたマトリックス状の一覧をエクセルで作成し、これを2次データとした。

5.2　分析の手順

2次データ中の表現について、以下の手順で用語の取り出し作業を行った。

1) 2次データのうち、それぞれのセルについて重複している用語を削除し、複数回現れる似た用語については、双方を包含する代表的なものに統一した。
2)「合同授業」「教室」「活動」「日本語教室」「日本語3β4β」など、説明対象と同一、または、単純な言い換えとして使用されている用語を削除した。
3) シラバスや授業担当者間の授業報告、打ち合わせなど、教育実践をめぐるやりとりの中で使用されていた用語を「実践の用語」、共同研究の過程で使われるようになった用語を「理論の用語」として選び出した。
4) 時系列に沿って、「理論の用語」にどのような変化が起きているかについて、新しい用語が出現したのはいつで、どのように議論に取り入れられていったのかという点から検討した。1）〜4）の手順により、類似するものを統合し、重複するものを削除しながら、新しく出現している用語を浮かび上がらせることで、時系列における変遷を捉えることができると考えた。なお、分析は本章の共同執筆者が同じ作業を実施し、各段階でそれを突き合わせること

で、修正を加えたものを分析結果とした。

5）上記の作業で抽出された用語が実践研究論文の最終的な主張に至る議論の中でどのように関連付けられているかを見るために、時系列に沿って、授業報告、話し合いの記録メモ、予稿集原稿、論文完成稿の導入部、結論部に記述された文を取り上げ、「実践の用語」、「理論の用語」の使用から検討した。

6 ┃ 結果

6.1 論文執筆の時系列における用語の変遷

「社会化論文」の共同研究において、議論は、1）教師としての実感（合同授業実践における成功経験）の説明方法をめぐる議論、2）「教室の社会化」という観点の設定、3）口頭発表原稿作成前後での授業データ分析と「社会化」の理論的検討、4）論文執筆プロセスでの主張の確定、という過程を経ており、用語の使用法はその中で変化している。この過程で私たちは、当時のβコースが置かれた状況やクラス活動の停滞という合同授業実践の動機を議論から切り離し、「社会化」の意味を論じるための議論として組み立て直している。

以下に示す表1は研究の初期段階における「理論の用語」を示したものである。表1において、用語の使用法の変遷を見てみると、「社会化」という「理論の用語」が議論に導入されたこと（6/23）から、以降「学習者の社会化」、「教室の社会化」、「ことばの社会化」という用語が混在して使われるようになっている（6/25〜8/5）。そして、実践を切り取る観点として「社会化」が設定されることで、「関係性の構築」、「更新」といった「理論の用語」が使われるようになった（7/24）。そして、さらに最終段階（表2）では、合同授業実践との接点が模索されることで、最終的に「相互理解・相互承認」という「理論の用語」を用いて「教室の社会化」について記述する（12/20、完成稿）という変遷をたどっている。以下、論文執筆の時系列に沿って具体的に見ていく。

表1は、6/23から8/5までの、メール、話し合い記録・メモ、作成された原稿に見られる「理論の用語」である。各セルでは、重複する用語を平字で示し、その下に新しく出現している用語を太字で示した。以下、

第1部 理論編

表1 共同研究初期段階における「理論の用語」一覧

日付	メール	話し合い記録・メモ	原稿
6/23	《ことばの社会化》	《現実のコミュニティ》《コミュニティ内》《他のコミュニティ》《より大きい合意》《学習者のことばの社会化》《日本語教室の社会化》《既成の社会》《社会を拓くこと》	
6/25	《ことばの社会化》		
6/26	《社会化》		
6/30			《社会化》《「社会」を拓く視点》《既成の「社会」》《新しい合意》《学習者の社会化》《社会化を目指すということ》《教室を開くこと》《教室に拓くということ》
7/6			《社会化を目指す》《既成の「社会」》《教室を「開く」》《「社会」を教室に「拓く」》
7/24			《社会化》《学習者の社会化》《更新》《関係性の構築》《新しい他者との出会い》
8/5			《新たな合意》《より新しい合意》《学習者の社会化》《教室に拓く》《新たな他者》《より深い合意》《人間関係》《築いていくこと》《教室外という社会》《自身の社会》

本文中では「実践の用語」を【　】付き表記で、「理論の用語」を《　》付き表記で示す。

　共同研究を開始した当初、私たちは、一度は停滞してしまったクラス活動が、合同授業を実施し、新しいグループでコメントのやりとりを行うことで再び活性化したという教師としての成功体験をもっていた。私たちは、授業データを見直し、この実感を表す用語を考えることから共同研究を始めている。

　6/23のメールに記された《ことばの社会化》は、この教師の実感をどのような用語で表現するか考える中で出されたものである。これを受けて、6/23の話し合い記録・メモでは、《現実のコミュニティ》、《既成の社会》、《学習者のことばの社会化》、《日本語教室の社会化》などの「理論

第4章 「実践の用語」と「理論の用語」

の用語」が見られ、話し合いにおいて、合同授業実践をどのように説明するかについての様々なアイディアが出されていたことがうかがえる。6/25のメールの欄にある《ことばの社会化》は、一度は固まりかけたアイディアに対して「ことばの社会化という用語に引っかかっています」という共同研究者の一人から寄せられた意見の中で使われたものである。6/26にはこれに対する応答として、ことばではない何かの「社会化」を考えるという方針が記され、これ以降「社会化」を軸として研究が進められることになった。

　共同研究の初期段階においては、「社会化」を軸として実践を説明する方法を模索することにより、議論の中でも新しい「理論の用語」が使用されるようになっている。7/24の原稿には、《更新》や《関係性の構築》、《新しい他者との出会い》などの「理論の用語」が見られるようになる。つまり、合同授業実践が「社会化」に重ねられるようになったことで、合同授業実践における新しいメンバーでのレポート検討は、新たな他者との関係性の構築を示す事象として捉えられるようになり、それを表すための用語が使われるようになっている。

　既に述べたように、私たちは、合同授業の際に教室と社会の関係を意識していたわけではなく、実際には「社会化」をめざして合同授業を実施したわけでもなかった。「社会化」は合同授業の意義を考える中で、事後的に設定された概念である。しかし執筆過程の議論において、「社会化」という観点から合同授業を記述するという流れが生まれることにより、私たちは合同授業をめぐる「実践の用語」を遡及的に「理論の用語」へと書き換えている。

　シラバスにおいては、授業で自分の「考えていること」を他者に対して明確に表現できるようになることを目的とした活動を行うことが説明され、他クラスと定期的に合同授業を行うことで、レポートの精度をあげることが説明されている。シラバスにおいて合同授業を説明している「実践の用語」（表3参照）には、【より多くの他者】、【提示する機会】、【参加者間での合意形成】というものがあった。8/5の原稿においては、これらの「実践の用語」の同義語として、《新たな他者》、《より深い合意》、《人間関係》、《築いていくこと》（表1）という「理論の用語」が見られるようになっている。

第1部　理論編

【より多くの他者】は、合同授業で他のグループの学生とレポートの内容を共有するという意味で使用されていた「実践の用語」であった。ここに「社会化」の観点が加わることにより、【より多くの他者】という「実践の用語」は《新たな他者》という「理論の用語」に書き換えられている。同様に、教室における【参加者間での合意】は、社会において《人間関係》を《築いていくこと》という「理論の用語」に書き換えられた。

　この4カ月後の最終段階において、12/20の論文の草稿、また翌年11月に公開された完成稿では、「社会化」の観点で合同授業実践を説明するための「理論の用語」が多く見られる。以下に示す表2において、上段は「実践の用語」に分類されたもの、下段は「理論の用語」に分類されたものを表す。

表2　論文執筆最終段階における「実践の用語」と「理論の用語」一覧

日付	メール	話し合い記録・メモ	原稿
12/20 （2005年）		［実践の用語］ 【学習者の関わり】【プロセス】【表裏一体】【表現の明確化】【「合意形成」】【合意の質】	［実践の用語］（12/20前） 【一人ひとりの参加者】【過程（＝合意形成）】【存在するという実感】【実際の表現・理解】【相互のやりとり】【相互行為】【合意】【参加者の顔ぶれ】【プロセス】【教室という場】
		［理論の用語］ 《教室の社会化》《社会化を志向した授業実践》《日本語教育における社会化》	［理論の用語］（12/20前） 《社会化》《教室の社会化》《参加者間で"共有されているもの"》《そこに集う参加者が社会を形作っていくこと》《参加者と参加者をつなぐような行為》《存在するという実感》《社会への志向》《「社会」を形作っていく過程（＝「社会化」）》
完成稿 （2006年 11月）			［実践の用語］ 【相互のやりとり】【実際の表現・理解】【お互いを理解できるという感覚】【その感覚を共有したという実感】【参加者それぞれ】【〈自分の考えていることを他者に向けて表現すること〉】【〈他者の表現したものを理解すること〉】【コミュニケーションの繰り返し】【レポート作成過程】【相互自己評価】【最終的な合意】【話し合い】【レポートに書かれていない内容】【わかったつもり】【書いたつもり】【停滞】【見直し】【再認識】【お互いの考えていること】【獲得される表現力】【自分が考えていること】【自らの表現化を練り直していく力】
			［理論の用語］ 《教室の社会化》《人間関係を結ぶということ》《相互理解・相互承認》《互いに関係をもっていくプロセス》《他者の共感・理解》《［非合意］を［合意］にしていくための「検討」》《［非合意－合意］（分からない－分かった）》《クラス内での［非合意］》《より深い理解》《共感＝〈新たな合意〉》《教室というコミュニティ》《他者との関係を結ぶためのコミュニケーション》

12/20の話し合い前に作成された論文のドラフト原稿において、「社会化」は「社会を形作っていく過程」と定義され、《参加者と参加者をつなぐような行為》、《存在するという実感》など、合同授業実践において、学生がお互いにつながっているという実感をもたらすものに重ねられている。この原稿をもとに12/20に実施された話し合いの「話し合い記録・メモ」を見ると、《社会化を志向した授業実践》という「理論の用語」が見られる。つまり、論文執筆の最終段階においては、合同授業実践の目的を表す「理論の用語」が使用されるようになっており、実践のそもそもの目的が「理論の用語」で記述されるようになっているのである。

　表2において、「完成稿」で使われた「実践の用語」と「理論の用語」を見ると、合同授業実践について、「実践の用語」から「理論の用語」への書き換えを多数確認することができる。合同授業実践において【〈自分の考えていることを他者に向けて表現すること〉】や【〈他者の表現したものを理解すること〉】のために【コミュニケーションの繰り返し】を行うといった「実践の用語」は、《相互理解・相互承認》のために《［非合意］を［合意］にしていくための「検討」》といった「理論の用語」に書き換えられている。

　同様に、【実際の表現・理解】（「完成稿」）は《他者の共感・理解》（「完成稿」）に、【最終的な合意】（「完成稿」）は《より深い理解》、《共感（＝新たな合意）》（「完成稿」）に書き換えられ、社会化を志向した授業実践の作用を説明するものとして使用されている。つまり、合同授業の目的や各段階は、論文では「理論の用語」で説明されるようになったということである。

　ここで断わっておくならば、私たちは「社会化論文」執筆に際して、ただ「社会化」を主張したわけではなく、合同授業実践において大きな変化が見られた学生二人のレポートの変遷を丹念に追っている。3か月の活動期間における二人のデータを質的に分析し、それぞれのクラスのレポート推敲では解消することのできなかった問題が、合同授業において解消され、相互自己評価において高い評価を得るまでの過程を明らかにしている。しかし、私たちはそれらの事例を「社会化」の作用として記述している。つまり「社会化」で実践を振り返ることにより、授業分

析の結果は「理論の用語」の枠組みにおいてのみ理解されるものとなっているのである。

　前章において、「実践＝研究」の実践研究では、教師の価値観やその変化の記述が重要であることが指摘された。では、この授業分析を行ったことで、当時の私たちの実践を捉える視点には何かしらの変化が生まれているのだろうか。そのことを論文執筆前後での「実践の用語」の変化から確認したい。2005年2月に作成したシラバスと2006年11月に公開された論文の完成稿における「実践の用語」を示したものが以下である。

表3　シラバスと完成稿における「実践の用語」

シラバスにおける 実践の用語 （2005年2月）	【他者】【明確に表現】【「考えていること（表現内容）」】【必要な「語彙や文型（表現形式）」】【学習者一人一人】【異なり】【一定の語彙・文型】【教室内の対話】【それぞれに獲得】【クラス内の協働】【同一の活動】【それぞれのクラス】【より多くの他者】【提示する機会】【学習者の動機付け】【評価基準】【参加者間での合意形成】【レポートの精度】【合同検討】【活動の流れ】【自身の位置】【振り返り】
完成稿における 実践の用語 （2006年11月）	【相互のやりとり】【実際の表現・理解】【お互いを理解できるという感覚】【その感覚を共有したという実感】【参加者それぞれ】〈自分の考えていることを他者に向けて表現すること〉〈他者の表現したものを理解すること〉【レポート作成過程】【相互自己評価】【最終的な合意】【話し合い】【レポートに書かれていない内容】【わかったつもり】【書いたつもり】【停滞】【見直し】【再認識】【お互いの考えていること】【獲得される表現力】【自分が考えていること】【コミュニケーションの繰り返し】【自らの表現化を練り直していく力】

　シラバスの冒頭部分では、βクラスの教室活動の特徴として、特定の語彙や文型を教科書で学習する方法をとらず、レポート作成を中心とした同一の活動をそれぞれのクラスで実施することが説明されている。シラバスにおいて合同授業は、【より多くの他者】、【提示する機会】、【学習者の動機付け】などの用語で説明され、学生それぞれが自身のレポート作成活動を振り返り、内省する機会として位置づけられている。

　完成稿を見ると、合同授業実践は、【レポートに書かれていない内容】、【わかったつもり】、【書いたつもり】、【停滞】、【見直し】などで表現さ

れ、レポート検討の停滞を合同授業の実施によって解消できたことが記されている。また、現場教師の実感として、【お互いを理解できるという感覚】、【その感覚を共有したという実感】、【コミュニケーションの繰り返し】、【自らの表現化を練り直して行く力】など合同授業実践の成果を記述している用語も見られる。

　これら「実践の用語」は、授業報告や授業をめぐる打ち合わせにおいて使用されていたものであり、私たちが教師として自身の実践を振り返ることで生み出されたものである。しかし、詳しくは次節で検討するが、「実践の用語」で記述されるこれらの事象については、論文執筆の過程では検討されておらず、原稿中もむしろ議論の周縁に置かれている。

　例えば、【レポートに書かれていない内容】について、【わかったつもり】になったり【書いたつもりに】になったりするということは、学生がレポート推敲を繰り返すことでクラス内の議論が停滞する原因として、合同授業実践の中で教師が見出したものであった。しかしながら、「社会化論文」の議論において、レポート推敲を繰り返すことは《［非合意］を［合意］にしていくための検討》と説明され、そのことによって、《共感（＝新たな合意）》を生み出し、《教室というコミュニティ》に社会を構築することであると説明されている。つまり、実践をめぐる考察は、教師の実感や実際を示した「実践の用語」ではなく、あくまでも「理論の用語」において行われているのである。

6.2　文における「理論の用語」と「実践の用語」

　では、具体的に合同授業実践はどのように記述されたのか。ここでは、「理論の用語」と「実践の用語」がどのように結ばれているかについて、文の変化に焦点をあてながら考察したい。合同授業実践を記述した文章のうち、時系列に沿って、「授業報告」、「話し合い記録・メモ」、「口頭発表予稿集原稿」、「論文完成稿」の順で見ていく。5/13、5/31に教師が書いた合同授業実践の「授業報告」には、以下のような記述がある。

・コメント会は結構盛り上がり、両グループの学生にとってよい刺激になったと思います。皆かなり深いコメントができると驚きました。特に、Sさん、Aさん、Wさんがなかなか鋭い突っ込みをしてく

第1部　理論編

れました。　　　　　　　　　　　　　　　　　（5/13　授業報告）

・合同授業はやっぱりいいなと思いました。1時間目と2時間目のグループを変えたことも効果的だったと思います。　　　（5/31　授業報告）

　教師は合同授業において、学生が日本語のレベル差を越えてお互いのレポートのわからない部分を何とか理解しようとする姿から、この実践はうまくいっているという感触をもっていた。この後、6/23に「ことばの社会化」という「理論の用語」が議論の中に導入されるが、6/25の「話し合い記録・メモ」において「ことばの社会化」は以下のように説明されている。以下では、「社会化論文」についての話し合いを進めるうちに、私たちの関心が、実践そのものから教室をコミュニティとして捉えることへと移り、その中でコミュニティの拡大における合意形成の場として合同授業を位置づけるという流れが生まれていることがうかがえる。

・ことばの社会化とは、自分の考えを他者に向けて表現しながら、合意形成を行い、自分の考えとことばを「明確化」「拡大化」していくプロセスであると考えられる。このプロセスを教室で行っていくことで、教室は現実のコミュニティとなっていく。

・しかし、このコミュニティ内の合意形成のみで留まっていいのか？同一の活動を行っている他のコミュニティとの合意形成をさらに行うことで、より大きい合意となることを目指す。そのために合同授業はいいのではないか？　　　　　　　　　（6/25話し合い記録・メモ）

　この約1カ月後、8/5に提出された学会口頭発表用の予稿集原稿では、本文の冒頭で「学習者の「社会化」とはどういうものであるのかについて考察を行う」と問題提起がなされ、学生のレポート、授業の音声記録などの分析をもとに「学習者の「社会化」」を具体的に示すと記述されている。「合同授業」の前後で学生のレポートや授業内での発言がどのように変化しているのか、また、そのことが合同授業で行われた「相互自己評価」にどのように結びついているのかの2点を軸に分析を行ったうえで、結論部では以下のような記述がある。

第4章　「実践の用語」と「理論の用語」

135

・日本語教室において「社会化」を目指すということは、既成の定められた「社会」へ教室を「開く」ことではなく、学習者自身の「社会」を教室に「拓く」ということであり、学習者の「表現」は、そのプロセスの中で育成されていくのだと言えよう。　　（8/5予稿集原稿）

　A4サイズ4ページという予稿集の分量制限もあったが、この結論において実践を論じる「実践の用語」は見られない。合同授業実践は一つの事例であり、社会化を説明する要素に分解されている。口頭発表当日、会場の反応は鈍く、質疑応答において「合同授業がいいということを言いたいのか」という内容の質問もあった。その後、私たちはデータの分析をさらに進め、その一方で「社会化」という用語により説得力をもたせようと社会学の文献にもあたった。
　最終的に公開された実践研究論文においては、論文のキーワードとして「教室の社会化」、「相互理解／相互承認」、「合意形成［非合意−合意］の繰り返し」、「合同授業」があげられている。論文の冒頭で、日本語教育において「社会」に対する関心が高まってきたことが指摘され、教室の社会化という立場から実施した教室活動を分析することで、日本語教育における社会化の意義を考察することが目的として記されている。以下の部分は、考察部分の記述である。

・分析からは、お互いの考え・表現したことについて「検討」していくことによって表現内容・表現方法を練り直し、お互いに「理解できる」部分を増幅させていく、つまり、参加者間において［非合意］を言語化によって［合意］に変えていくプロセスを繰り返すことで、「理解できた」という実感が生まれ、さらにその実感が最終的に参加者間で共有されていることがわかった。このことはつまり、「合意形成」のプロセスによって、教室というコミュニティに相互理解・相互承認が実現し、参加者間に関係が結ばれていったということ（＝教室の社会化）を意味するだろう。　　　　　　　　　　（完成稿）

　上掲部分において、検討によって表現内容・表現方法を練り直し、お互いに理解できる部分を増幅させるという合同授業実践の実際は、「つ

第1部　理論編

まり」で言い換えられ、「理論の用語」によって説明されている。そして、言い換えられた合同授業実践の意義は、さらなる「このことはつまり」によって、「教室の社会化」についての「理論の用語」を主とした説明へと結びつけられている。

　そこには、私たちが教師として研究開始当初にもっていた「なぜ合同授業はうまくいったのか」という問いが介在する余地はない。実践研究論文にする過程で、合同授業実践は実際の文脈から切り離され、「教室の社会化」の意義を説明するための事例として結ばれているのである。「社会化」という「理論の用語」によって、合同授業実践をめぐる「実践の用語」は書き換えられ、実践の切り取り方を規定しながら、論文の主張そのものに結ばれるようになっている。

　用語の分析の結果、私たちの合同授業実践を捉える視点は、現場の教師の実感から、「理論の用語」で遡及的に「社会化」をめざした実践の意味を記述するものへと移っていることがわかった。しかし実際には、合同授業実践は、2005年春学期での試行を経て秋学期に展開させたものであり、問題状況から生み出された解決策という側面をもつものであった。私たちの実践における工夫は、より大きくは当時の教科書型コース、活動型コースという教育機関でのシラバス構成に埋め込まれたものである。そして何よりも、二つのクラスで合同授業を実施したのは、異なるクラスの学生の日本語のレベル差は、活動内容を共有することによって、乗り越えうるものであるという教師としての強い信念があったからである。これらは「社会化論文」の背景にあった、いわば現場のストーリーであった。しかし、このような現場のストーリーは「社会化論文」の中では周縁化されている。「社会化論文」で論じた「「社会化」を志向した実践」とは、合同授業の実際を遡及的に書き換えた理論のストーリーであり、その中で現場のストーリーの文脈は見えなくなっているのである。

7 ｜ 実践研究論文の異なる可能性

　分析の結果見えてきた「社会化論文」執筆過程での議論の問題点は、以下の3点にまとめられるだろう。

第4章　「実践の用語」と「理論の用語」

1）「理論の用語」によって教育実践を捉えようとすることで、実践の文脈が切り落とされ、実践をよりミクロな視点で捉える流れが生まれている

2）「理論の用語」で合同授業実践の意味を描くことで、実際の実践の目的とは別に、実践研究論文としての意義が遡及的に作り出され、理論のストーリーとして提示されている

3）現場のストーリーにある教師の視点が周縁化されている

　私たちは、「社会化論文」執筆初期において、授業データの分析とともに、合同授業実践を説明するための用語を考え始めている。当時の私たちは、実践の意味をより説得力をもって説明する用語として「社会化」について考え始めているが、それと同時に、当時の教育実践そのものの文脈であったβクラスの位置づけや、二つの異なるレベルのクラスで同じ活動をしていることの意味は見失われ始めている。そして、共同研究の中で、実践を「社会化」という「理論の用語」で捉えるという流れが生まれることにより、実践を捉える枠組みは、より狭いものとして規定されている。その枠組みの中で、私たちが合同授業実践をする際にもっていた「実践の用語」は「理論の用語」に書き換えられ、合同授業実践の意義は、教室の社会化の可能性という理論のストーリーに重ねられるようになっている。

　つまり、記述された理論のストーリーは、私たちが教師として、実践の中で体験した現場のストーリーとは異なるものであり、私たちの教師としての教育観や現場の改善を描くためのものではないのである。私たちが「社会化論文」執筆後に抱いた違和感は、「社会化論文」での主張が、現場の要素を含みつつも、自分たちのストーリーではない誰かのストーリーを志向していることや、その中で教師である私たち自身の姿が見えなくなっていることから生じたものなのである。

　質的研究において生成される理論とは、普遍的な理論ではなく、ローカルな理論であるとされる。そうであるならば、実践研究で生成される理論としての知識は、ローカルなものであって、直接的に普遍性を志向するものではない。荒川（2006）は、ある種の研究は、生産の段階から「普遍的な真実としての知識」ではなく、「物語りとしての知識」を志向

していると指摘する (p.5)。そのような研究で生産される知は、文脈を重視しながらも、別の文脈に波及効果をもつべきものであると位置づけられる[5]。

　つまり、私たちは当時の実践研究において、合同授業実践において実感した成功体験や合同授業におけることばの共有や変化という事象を、「社会化」から始めるのではなく、日本語レベルの異なる学生がお互いの日本語やレポートがわかるという感覚をどのように経験しているのか、また、活動内容を共有し、お互いのレポートへの理解が深まることで、教室にどのような関係が生まれるのかという、現場教師の視点から描くことができたはずである。論文完成稿の「実践の用語」に見られたような教師の実感を、「理論の用語」に置き換えてしまうのではなく、文脈に即して丁寧に解釈して議論し、その先にローカルな知識を生み出すことによって、当時の実践を実践が置かれた枠組みの外へと開いていくための議論をすることが可能だったのではないか。「実践の用語」の解釈から、実践のあり方を省察することによってこそ、実践の枠組みや他の実践へと波及効果をもつ実践研究が可能となる。教師にとっての実践は、現場を語る「実践の用語」に存在するのである。

8 ｜ おわりに

　本章では、「社会化論文」の執筆過程を再構築し、そこで行われた議論を批判的に検討した。本来であるならば、新たな可能性として、現場教師の視点で再び合同授業実践を記述するところまで行うべきであるのかもしれない。しかし、ここで仮に、過去に書いた実践研究論文を新たな実践研究論文として提出したとしても、そのように議論を完結させることは、本章を執筆することを思い立った私たちの本意ではない。本章執筆の意図は、日本語教育における実践研究論文のあり方について、一つの課題を提起することにあった。その意味において本章の議論は未完であり、その行く末は、今後、私たちが取り組む実践研究のあり方によって示していくと同時に、本章も今後の議論の中で再解釈されるべきものであると考えている。

　また、理論のストーリーで記述した「社会化論文」が、当時の学術雑

誌の査読者から評価され、論文として掲載されたことを考えると、いわゆる科学的な学術論文で求められる論理構成や記述のあり方と「実践＝研究」パラダイムで実施される実践研究における記述のあり方は、同一のものとはなり得ない可能性を想定することができる。本章の議論は、3章の主張を実践面から支えるものであるが、今後、日本語教育学にとって、学術論文とはどのようなものであるのかという根本の議論をさらに展開していく必要がある。日本語教育学を支える実践研究の新たな記述のあり方は、現場の教師が「実践の用語」を鍛えることによって、日本語教育という営みを外へと押し広げていくものでなければならない。

注　[1]　「総合活動型日本語教育」の詳細については、細川＋NPO法人「言語文化教育研究所」スタッフ（2004）を参照のこと。

[2]　「相互自己評価」は学生が活動を振り返り、お互いのレポートを評価するという評価活動のこと。詳しくは、細川＋NPO法人「言語文化教育研究所」スタッフ（2004）を参照のこと。

[3]　シュワブの議論の詳細については、佐藤（1996a, 1996b）に詳しい。

[4]　シュワブの主張を踏まえれば、佐藤（1997, 1999）の議論の文脈においていわれる「言語」は、取り出し可能なものではなく、「ディシプリンの構造」をなす、理論的様式と実践的様式において使われる言語の総体を意味するものである。

[5]　荒川（2005, 2006）は、質的心理学の立場から、現場で生成される実感と現場を離れたところで生成される科学的な知識の齟齬について問題を提起している。荒川（2005）は、実験心理学における科学とは何かという問いを立て、適用という場面で考えるのであれば、実験心理学によって得られた知見も、一つの「物語り」と同じレベルであると述べ（p.34）、物語的知識の可能性を述べている。

参考文献　荒川歩（2005）「心理学は「科学的」でなければならないのか？─質的心理学と実験心理学の対立と社会との関係を軸に」『立命館人間科学研究』10, pp.29–35．立命館大学人間科学研究所

荒川歩（2006）「「科学」に依拠しない知識の可能性と物語のリスク─「知識生産」を「フィードバック」から再考する」『立命館人

間科学研究』11, pp.1–10.　立命館大学人間科学研究所

牛窪隆太・武一美・田中奈央・橋本弘美・細川英雄（2006）「教室の社会化をめざして―日本語3β4βクラスにおける「合同授業」実践から見えてきたもの」『講座日本語教育』42, pp.1–24.　早稲田大学日本語教育研究センター

佐藤学（1996a）『カリキュラム批評―公共性の再構築へ』世織書房

佐藤学（1996b）『教育方法学（岩波テキストブックス）』岩波書店

佐藤学（1997）『教師というアポリア　反省的実践へ』世織書房

佐藤学（1999）「カリキュラム研究と教師研究」安彦忠彦（編）『新版　カリキュラム研究入門』pp.157–179.　勁草書房

細川英雄＋NPO法人「言語文化教育研究所」スタッフ（2004）『考えるための日本語―問題を発見・解決する総合活動型日本語教育のすすめ』明石書店

やまだようこ（編著）（2000）『人生を物語る―生成のライフストーリー』ミネルヴァ書房

Schwab, J. J. (1966) The Teaching of Science as Enquiry. In J. Schwab & P. Brandwein (Eds.), *The Teaching of Science* (pp.1–103). Cambridge, MA: Harvard University Press.

Schwab, J. J. (1969) The Practical: A Language for Curriculum. *School Review, 78*, pp.1–24. The University of Chicago Press.

Schwab, J. J. (1971) The Practical: Arts of Eclectic. *School Review, 79*, pp.493–542. The University of Chicago Press.

第 2 部 ▌実践編

第5章 | 介入する他者、つなぎ目としての
多文化教育コーディネーター
高等学校における実践研究共同体創出の可能性

武一美・井草まさ子・長嶺倫子

【キーワード】
外国につながる生徒[1]、多文化教育コーディネーター[2]、
高校教員、つなぎ目、協働、実践研究

1 | 飛び火しつながれていく実践研究

　本章は、私たち（武・井草・長嶺）多文化教育コーディネーターが神奈
川の県立高校で4年間にわたり行ってきた実践研究を縦断的に記述・分
析し、実践の意義、つまり、実践が私たちや周囲に何をもたらしたのか、
を考察したものである。まず、1校における問題発見と解決へ向けた試
みの結果が、他校へと拡がり、更なる問題発見と解決を繰り返しながら、
複数校において共有される課題へと向かう問題発見・解決プロセスを追
う。さらに、多文化教育コーディネーターがつなぎ目となり、網の目の
ようにつながり共有されていく問題発見と解決の記述・分析を通して、
実践研究の可能性を考察する。
　私たちは、NPO法人多文化共生教育ネットワークかながわ（以下ME-
net）[3] と神奈川県教育委員会との協働で実施する「多文化教育コーディ
ネーター派遣事業」により、神奈川県内の高校に派遣された。武・長嶺
は、2008年からA高等学校定時制に、井草は、2010年からB高等学校に、
着任した。武と長嶺は日本語教師、井草は元高校英語科教員の背景をも
つ。それぞれの派遣校における、2008年〜2011年の実践研究がどのよう
につながり、展開してきたのかを、さまざまな資料をもとに振り返り、

145

私たちの実践とその周辺を丁寧に描くことを試みた。本章の執筆にあたっては、それぞれがかかわった実践の資料収集・分析・記述を分担して行った[4]。

なお、本章で執筆する実践研究の中身は、高校側との協議・検討を経て行われたものであり、私たちのみで行ったものではない。A高等学校定時制・B高等学校内の担当者（教員集団）との協働なしには、本実践研究が成立しえなかったことをつけ加えておきたい。

2 神奈川県における「多文化教育コーディネーター派遣事業」の概要と本研究の背景

「多文化教育コーディネーター派遣事業」とその背景について説明したい。日本国内に在住する外国人登録者数は2011年末調査では約208万人、日本の総人口の1.63％を占める（法務省入国管理局2012）。日本国内には外国人集住地区が数か所存在し、また同時に、日本各地に外国人住民が散在する。文部科学省（2010a）によれば、「日本語指導が必要な外国人児童生徒」の2008年度の数は、調査開始以来最多の28,575人となった。このような状況を背景に、小中学校での外国につながる児童生徒への日本語指導、また義務教育修了後の高校進学問題等は、問題の可視化・解決へ向けた試みが地方自治体・教育委員会・学校現場で進められている。

日本人の高校進学率が全国平均で98.0％（文部科学省2010b）という現在において、外国につながる子どもの進学率についての信頼のおける数字にもとづいた調査はない。唯一それに近いものは、文部科学省が1991年より行っている「日本語指導が必要な外国人児童生徒の受け入れ状況等に関する調査」である。これによると、2010年度では「日本語指導が必要な」高校生は全国で1,980人であり、その内訳は、神奈川県382人[5]、東京都317人、大阪府263人（以下省略）となっている（文部科学省2010b）。神奈川県では、1995年より入国3年以内の外国籍受検生[6]を対象にした「在県外国人等特別募集」[7]枠を設け、2011年入試では、10校109名の枠まで拡大した。受検科目の「国語」「数学」「英語」により、中国出身者は「国語」、フィリピン出身者は「英語」で、比較的高得点をえやすい。その結果、南米や東南アジア等の出身者の多くは、「在県外国人等特別募集」校に合格できず、課題集中校や本実践研究の対象である定時

第2部　実践編

制などに遍在する。

　高校進学を果たした子どもの中には、さまざまな要因から学習動機を見いだせなくなり、また、彼ら自身がおかれている現実生活の困難さゆえ、学業を続けられなくなる例も少なくない（井草・武2011）。この現実に対して、ME-netが1995年から実施する「日本語を母語としない人のための高校進学ガイダンス」に協力する地域支援者から、高校入学後の継続的な支援の要望が出された（吉田2010）。こうした背景と経緯から、神奈川県教育委員会とME-netの協働事業の枠組みの中で、高校現場への支援として構想されたのが、「多文化教育コーディネーター派遣事業」であった（吉田2010）。

　「多文化教育コーディネーター派遣事業」は、ME-netが地域での支援経験や人的ネットワーク、日本語教育の専門知識を持った人材を多文化教育コーディネーターとして推薦し、県立高校と協力して、子どもにとって必要な支援を計画・実行する事業である。現在は、2007年の事業開始から8年が経過し、県内16校で展開されている。

　本章で記述・分析する事例は、私たちが多文化教育コーディネーターとして活動する中で、迷いや悩みを抱えつつ、しかし前に進むために何らかの行動を起こし、その行動に新たな意味づけが生まれ、そして次の活動が展開するといった、問題発見・解決型の実践研究である。目の前に何かしらの問題があり解決が求められていても、その問題の要因が、教育行政・組織・教師・生徒・家族・貧困問題等、多岐にわたり絡み合っている場合、何をどう解決するのかを即座に考えることは困難である。例えば、外国につながる生徒が授業中にまったくやる気を見せない原因を考えてみても、高等学校教育で指定された教科書の内容が難しすぎるのか、教員の説明が難しいのか、日本語の問題なのか、教科内容が母国において未習だからなのか、生徒自身の能力の問題なのか、将来の展望がもてないからなのか、といった複数の原因が考えられ、かつそれらが絡み合っていることが想像できる。しかし、当然ながら何が本当の原因かはわからないし、原因がわかったとしてもすべてを解決することは不可能である。できることは、継続的な観察とその検討をもとにした（とりあえずの）問題発見、そして解決に向けた何らかの小さな試み、その反応をもとに、問題発見と解決を繰り返しながら、行動し続けることである。

第5章　介入する他者、つなぎ目としての多文化教育コーディネーター

本章では、私たち多文化教育コーディネーターがつなぎ目となることで、教員間・高校間の境界を越えて、問題発見・解決型の実践研究が、飛び火しつながれていくプロセスを、蓄積された資料をもとに辿ってみたい。

3 | 記述・分析の手順と方法

①4年間（2008年〜2011年）に蓄積された資料を時系列に並べる。
②新たな段階へと向かう節目における私たちの意思決定につながる記録を抽出し、その節目となる記録を軸に、4年間の記録をいくつかの段階に分類する。
③分類した各段階の実践研究の記録をもとに、問題発見・問題解決のための実践とその結果を各段階にわけ記述する。
④各段階の関係性を分析・記述する。

　上記①②の結果、実践研究は、次の4つの段階に分類された。第1段階は、A高等学校定時制における教室外での学習支援（2008年〜2009年）、第2段階は、同じくA高等学校定時制における教室内での学習支援と授業観察（2009年〜2010年）、第3段階は、第2段階での授業観察記録の公開（報告会）とその後の教員研修（2010年〜2011年）、第4段階は、他校へつながれた実践研究の展開（2010年〜2011年）である。
　次節以降では、4段階にわけて、詳細な記述と分析を行う。記述・分析のもととなる資料は各段階で異なるため、各段階で記述することとする。各段階とも、以下6項目について記述する。

1. 活動が行われた高等学校の背景や状況
2. 私たちが解決すべき課題と認識したこと（問題発見①）
3. 2. の問題解決のために起こした行動（問題解決①）
4. 3. の結果から考えたこと（問題発見②）
5. 4. の結果から起こした行動（問題解決②）
6. 5. の行動の結果から私たちが考えたこと

実践と同時に蓄積されてきた資料をもとに、上記項目を時系列で記述

する。とくに、私たちが解決すべき課題として認識した内容（問題発見）とその根拠、そしてその課題が次の段階では、何をきっかけに、どのように変化したのか、を記述する。

4 | 第1段階——A高等学校定時制における教室外学習支援から新たな視座へ

4.1　A高等学校定時制と実践研究の背景

実践時期	2008年4月〜2009年3月
実践場所	A高等学校定時制
実践者[8]	武一美・長嶺倫子＋母語サポーター[9]
高校内担当者	管理職（副校長・教頭）・学習支援担当教員・生活支援担当教員・クラス担任教員・教科担当教員
実践内容	担当者会議での協議・教室外での学習支援
分析対象資料	①「外国につながる生徒にかかわる会議」[10]のために武・長嶺が作成した資料（ハンドアウト）・議事録 ②「外国につながりを持つ高校生の学習等支援事業」報告書[11]

　多文化教育コーディネーターとして私たち（武・長嶺）が着任した2008年当時のA高等学校定時制の特徴は、生徒の母語が多様であること、日本語がまったくできない生徒も入学が可能であること、日本人生徒にも学力不振や不登校等の問題を抱える生徒が多いことであった。外国につながる生徒は、各学年の1組（1-1、2-1、3-1、4-1）にまとめて在籍し、教科によっては教員が2名入る体制をとっていた。

　2008年4月の私たちの着任に際し、初めての「外国につながる生徒にかかわる会議」が行われた。その場では、外国につながる生徒にかかわってきた教員から、次のように現状が語られた。

・入学時にはいきいきしていた生徒が徐々にやる気を失ってしまう
・コミュニケーションがとれないまま1年から2年への進級時に退学することが多い。
・日本語がネックとなり退学したり進学を断念したりする生徒がいる。

・高卒の資格がほしいのではなく、日本で暮らしていくためのスキルを学びたいという気持ちがあることに最近気づかされた。
・1年生の対応に緊急性がある。
・生徒たちの母語はさまざまなので対応が難しいが、通訳に日替わりで来てもらうなど、何か対応できないだろうか。

　この会議の場で、私たちは次の①～③が当面の課題であることを教員と確認した。①1年生への対応が重要である。②通訳を介して生徒の現状を知ることが必要である。③ことばと生活両面の支援のあり方を探ることが必要である。また、この第1回「外国につながる生徒にかかわる会議」の場で、定期的にこの会議を開くことが副校長・教頭から提案された。その後、この会議は「外国につながる生徒にかかわる会議」から「多文化教育についての会議」（2010年より）へと名称を変え、生徒の現状の共有及び多文化教育コーディネーターの活動計画を協議する場となり現在にいたる。

4.2　教室外学習支援とある教員との出会いから実践研究の新たな視座へ

　2008年度は、第2回「外国につながる生徒にかかわる会議」（5月）を経て、生徒の現状把握と問題解決をめざして、①定期試験前の自主学習の時間[12]（以下「質学の時間」）での母語サポーター（タイ語・タガログ語・中国語・ベトナム語）の配置、②学習支援と並行した生徒への聞き取り、③試験前だけでなく母語サポーター（タガログ語・中国語・スペイン語）を配置した定期的な教科のサポート、の3つの活動を行った。その結果は、「質学の時間」においても定期的な教科サポートの時間においても、対象生徒数24名に対して参加者は毎回2～3名、参加者なしの日もあるというものであった。「質学の時間」と定期的な教科サポートの時間における生徒支援の成果は微々たるものであったが、学習支援の場は、教科担当教員と多文化教育コーディネーターの接点となる時間・場所として予想外に機能した。次に紹介する家庭科教員と私たちの出会いは、次の行動計画展開の節目となる出来事であり、本実践研究の大きなターニングポイントであった。

　ある日、学習支援の場を一人の家庭科教員が訪れた。そして、生徒が

母語サポーターと勉強する図書室のかたわらで、武に次のように話した。

> 私の授業にいる外国につながる生徒を置き去りにしているようで気
> になる。
> 授業を理解できているのか、できていないのか、よくわからない。

当時、武の多文化教育コーディネーターとしての経験は半年足らずで
あった。しかし、地域の学習教室での子どもらとのかかわりや日本語教
師としての経験と知識をもとに、次のように教員に伝えたことを記憶し
ている。

> 家庭科は生徒の体験と結びつけやすい点が多く、工夫次第で生徒が
> よくわかる授業にできるし、そこから日本語を勉強することができ
> ると思います。

A高等学校定時制における2008年当初の支援計画は、すでに述べたよ
うに、①1年生への対応、②通訳（母語サポーター）を介して生徒の現状を
知る、③ことばと生活両面の支援のあり方を探る、であった。4月の計
画にしたがい、5月の第2回会議で決めた支援内容は、教室外での学習支
援活動とその学習支援を通して現状と今後の支援を考える、というもの
であった。しかし、私たちは思うように生徒に迫ることができなかっ
た。定時制という事情からくる時間設定の難しさ[13]、生徒の学習意欲の
低さ、支援内容の不明確さ（好きなことを勉強する）等に起因して参加者数
の少ない状況が続いた。その一方で、生徒の来訪を待つ教室は私たちと
教科担当教員の接点となり、授業を理解できない生徒への対応に悩んだ
り心を痛めたりしている教科担当教員の存在に、私たちは目を向けるよ
うになった。考えてみれば、そもそも定期試験前などの学習支援で週1
回2時間ほどしか校内にいない私たち外部支援者にできることは少な
い。そうであれば、生徒がもっとも多くの時間を過ごす教室の中での支
援、ひいては、外国につながる生徒が少しでも授業がわかるような授業
を作るために教科担当教員への支援が必要なのではないか、と私たちは
考えるようになった。大きな方向転換である。以上のことを踏まえて、

2008年度末の「外国につながる生徒にかかわる会議」において、私たちは、2008年度の活動報告と2009年度の活動計画の提案を行った。報告及び協議の内容は次の通りである。

【多文化教育コーディネーターからの報告・提案】
①生徒はなかなか授業以外の場には参加しない。
②3年生の来訪者の状況を見ると、各教科の試験範囲や勉強すべきプリント類さえ把握しておらず、1年生からのさまざまなわからないことが蓄積し現在にいたっている。
③生徒には勉強内容のみならず高校内の最低限の伝達事項さえも伝わっていない可能性があり、何をどう勉強したらいいのかまったくわかっていない生徒もいる。
④ ①②③から、生徒の高校生活・学習の実態把握のためには、教室にコーディネーターが入り観察すると同時に、その教室の場での支援が必要である。

　上記の報告・提案を2008年度末「外国につながる生徒にかかわる会議」で協議した結果、2009年度の活動計画に、教室への入り込み支援が加わった。

4.3　考察
　本実践研究の第1段階における私たちの問題発見・解決のプロセスを振り返ってみたい。
　私たちは各生徒の母語での学習支援を行いつつ、彼らの背景や現在の気持ちに迫ろうとした。しかし、できなかった。例えば、学習支援の場にやって来た生徒の中には、定期試験の時間割りやテスト範囲も把握できずにいる生徒も多く、また、母語での学習支援自体は多少機能したものの、自分と同じ母語話者というだけで、高校生がたやすく心を開いて話すということもなかった。この結果から、彼らの学校生活というトータルな視点からの支援が必要である、と私たちは考えるようになった。一方、私たちは、家庭科教員との出会いから、教員側の「この生徒たちの学びを保障したい」という熱意と「そのためには何をどうしたらいい

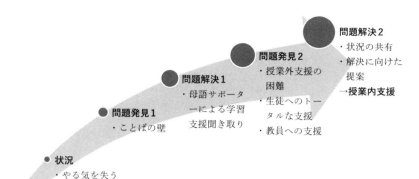

図1　第1段階の問題発見と問題解決

のか」という戸惑いや悩みの存在を知った。

　以上のことから、この現場での問題発見と解決のためには、教科担当教員・学習支援担当教員・生活支援担当教員・外国につながる生徒在籍級担任教員・管理職（副校長・教頭）といった生徒の学校生活全体を支える教員集団間の、教員集団と私たちとの、連携と実践が必須であることを、私たちは強く意識するようになった。そこで、私たちがつなぎ目となって、定期的に開催される担当者会議で、生徒たちの状況を共有すること、問題解決に向けた提案をすることが、その時点で私たちがすべき役割と考えた（図2）。そして、問題発見と解決に向けた現状の可視化を意図したハンドアウト[14]を準備して、2008年度末の「外国につながる生徒にかかわる会議」に臨んだ。その結果が、本実践研究の第2段階における教室の中での支援[15]につながった。

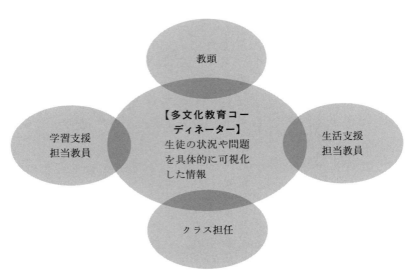

図2 「外国につながる生徒にかかわる会議」教員間のつなぎ目

5　第2段階——A高等学校定時制における教室内での学習支援と授業観察

5.1　教室の中での母語による学習支援と授業観察

実践時期	2009年4月〜 2010年3月
実践場所	A高等学校定時制
実践者	武一美・長嶺倫子（＋母語サポーター）
高校内担当者	管理職（教頭）・学習支援担当教員・生活支援担当教員・クラス担任教員・教科担当教員・教員補助者（ベトナム語母語話者）
実践内容	家庭科授業内での学習支援と観察
分析対象資料[16]	①毎月の活動報告書[17] ②1年間の家庭科授業週2コマの観察記録 ③「外国につながる生徒にかかわる会議」のための資料

　教員は生徒のことを思い、生徒もまた入学時には意欲があったにもかかわらず脱落していくという現実、また、特に定時制の場合、生徒たちは授業以外の学習の場になかなか顔を出さないことを踏まえ、2009年4

月から、授業外に加え授業内での学習支援を計画し、入学直後の1年生への授業内母語支援を実施した（2009年度入学の外国につながる生徒のうち、支援がとくに必要な生徒がベトナム語母語話者に集中していたことから、ベトナム語で行うことが学期開始前に決定された）。私たちはこの時点で、生徒への支援と同時に、教員への支援を意識した。

2008年の活動計画・実施・結果を踏まえた2009年の活動は次の通りである。2009年度の外国につながる新入生10名（そのうち来日直後のベトナム人生徒4名）が在籍する1年1組の家庭科授業（週2回）にベトナム語母語サポーターとコーディネーター1名が入り込み、生徒への母語による学習支援及び授業観察とその記録[18]を行った。

私たちが、入り込みをした授業は、2008年7月に学習支援の場に立ち寄ってくれた家庭科教員戸田（仮名）の担当科目である。授業内支援が決定された会議の際に、私たちが高校側に依頼し、その後戸田の承諾をえて実現した。家庭科は、他教科に比べ生徒の生活に直接結びつくものであるため、比較的わかりやすい授業にできる可能性が高いのではないか、と戸田と話し合った経緯からである。私たちは、戸田から授業への講評・アドバイスを求められていた。しかし、戸田の授業はすで十分に工夫されており、アドバイスの必要はほとんどなかった。

戸田の授業は、年間を通じて、生徒が自分の体験や環境に結びつけやすい単元が精選されていた。例えば、「家族・家庭」「子どもの発達と保育」「経済的に自立する」「人と住まい」などが扱われ、毎時間の授業は、絵や写真が多用されていた。「経済的に自立する」の単元では「給与明細」の拡大が黒板に掲示され、さまざまな説明からつねに黒板の「給与明細」へと戻り、給与明細と生徒のアルバイトの体験などを結びつける試みがなされていた。2008年9月4日の武の観察記録には、「各回の授業はおぼろげであっても、単元が終わるときに全体像と語句が理解でき、中間・期末テストまでに、とくに重要なポイントが習得できれば十分ではないかと思われる」との所感が記述されている。また、「黒板の文字」と生徒の手もとにある「プリントの文字」双方に「（A）（B）」等と、同一の記号が付されており、日本語にまだ慣れていない生徒が「黒板の文字」と「プリントの文字」を行き来しながら、記憶にとどめやすいように考慮されていた。さらに、授業で使用したプリントを勉強すれば定期

試験で何割かは必ず得点できるよう配慮されており、「黒板→プリント→テスト」の流れが、できあがっていた。

　前年度の学習支援における生徒の様子（プリント類の整理ができていない）を踏まえ、母語サポーターと私たちが意識的に授業で配付されるプリントの重要性を生徒に伝えたこと、また、キーワード母語訳[19]が授業後に生徒に渡された結果、ベトナム語母語の生徒たちが定期試験前の「質学の時間」にプリントを持参し勉強する姿が見られるようになった（資料1）。

　なお、「多文化教育コーディネーター制度」の枠組みで行った教科授業での母語サポーターによる学習支援体制は、2009年9月からは、常勤の教員補助者[20]（ベトナム語母語話者）が採用され、高校内の支援体制として行われるようになった。そして、2012年度に至るまで、ベトナム語母語話者の教員補助者1名が家庭科にとどまらず複数の教科の授業に入り母語による支援を実施した。

　また、2009年7月実施の「外国につながる生徒にかかわる会議」では、教員研修を行う案が提案され、私たちの活動は次の段階へと向かう。

資料1　2009年7月　ME-net　A高等学校定時制活動報告書

	日	活動者	担当支援	活動目的・内容	効果・様子
1	7/2	武 A B C	日本語 タガログ語 中国語 スペイン語	「質学の時間」の学習サポート	1年生は、家庭科・地理をプリント教材を中心に、ポイントを絞って学習できた。2年生は、スペイン語・中国語通訳がついて、話をしたり、教科書の試験範囲を解説したりした。
2	7/7	武 長嶺	先生方とのミーティング	1学期の活動報告と2学期の活動計画について話し合い	教頭先生、1年生クラス担任、支援担当教員とミーティングを行った。2月に教員研修を行う案が提案され、2学期以降教員研修へ向けて考えていくことになった。

7月まとめ
「質学の時間」サポートと、今学期の振り返りと来学期以降に向けたミーティングを実施。ミーティングでは、2月の教員研修実施が提案され、今年度の活動集約の方向性が具体的になった。

5.2 考察

　1年1組における手厚い支援によって、4名のベトナム人生徒は、無事2学年に進級した。1年間の授業内支援と授業観察を通して、外国につながる生徒を高校に、学びの場に、つなぎとめる一つの解決策は、生徒が授業を理解し、「学習に参加できた」と実感できるようにすることであり、それを可能にするのは各教科担当教員であることを、私たちは改めて確信した。高校の学習内容は、そのままでは高度でかつ量も多い。それを日本語がまだ十分でない外国につながる生徒が理解できる、参加できるようにするには、単元とその内容の精選が求められ、それができるのは教科担当教員にほかならない。

　A高等学校定時制は、日本人生徒にも、中学時代の不登校などを理由に学力不振者が少なからず存在する。そのため、授業内容の絞り込みと教え方の工夫が、日本人生徒・外国につながる生徒にかかわらず必須であるという土壌があることを、私たちは徐々に知るようになった。

　第2段階において、私たちは生徒への支援に加えて、教員への支援へと視座を少し拡げた。なぜなら、私たちは日本語教師という背景をもってこの場に介入しているのであるから、授業の中に入れば何らかのアドバイスを戸田に対して行うことが可能ではないか、あるいは、授業で使用するプリントやワークシートなどを戸田と協力して作成することができるのではないかと考えた。しかしながら、戸田への支援は必要なく、むしろ私たちが教えられることが多かった。教科学習は、生徒に何を教え、伝えるのかという内容中心であるべきこと、授業で使用される語彙がその単元の重要語であれば、日本語の難しさには関係なく生徒に教えるべきであること、さらに、それを教えることが可能であることがわかった。戸田が日本語初級レベルのベトナム人生徒を視野に入れて行った授業の中に、「生徒がわかる」ための多くのヒントがあった。また、私たちと母語サポーターが試みた単元のキーワード母語訳が役に立つこともわかった。

　改めて強調したい。外国につながる生徒が、高校で学習を継続する意欲をもつためには、教科の授業に参加できることが重要である。そのためには、教科内容の絞り込み、教え方や補助教材の工夫が求められること、そのための創意工夫ができるのは教科を担当する教員であり、それが可能であることを私たちは戸田から学んだ。

第5章　│　介入する他者、つなぎ目としての多文化教育コーディネーター

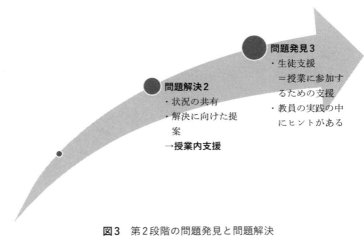

図3　第2段階の問題発見と問題解決

6 | 第3段階──A高等学校定時制内での公開・共有

実践時期	2010年2月〜2011年3月
実践場所	A高等学校定時制
実践者	武一美・長嶺倫子
高校内担当者	教頭・学習支援担当教員・生活支援担当教員・クラス担任教員・教科担当教員・教員補助者（ベトナム語母語話者）
実践内容	「多文化教育報告会」 「みんながわかりやすい授業のためのヒント」学習会
分析対象資料	①毎月の活動報告書 ②教員研修のためのハンドアウト ③生徒への聞き取りの記録

6.1　活動の公開1「多文化教育報告会」──実践をつなぐ

　2010年2月に、「多文化教育報告会」[21]を実施した。この会は、2009年度の1年1組担任教員茅野（仮名）が2009年7月の「外国につながる生徒にかかわる会議」で提案し、会議メンバーの承認を経て実現した（資料1）。
　「多文化教育報告会」では、1年1組（外国につながる新入生在籍級）担任教員茅野、1年1組家庭科教員戸田、ベトナム語母語話者の教員補助者チャ

イ（仮名）、そして私たちの5名が、それぞれの実践をもとに報告を行った。私たちの報告内容（資料2）は次の通りである。①「多文化教育コーディネーター派遣事業」の趣旨と目的、②A高等学校定時制での私たちの取組み（学習支援と観察）、③取組みから見えてきたこと。③の内容が、家庭科教員戸田の授業における取組みのポイントを他の教員の授業につなげる試みである。そして、これが2010年以降の他校での教員研修に拡がる重要な節目であった。

　2008年・2009年の活動から、私たちに見えてきたことは、次のような生徒の姿であった。生徒たちの多くは、テストでいい点をとりたいと思っている。しかし、日本語がまだよくわからない中で、授業の中の何が重要なのか、何を勉強したらいいのかということがまったくつかめないまま日々が過ぎていく。こういった生徒たちの現実を解決するためのヒントが、家庭科の授業の中にあった。つまり、①授業内容を精選すること、②各単元のキーワードで、黒板とプリントとテストを結びつけること（その際には、キーワードに記号を付し、黒板と手元のプリントが記号で結びつくようにすること）、③プリントを勉強すればテストで得点できるという成功体験を生徒にさせること、の3点である。この3点をまとめて、2010年2月の「多文化教育報告会」で私たちが報告した。一方、家庭科教員戸田は、授業者の視点で資料3をもとに報告を行った。授業の支援者及び観察者であった私たちは、教員への支援という視点を第2段階ではもっていたが、結果的にその支援は行わなかった。そして、想定していた教員への直接支援は、ある教員の実践を他の教員につなぐという、教員への間接支援へと、変化したのである。つまり、生徒が「わかった」「やる気になった」要因を戸田の授業の中から抽出・整理し公開する（資料2）という形で、一人の教員の実践研究を他の教員へつなぐ役割を私たちは意識的に担うようになった。

資料2　コーディネーターのハンドアウトの一部（2010年2月12日）

●「日本語力が不足している生徒の勉強へのやる気と落ち着きを生みだしたものは何か」

　　　　　授業（板書）　→　プリント　→　テスト

●ポイント
・ 授業中 に勉強していることが、手元のプリントのどこに書いてあるのかわかる。（板書とプリント）
・ 試験前 に何を勉強すればいいのかわかる。（プリント）
・ テスト で少しでも得点できるとやる気がでる。（テスト）
＊板書とプリント＝使用語句が多すぎない。ルビをつける。プリントの空欄（重要語句）と板書した語句が記号（1. 2. ……）でつながっているので、プリントのどこを今勉強しているのかがわかる。板書を書き写すことができる。プリントに母語訳がある。
＊質学の時間に、プリントを使用して「ここだけは！」という部分を勉強できた。（授業時に全部理解できなくとも、試験前にもう一度勉強する機会があるという安心感）

資料3　家庭科教員戸田のハンドアウトの一部（2010年2月12日）

［成果］
・支援を受けた生徒の学習意欲、理解力の高まり
・「日本語を母語としない生徒がわかれば、他の生徒もよりわかる」という効果
・「わかる授業、主体的に取り組み、参加できる授業こそが生徒の学習意欲を高める」効果
・HR担任、コーディネーター、教員補助者などとの連携の中で、生徒理解を多角的に実施
・指導内容の精選
・一人の教員としての成長
［課題］
・授業展開の進度調整→授業内容の精選が重要
・多言語に対応する教材作成が果たして可能か
・「外国につながる生徒支援担当」など、支援を要する生徒への組織的対応
・本校のこれまでの取り組み、経験、知恵の掘り起こし、体系化
・教員同士が学び合う姿勢、学び合える環境づくり

6.2　活動の公開2「みんながわかりやすい授業のためのヒント」学習会

　2010年4月に、家庭科教員戸田が「多文化教育コーディネーター派遣事業」の活動をとりまとめる担当教員となり、2010年2月の「多文化教育報告会」を発展させた形で、2010年5月に「みんながわかりやすい授

業のためのヒント」という教員研修を校内で実施することになった。「日本語を母語としない生徒がわかれば、他の生徒もわかる」という効果を「みんながわかる」と表現したのは、家庭科教員戸田と外国につながる生徒在籍級の担任教員茅野の二人であった。私たちの活動は、2008年4月のA高等学校定時制着任から丸2年を経て、多文化教育担当教員・外国につながる生徒の担任教員・教頭らとの協働的なものになってきており、戸田と茅野から「外国につながる生徒にとってわかりやすい授業は勉強につまずいている日本人生徒にとってもわかりやすいはずだ」という視点を与えられた。

　こうして、2010年5月の「みんながわかりやすい授業のためのヒント」学習会は、2月に報告した内容をさらに分析的・明示的にまとめたものとなった。また、2月の報告に加えて、定期テストの問題用紙を教頭の許可をえて提供してもらい、日本語理解の観点で、生徒にとって難しいと思われる点及び解決策を提示した。以下資料4は、2010年5月に実施した学習会のハンドアウトの一部である。

資料4　「みんながわかりやすい授業のためのヒント」学習会ハンドアウトの一部
　　　（2010年5月24日）

キーワードでつなぐ　　黒板　→　プリント　→　テスト
- 各単元で、キーワードが繰り返し出てくることで、生徒がことばを覚える、理解する。
- テスト勉強では、何をすればいいのかがわかる。（プリントで勉強する）

わかりやすい教員発話のヒント
- 従属節や接続詞でつなぐ冗長な話し方を避ける。
- 理解チェックを、短い間隔で入れる。（「わかりますか？」は理解チェックにはならない。○×クイズ形式や3択で行う。）
- キーワードを意識的に使う。
- キーワードを、黒板の端に残しておき、話しながら常にそこへ戻る。（今何を説明しているのか、今日何を勉強したのかが生徒にわかる）

わかりやすいプリント作成のヒント
- キーワードを中心に、作成する。
- 情報過多にしない。単純化する。
- ○×クイズや三択クイズを利用して理解を確認する。

上記学習会を経た2010年12月の定期テスト直後に、1年生徒（外国に
つながる生徒）6名への簡単な聞き取りを行った。この聞き取りは、生徒
へのグループインタビュー形式で行い、1年1組担当教員・ベトナム語母
語の教員補助者が同席した。聞き取りは、教科ごとにテストを思い出す
ための質問を少し行い、あとは生徒に自由に話してもらい、不明瞭な部
分について質問したりした。生徒の発言は以下の通りである。

　　・図の部分はプリントと同じなのでできた。
　　・プリントと同じだが、できなかった。自分の勉強不足。
　　・問題数が多くてできなかった。
　　・裏の問題はよくわからなった。
　　・プリントを勉強したからできた。

「プリント」という発言が多く見られ、「授業内容を理解してプリント
を勉強すればできる」という認識を生徒はもっていることがわかった。
一方テスト自体も、簡潔な文で構成されており、生徒が自分にはまった
く歯が立たないとあきらめてしまうことはないよう教師が工夫している
ことが感じられるものであった。このように、2009年〜2010年にかけ
ての、活動の公開（学習会）を含む問題発見と解決の試みは、2010年度の
1年生への支援に関しては一定の効果があったことが観察された。

6.3　考察
　私たちは、2010年2月の「多文化教育報告会」の場を捉え、1年間の
家庭科授業の観察結果を公開した。私たちが、この学習会において意図
したことは、戸田の実践をわかりやすく整理した形にして他の教員につ
なぐことであった。そして、2月の学習会の内容が、その後、5月の「み
んながわかりやすい授業のためのヒント」学習会へと発展した。
　すでに述べたように、2月の「多文化教育報告会」、そして5月の「み
んながわかりやすい授業のためのヒント」学習会の開催は、高校内の担
当者である戸田と茅野の提案によって実施された。一方、私たちにとっ
ては、こういった学習会で話すことは、正直なところ、荷が重いもので
あった。高等学校教員が、私たちの話しを聞いてくれるのか、怖かった。

第2部｜実践編

162

しかしながら、この学習会のために、授業観察記録を読み直して検討し、戸田の授業の優れた点を抽出・可視化することを通して、私たちが日本語教師の視点で戸田の授業の「わかりやすさ」を捉え直すことに意義があり、その捉え直し、整理したものを戸田自身ではなく、私たちが、発表（公表）することに意味があるのではないかと考えるようになった。つまり、私たち介入者が、高校の外からの視点で高校内に蓄積されている知を再評価・可視化し、公開することによって、教員間の実践をつなぎ、何かが拓かれ、ひいてはそれが生徒への支援につながると考えるようになったのである。「多文化教育報告会」当日（2月12日）の走り書きが武のノートに、以下のように残されている。

　　　長嶺部分——具体的な例をあげての説明における反応がよかった。
　　　　　　　　メモする先生がいた。
　　　武部分——顔をあげて聞いていた。

　上記の記述からは、何らかの手ごたえを武がもったことがわかる。すでに述べたように、2010年4月入学生への2010年12月の聞き取り結果からは、生徒支援や教員の学習会による一定の効果が見える。しかしながら、私たちから見えるものは、高校の全体像ではなく、その中のごく一

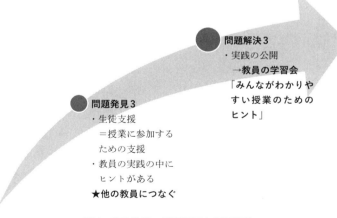

図4　第3段階の問題発見と問題解決

第5章　介入する他者、つなぎ目としての多文化教育コーディネーター

部であり、1年1組に限定されていたことをつけ加えなければならない。

7 │ 第四段階——他校へつながれる実践研究

7.1 神奈川県内の高等学校における教員研修への経緯

　A高等学校定時制で2010年5月に実施した「みんながわかりやすい授業のためのヒント」学習会以降、同様の教員研修を行ってほしいという依頼が県内の数校からME-netにあり、武がその研修を担当することになった。これは、A高等学校定時制教員や他校に派遣されている多文化教育コーディネーターが、A高等学校定時制での研修内容を伝えた結果の反応であった。そして、2010年から2011年にかけて県内7校において教員研修を行った。7校は、1校を除いていずれも多文化教育コーディネーター派遣校である。研修は、各高校内担当教員や多文化教育コーディネーターと事前打合せを行い、高校の状況に応じて、「みんながわかりやすい授業のためのヒント」「テスト問題をわかりやすくする工夫」「やさしい日本語で話す工夫」「日本語を母語としない生徒は教科書の読み取りでどのようなところにつまずくのか」「外国につながる生徒の背景と現状」などを組み合わせて行った。

7.2 B高等学校における教員研修

実践時期	2011年4月〜2011年8月
実践場所	B高等学校
実践者	武一美・井草まさ子
高校内担当者	管理職（副校長・教頭）・多文化教育コーディネーター事業担当教員・クラス担任教員・日本語担当専任教員・日本語担当非常勤教員
実践内容	第1回教員研修会、第2回教員研修会
分析対象資料	①井草の記憶書き起こし（2011年11月） ②B高等学校研修会ハンドアウト（2011年4月、8月） ③研修会後のアンケート

　本節では、7校の中からとくに、井草まさ子が多文化教育コーディネーターを務めるB高等学校における2回の教員研修会を取り上げ、A高等学校定時制の実践研究の何がどのようにつながれ、それがその後、B高

第2部 │ 実践編

164

等学校でどのような展開を見せたかを記述し、そのことが私たちにどのような変化をもたらしたのかを考察する。

B高等学校は、新設2年目（2011年当時）の単位制午前部午後部の定時制高校である。在県外国人等特別募集枠もあり、「小中学校などにおいて、学習活動に取り組んだり、人間関係を築いたりすることに難しさを覚えた生徒を受け入れ、意欲を持って勉強に取り組める力を養うこと」（学校案内より引用）を教育目標としている。在籍する生徒たちは、外国につながる生徒にかかわらず、さまざまな事情で学習に困難を抱えていることが多い。この点においては、前述のA高等学校定時制と似た環境にある。

井草は、B高等学校設立の半年後から多文化教育コーディネーターを務め、授業内での生徒の様子を観察してきた。その際、教員の説明を何割かの日本人生徒が理解していないと思われる場面に出会った（B高等学校ではこういった日本人生徒の状況に鑑みて中学の復習のための科目「ステップ」を設置している）。

ある日、多文化教育コーディネーター事業担当教員中田（仮名）が井草に次のように言った。

> 外国人に特別な支援が必要であるというのはわかった。しかし具体的に何を示すのか。何をすればいいのか知りたい。

これに対して井草は、武がA高等学校定時制で行った「みんながわかりやすい授業のためのヒント」学習会を例にあげ、わかりやすい授業は、外国につながる生徒だけのものでなく、日本人にも有効であるということを中田に話した。さらに、A高等学校定時制とB高等学校の背景や類似する課題についてもつけ加え、同様の研修会を行うことを提案した。そしてその後、B高等学校で2011年4月に教員研修を実施することが決定された。

7.2.1　B高等学校における第1回教員研修会

第1回研修会は、私たち（武・井草）が話し合いを重ね、次のように計画・実行した。研修会は武が行った。内容は、次の通りである。①「み

んながわかりやすい授業のためのヒント」、②「わかりやすい日本語」を
理解するためのワークショップ、③学校のお知らせ文を説明するロール
プレイ。①は、A高等学校定時制と同一内容のものであるが、②と③は
新たに加えたものである。②は、新聞や新書の実際の文章を取り上げ、
外国語として日本語に接した場合の難しさや生徒のつまずく点を考え
た。また、③は、高校の実際の「学校通知文」を例に、日本語学習がま
だ十分でない生徒への内容の伝え方をグループで考え、ロールプレイを
した。この研修会後のアンケート結果は以下の通りである（類似する内容
ごとに分類して提示する）。

【生徒への理解・わかりやすい日本語への理解】
　・外国につながる生徒の気持ちになって話を聞けて、とてもよい。
　・母語話者でない生徒たちがどんな気持ちで授業を受けるのか感じ
　　ることができた。
　・わかりやすい日本語で書いたり話したりすることがなぜ必要か、
　　どうしたらわかりやすくなるかということが具体的にわかった。
　・外国につながる生徒のわからないということが、どんなわからな
　　いなのかが、少しわかった気がします。
【自分自身の授業への振り返り】
　・今までの授業を振り返り自分に足りない部分、どう補ったらいい
　　か参考になった。
　・日本語の授業を一層充実させる必要があると感じた。
　・テスト問題の工夫が一層必要であると感じた。
【研修会そのものに対する意見】
　・継続的にこのような機会があるといいと思いました。
　・ぜひ、続編をお願いします。
　・職員の意見をもっと聞くことができればさらにいいと思います。

　また、副校長や複数の教員は、「外国とつながりのある生徒のことを考
えるということは、日本の生徒のことを考えるのと同じで、みんながわ
かりやすく過ごしやすくなると思いました」「一般の生徒に対しても同
じことであると思いました」などと、井草に直接感想を伝えた。

一方、4月の第1回教員研修会後の6月に行われた「外国につながる生徒のプレイスメントテスト[22]結果報告会」の場で、教員から次の意見が出された。

　　教員A：日頃の生徒との接触から、また研修から、「外国につながる
　　　　　　生徒」にさまざまな配慮を必要とすることは理解できた。
　　　　　　しかし、具体的にどのように教科として教えたらいいのか
　　　　　　わからない。
　　教員B：日本語で生徒が何を学んでいるのかがわからないから、そ
　　　　　　れを教科にどうつなげるのかがわからない。
　　教員C：みんなで自分のプリントを持ち寄り、武先生にコメントを
　　　　　　もらうのはどうか。

以上の経緯から、私たちは第2回教員研修会を構想し、B高等学校の同意をえて8月に実施することとなった。

7.2.2　B高等学校における第2回教員研修会

2011年8月に「わかりやすい授業をするには」というタイトルで、各教科の教員が自作のプリントを持ち寄って検討するワークショップ型研修会を実施した。第2回研修会の準備段階で、ME-netの多文化教育コーディネーターが研修会を企画・実施する意義について、私たちは次のように話し合った。

　　B高等学校は授業公開が原則になっており、教員同士が気軽に授業
　　を見学し合う環境にある。しかし、井草自身の高校教員時代の経験
　　から考えると、高校教員間の人間関係や業務での多忙な環境では、
　　プリントを持ち寄って自主的に勉強会をするという動きは、なかな
　　か実現しにくい。したがって、外部の人間である私たちが仲だちし
　　企画することで、プリントを持ち寄り、教員同士がコメントを述べ
　　合うという研修会が初めて実現するのではないか。

また、この研修会では、B高等学校の日本語担当教員と教科担当教員

がお互いの授業について公開し合い、話し合うことが実現できるという点についても私たちは話し合った。これには、日本語担当専任教員高田（仮名）が「日本語の授業概要説明プリント」を作成したが、それを教科担当教員と未だ共有できていないことを、井草が以前から残念に感じていたという背景があった。

　第2回教員研修会は、Ｂ高等学校の日本語担当専任教員高田（仮名）と日本語非常勤教員上田（仮名）の奔走なしには、実現しなかった。高田と上田は、研修会の趣旨に共感し、彼らがこれまで培ってきた職員室での人間関係をもとに、外国につながる生徒を担当する教科教員一人ひとりに、自作プリントを持参して研修会に参加するよう呼びかけた。

　研修会は、①Ｂ高等学校におけるそれぞれの工夫、②Ｃ総合高等学校世界史大野（仮名）[23] のプリントと授業の工夫のポイント、③日本語授業について（日本語授業担当者から）、という内容で行った。ワークショップを実施するにあたっては、教科担当教員・クラス担任教員・日本語担当教員が混ざるようにグループわけをした。

　グループワークは、プリント作成者（Ｂ高等学校教員）がプリントの意図と成果を説明した後、グループでコメントし合い、その後、プリントと検討内容について全体でシェアした。日本語担当教員が、プリント内の日本語についてアドバイスする場面や、教科によって異なる教材作成の悩みなども語られた。また、Ｂ高等学校内の自作プリントの公開と検討だけでなく、他校教員（Ｃ総合高等学校世界史大野）のプリントとその工夫の紹介も、本研修に先立ち準備しておいた。そして、研修会の最後に、日本語担当専任教員高田が作成した「日本語の授業概要説明プリント」を配付し、日本語授業では何をどのように教えているのかを高田が話した。資料5は、研修会のハンドアウトである。

資料5　Ｂ高等学校第2回教員研修会ハンドアウトの一部（2011年8月22日）

　1　Ｂ高等学校におけるそれぞれの工夫
　（1）グループワーク
　　作成者が意図と成果を説明する
　　・教科の1年間の流れ（めざすもの）の中での、このプリントの位置付け
　　・何に注意して作成したか（作成意図）

・日本語への配慮はなにか
　　　・生徒の反応、成果
　　　・その他、外国につながる生徒への指導について
　　（2）全体シェア
　　　・いい点は何か
　　　・現場に即した改善点は何か
　　　・どんな工夫ができるか
　2　C総合高等学校　社会科（世界史）大野先生（仮名）の工夫
　3　日本語授業担当者から
　　・日本語の授業で何を教えているのか
　　・生徒の様子
　　・日本語の立場や視点から、「わかる」ために、どのような工夫を提案できる
　　　か
　　・その他

　　研修会後のアンケート結果は以下の通りである（類似する内容ごとに分類
して提示する）。

【教員間での意見交換への評価】
　　・各教科ごとに、外国籍の子たちに対して工夫している状況がシェ
　　　アできて、非常によかった。
　　・実際の教材を見せていただいた点がよかったです。
【他校の実践を自分の授業実践に生かそうという意欲】
　　・C総合高校の例、大変興味深く聞かせていただきました。
　　・C総合高校での実践が聞けて、役に立ち、これからの授業でも工
　　　夫したいと思います。
【日本語と教科間の連携】
　　・日本語の授業の内容を伺うことができた点もよかったと思いま
　　　す。
　　・日本語学習の困難さを知りました。
【今後の企画についての要望】
　　・今後も同じように他の教科のプリントを見比べたい。
　　・個々の授業や生徒に対する事例研究／ケース会のようなことがで
　　　きるとうれしいです。

・実際に外国籍の子で卒業した生徒たちから、高校時代の授業の受け方や役に立った授業等、卒業生から「生の声」をきける研修会ができたらいいと思います。その様な機会を設けて欲しいと思います。

　教員の声からは、具体的な工夫や教科プリントなどの共有への評価、そこから自分の授業の改善に向かう気持ち、生徒の日本語習得上の苦労への気づき、生徒の声を聞こうとする意欲などが見える。

7.3　考察

　B高等学校での第1回研修会から第2回研修会までのプロセスにおいて、私たちにどのような変化があったのかを考察する。4月の第1回教員研修会は、私たちがつなぎ目となりA高等学校定時制の実践がB高等学校へと結ばれた。この研修会は、B高等学校の教員に、外国につながる生徒に対するサポートへの問題意識を喚起する意味において一定の成果があった。しかしながら、6月のプレイスメントテストの結果報告会で、外国につながる生徒の日本語の問題を視野に入れたとき「具体的に自分の授業で何をどうしたらいいかわからない」という意見が出された。厳しいことばである。しかしながら、この発言は、第1回教員研修会を経て、教員集団に共有された問題意識から生まれた大事な発言であった。そして、他の教員から「お互いにプリントを持ち寄って研修をしたらどうか」という提案が出された。私たちは、この提案をすくいあげ、B高等学校での第2回教員研修会を構想した。第2回教員研修会の計画・準備の際、私たちは、「教員間をつなぐ者」「高校間をつなぐ者」という役割を明確に意識していた。また、「プリントを持ち寄って研修会をする」ことを提案した教員は「武先生にコメントをもらったらどうか」とも述べたのだが、私たちは、A高等学校定時制での体験から「教科授業の問題解決のヒントは教科担当教員の中にある」ことを確信していた。実際、第2回教員研修会では、B高等学校内の教員間のやりとりと、他校教員の工夫の紹介をしただけで武からのコメントは行わなかった。それにもかかわらず、アンケートに見られるように教員の満足度は高かった。教科ごとに工夫の仕方が異なるということにも教員たちは気づいたよう

第2部｜実践編

170

であった。

　また、第2回教員研修会は、日本語担当教員と教科担当教員の授業をつなぐ試みでもあった。B高等学校における2回の教員研修は、私たちが「教科担当教員間」「教科担当教員と日本語担当教員」「高校を越えた教員間」のつなぎ目になろうと強く意識して実現したものであった。つまり、第3段階での、一人の教員の実践を公開し他の教員につなげる役目に加え、第4段階では、教員の実践の相互公開の場を設定しようという意識が私たちに生まれたのである。

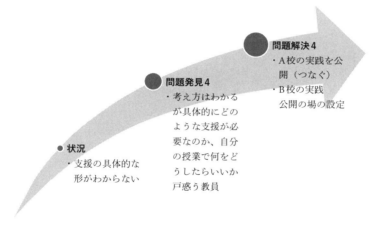

図5　第4段階の問題発見と問題解決

8　介入する他者、つなぎ目としての多文化教育コーディネーター

　第1段階から第4段階までの私たちの役割と行動の変化、またその契機となるひと・ことについて考察する。まず、第1段階では、生徒の学習のつまずきへの支援目的で教室外での母語サポーターによる学習支援を行った。私たちは、外部からの支援者を呼び込んで生徒支援を組み立てる者であった。しかしながら、生徒の参加が少なく行き詰まった。次に、この行き詰まりを解決するために、第2段階では、授業外支援も継続させつつ、授業内での母語による学習支援を実行した。同時に教員へ

の支援も視野に入れ、授業の観察と記録を実施した。この第2段階では、生徒支援を組み立てる者という立場に加えて、教員への支援を行う者という立場も加わった。また、私たちには、高校内の支援担当関係教員を「外国につながる生徒にかかわる会議」においてつなごうという意識が芽生えていた。第3段階では、教員への支援の形に変化が起きた。すなわち、一人の教員の実践を他の教員へつなぐという新たな意識をもつようになった。その具体的な行動が、授業の観察・記述・分析の結果を公開することであった。

　このように、生徒への支援に加えて教員への支援という新たな視点が生まれ、その新たな視点は、一人の教員の実践を高校内の他の教員につなぐことへと変化した。同時に私たちは、第1段階から第3段階までのプロセスで、［支援・観察と振り返り・記述・公開］というサイクルによる、実践研究の手ごたえを徐々に感じるようになっていた。

　そして、第4段階では、第3段階での授業観察記録を分析し、まとめた「みんながわかりやすい授業のためのヒント」を他校へとつなぐ役割に加えて、高校間や教員間をつなぐ行動としての教員研修を明確に意識

第1段階
【役割】生徒への支援を組み立てる
【行動】母語サポーター配置・授業外での学習支援・聞き取り

第2段階
【役割】生徒への支援を組み立てる＋**多文化教育関係教員をつなぐ＋教科担当教員への支援**
【行動】母語サポーター配置・会議での情報共有・キーワード母語訳作成・授業観察記録作成

第3段階
【役割】生徒への支援を組み立てる＋**校内教員の実践をつなぐ**
【行動】授業観察記録の分析・公開（教員の学習会）

第4段階
【役割】生徒への支援を組み立てる＋校内教員の実践をつなぐ＋**高校間の実践をつなぐ＋実践をつなぐ場を設定する**
【行動】教員研修①［A高等学校定時制の実践］
　　　　教員研修②［プリント持ち寄りワークショップ］

図6　私たちの役割と行動の変化（第1段階〜第4段階）

第2部｜実践編

し、教員研修の場の設定を高校への介入者である私たちが担った。

　以上、私たちの4年間の軌跡を、さまざまな資料をもとに分析と考察を行ってきた。その結果、私たちの行動は、その場その場でかかわってきた高校内の担当者のことばによって動かされ、そのことばが次の私たちの意識や行動を支えていたことがわかった。第1段階から第2段階へと移行する節目には、家庭科教員戸田の「生徒を置き去りにしているようで気になる」ということばがあったし、第2段階から第3段階へと向かう節目には、戸田と1年1組担任茅野の「報告会をやろう」ということばがあった。さらに、第3段階から第4段階への拡がりには、「特別な支援が必要なのはわかった。具体的に何をすればいいのか知りたい」という多文化教育コーディネーター事業担当教員中田のことばがあった。そして、第4段階のプリント持ち寄り学習会設定への節目には、プレイスメントテスト結果報告会における「生徒の現在の日本語のハンディはわかった。そのために具体的に教科では何をすればいいのか。それがわからない」という教科担当教員の率直な疑問があった。

　こういった高校の教員のことばを契機として、私たちの実践に変化が生じた。私たちは、教員のことばのすべてを拾いあげたわけではない。しかし、その場その場で、周囲の状況を見て、声を聞いて、その中のことばを拾い、私たちが進むべき方向を決定・実行してきた。決定・実行にあたっては、A高等学校定時制では武と長嶺の、B高等学校では井草と武の、現状分析をもとにした議論が不可欠のものであった。

　私たちが高等学校という場へ介入していくことは、たやすいことではない。何もしていない、できないと思う時間を、私たちは多く過ごしてきた。しかし、こうして4年間の軌跡を振り返ってみると、その無駄とも思える時間の積み重ねが、介入していく者が行動するために必要な時間であったことがわかる。例えば、A高等学校定時制での1年目に、生徒が数人しかやってこなかった図書室での時間が、家庭科教員戸田と武とが話し合う場を生み出した。また、B高等学校職員室での井草と教員中田との雑談から、教員研修の企画が持ち上がったし、ME-netのプレイスメントテスト結果報告会での教員とのやりとりが、第2回教員研修会の企画へと私たちを向かわせた。一つの実践から次の実践への展開は、こうして振り返ってみると、実践のつまずきや失敗、周囲の疑問（プレイ

第5章　介入する他者、つなぎ目としての多文化教育コーディネーター

スメントの意味に対する）などを契機に起きていたことがわかる。

　私たちが行ってきた実践研究は、計画を立案して実行するものではあるが、その計画は周囲の状況や協力者の考え方によって大きく変化する。それは、私たちの実践が、私たちの介入者としての立場によって、制限されるものであり、それを不便な制約であると捉えることもできる。つまり、「私たちだけでは実践ができない」という制約である。しかし、私たちの実践研究の軌跡を辿ってみると、「私たちだけではできない」「私たちにはできない」という思いが、「校内の教員にしかできない」「校内の教員こそできる」という思いを強くしたし、その思いが私たちをつなぎ目にした。やむにやまれぬ協働、協働なしには進まない実践。私たちが行ってきたのはそんな実践研究だ。介入者であることによる制約は、私たちに協働を促し、その協働が私たちのつなぎ目という立場を作り、私たちの実践研究をその場その場で刻々と変化させてきたのである。

9 ｜ 実践研究のさらなる可能性へ向けて

　私たちは、介入者である制約を周囲との協働によってプラスに転じて実践を変化させてきた。この実践の変化の軌跡が私たちの実践研究そのものである。そして、つなぎ目としての私たちがのりしろにしていたのは、実践の公開であった。例えばA高等学校定時制での「外国につながる生徒にかかわる会議」での報告、「みんながわかりやすい授業のためのヒント」学習会の内容、B高等学校での第2回教員研修会での各教員のプリントや実践内容、などがのりしろとして機能したのである。つまり、私たちの生徒観察記録や聞き取り、家庭科教員の授業実践、教科教員の授業実践、日本語教員の授業実践などの公開は、実践者をつなぐことを可能にし、ひいては、それぞれの実践や校内の変化を促す可能性がある。しかしながら、ただ実践を公開・共有するのみでは、各教員の実践・学校・社会に変化を起こすことはできない。その実践が何をめざすのかを考えること、めざす方向性と実践内容に齟齬がないか検討すること、実践者間で十分な議論をすること、が求められるだろう。そして、報告会や学習会での実践の公開と議論を通して問題意識を共有することによって、ゆるやかな実践研究共同体が生まれ、そこから、また新たな実践が

第2部｜実践編

生み出されるだろう。

　最後に、本章執筆という形での実践研究の可能性についても述べたい。私たちは、本章執筆前には、漠然と「つなぎ目」という役割意識をもっていた。しかし、さまざまな資料をもとに、私たちの実践を取り巻く周囲を含めたうえで、実践を検証することによって、「つなぎ目」としての位置づけにいたるまでのさまざまな節目を改めて認識した。そして、その節目は無駄とも思える高等学校での時間の中にあった。このことは、「高等学校にいるのだが何もできていない私（コーディネーター）」の時間が、耳を澄まして周囲の声を拾い続けていれば何かにつながっていくのだという確信と自信を私たちに与えてくれた。自分の実践に向き合うことによって、私たちは今後の実践へと向かう勇気をもらうことができたし、これからの方向性も見出すことができた。このように、実践研究（実践＝研究）を記述する実践研究（本章）は、私たち実践者に次の実践へと向かう勇気を与えるものであり、次なる実践の方向性を指し示すものでもあることをつけ加えたい。

注　[1]　生徒の国籍・母語・新しく来た／昔から住んでいるという区別をしないという意味で、「ニューカマー」「外国籍」「外国人生徒」ではなく本章では「外国につながる」という用語を使用する。

　　[2]　神奈川県内の「外国につながる生徒」が在籍する高校において、日本語や教科の学習支援、母語による支援等を組み立てる人材。NPO法人多文化共生教育ネットワークかながわが推薦し、コーディネーターごとに担当校を持ち継続的な活動を行う。本事業については、2節で詳しく述べる。

　　[3]　1995年に全国で初めて「日本語を母語としない人たちのための高校進学ガイダンス」を実施し、日本語教室の関係者、支援者、高校教員などが母体となって設立した「外国につながる子どもたち」の教育を支援するNPO法人。

　　[4]　A高等学校定時制での実践にかかわる部分は、全ての資料を武・長嶺2名が収集・整理・分析した。B高等学校の実践は、資料をもとに井草・武がまとめた。全体を両校の実践にかかわった武がまとめた。

　　[5]　神奈川県は382人で全国1位である。それは1995年より設けられてきた「在県外国人等特別募集枠」の存在と「定員内不合格」を出さな

[6]	いという神奈川県教育委員会の方針によるところが大きい。
	神奈川県では「受験」ではなく「検定を受ける」という意味で「受検」を用いる。
[7]	在留3年以内の外国籍の人及び3年以内に日本国籍を取得した人に適応される選抜枠。
[8]	本実践研究活動の実践者には、本来、高校の管理職（教頭）・教員も含まれるが、ここでは、実践研究の推進者という意味で、多文化教育コーディネーターを実践者として記し、高校内の協働関係にあった教員を「高校内担当者」と記すこととする。
[9]	在籍生徒の母語（タイ語・タガログ語・中国語・ベトナム語）で学校生活・学習支援を行う者。主に外国語母語話者の日本語超級者が携わる。ME-netは、こういった母語サポーターとのネットワークを持つ。
[10]	第1回「外国につながる生徒にかかわる会議」の出席者は、高校の学習支援担当1名、生活支援担当1名、その他3名の外国につながる生徒の担任をしたことのある教員、副校長、教頭の7名。1回目以降の会議の固定出席者は、教頭・学習支援担当・生活支援担当・1年1組（外国につながる生徒在籍級）担任となった。副校長は不定期に参加。
[11]	ME-net事務局に提出する各月の報告書。2008年度の形式は、活動日・活動者・活動内容（タイトルのみ）・時間・費用を記述する簡単なものであった。
[12]	質問と学習のために全校生徒向けに設定されている時間。大会議室に集まり各自が試験勉強をし、わからないところを教員に質問できる。各教科担当教員が机間を巡回し質問に答える。
[13]	全日制高校のコーディネーター派遣校では、放課後の時間に学習補習を実施することが多いが、定時制高校の放課後の時間は、20時半以降となり、ある程度の学習時間を設けようとすると終了は10時近くなってしまう。そのため、定期的な学習支援の時間を授業開始前の時間に設定したが、自由参加の時間であるため、早めに登校することも生徒にとってはハードルが高かった。
[14]	本章4.2【多文化コーディネーターからの報告・提案】①〜④。
[15]	「教室の中での支援」は、生徒への教室の中での支援であるが、支援と同時に行った授業観察が教員間の実践をつなぐことへと後に展開する。
[16]	①〜③は武・長嶺が作成した。
[17]	本活動報告書の形式は、2009年度より使用された。活動報告書に記載する内容は次の通り。①日付、②活動者名、③活動目的／内容、④効果・様子／特記事項、⑤活動時間、⑥ME-net予算、⑦県予算（予算の出所がME-netと県教育委員会の2通りある。活動に際して、⑧時給1500円＋交通費、⑨5000円（2時間＋交通費）の予算が充てら

れる。活動内容によって⑧か⑨が適用される）。私たちは特に③④に詳細な記述をするよう努めた。本活動報告書は、A高等学校定時制・ME-netコーディネーターMLに提出した。

[18] 家庭科の授業は火・木の週2回行われ、長嶺と母語サポーターが火曜、武が木曜に入り込み支援と観察を実施し、観察記録を作成した。また、この観察記録は、武・長嶺が職員室で与えられた机の引き出しに置き、家庭科担当教員の戸田を含む高校内担当教員が閲覧できる状況にした。

[19] 「この時間のキーワード」という用紙に、該当生徒に最低限理解してほしいキーワードを5～10選んで日本語で私たちが記入し、それをベトナム語母語サポーターがベトナム語に翻訳した。私たちも母語サポーターも授業に参加していたので、授業で行われた内容にもとづいてキーワード選択と翻訳を行うことができた。例えば単元「家庭の経済生活」の1コマでは、「収入」「支出」「給与」「基本給」「住宅」「～額」「～合計」など。

[20] 神奈川県における就労支援政策の1つとして、高校で授業を補助する教員の採用が2010年度よりスタートした。補助教員としてどのような人材を採用するかは各高校に任されている。A高等学校定時制においては、外国につながる生徒の母語ができる教員補助者を採用した。

[21] 7月の会議では、教員研修という企画であったが、2月の（教員研修の）タイトルは「多文化教育報告会」とした。

[22] 武が中心となってME-netにかかわる日本語教師が協働で作成したもの。ME-netが県内の高校に提供する。外国につながる生徒の入学時の日本語習得歴を測り、日本語授業のクラスわけのための参考資料となるプレイスメントテスト。2011年は導入初期であったため、テストの採点・分析とも武が行った。

[23] 「授業のわかりやすさ」で生徒から定評のある井草の元同僚にインタビューし、了解を得てプリントとその工夫の紹介を準備した。

参考文献

井草まさ子・武一美（2011）「日本の小・中・高で学んだ「外国につながる大学生」と言語教育・学習・アイデンティティ—大学の国際化をめぐって」『国際研究集会言語教育とアイデンティティ形成—ことばの学びの連携と再編』予稿集, pp.161–169.

法務省入国管理局（2012）「平成23年末現在における外国人登録者数について」http://www.moj.go.jp/nyuukokukanri/kouhou/nyuukokukanri04_00015.html（2013年1月31日閲覧）

文部科学省（2010a）「日本語指導が必要な外国人児童生徒の受

け入れ状況等に関する調査」http://www.mext.go.jp/b_menu/houdou/23/08/__icsFiles/afieldfile/2011/12/12/1309275_1.pdf（2013年1月31日閲覧）

文部科学省（2010b）「高等学校教育の現状」http://www.mext.go.jp/component/a_menu/education/detail/__icsFiles/afieldfile/2011/09/27/1299178_01.pdf（2013年1月31日閲覧）

吉田美穂（2010）「外国につながる子ども支援をめぐる地域人材と学校組織の協働—神奈川の多文化教育コーディネーター制度から考える（その1）」『中央大学教育学論集』52, pp.143–179.

第6章 「イベント企画プロジェクト」の挑戦
実践共同体が立ち上がるプロセスに埋め込まれた
共生のための言語活動

古賀和恵・古屋憲章・三代純平

【キーワード】
「共生言語としての日本語」、場、葛藤、主体的参加、学び

1 はじめに

　私たち[1] は、2009年度より「イベント企画プロジェクト」という日本語教育実践を行ってきた。この実践は、ある研究会における議論を経て構想された。3年にわたる実践[2] において、私たちは、目の前で展開される出来事との相互作用の中で葛藤し、軌道修正し、この実践自体の捉え方を変容させてきた。本章では、実践の構想以前に立ち戻り、どのような経緯で私たちが実践を立ち上げ、その後実践がどのように展開し、それに対して私たちがどう対処し、何を見出したかを記述する。実践の構想以前からの変遷をたどることにより、本実践の意味を考えたい。

　以下では、まず2節において、本実践立ち上げの経緯を述べる。続く3節から7節では、実践が開始された2009年度春学期から、実践が大きく変わる転換点となった2010年度春学期までの3学期の実践を取り上げる。私たちは、本実践を対象として、実践の計画→実践の実施→実施した実践の省察→省察に基づく次の実践の計画というサイクルで実践研究を行ってきた。省察と省察に基づく実践の改善というプロセスは、1学期の実践中において、あるいは実践後の学期と学期の間において、さらには学期をまたがってと、幾重にも積み重なり、重層的に展開された。そこで、3節以下を実際の実践研究の展開に即し、次のように記述する。

3節では2009年度春学期、4節では2009年度秋学期の実践を上記のサイクルに沿って記述し、5節では2009年12月から2010年12月にかけて行った、2009年度春学期のデータ分析に基づく省察とその結果を記述する。6節では2010年度春学期の実践をやはり上記のサイクルに沿って記述し、7節では2010年7月から2011年5月にかけて行った、2010年度春学期のデータ分析に基づく省察とその結果を記述する。2009年度春学期、及び、秋学期については簡潔に述べ、転換点となった2010年度春学期について、データ分析に基づく詳細な省察を行う。最後に8節で、3学期にわたる実践において私たちが何を重視していたかを改めて確認し、実践の構想以前の議論で得た観点から、本実践にどのような意味が見出し得るかを考察する。

2 「イベント企画プロジェクト」立ち上げの経緯

　2006年10月に本章の執筆者の一人である三代を中心に共生言語研究会という会が発足した[3]。研究会の主なメンバーは、早稲田大学大学院日本語教育研究科細川英雄研究室（当時）の出身者、及び、在籍者であった。本章の執筆者である古賀、古屋も発足時からのメンバーである。
　次の二つの論文の公開が、共生言語研究会が発足するきっかけとなった。一つは、2006年9月に公開された細川（2006）である。細川（2006）は、フランス語圏におけるクレオールに関する諸言説を参考に、言語はすべて、クレオール、つまり雑種なものであり、言語のもつクレオール性（クレオリテ）を認めたうえで言語教育を構想する必要性を主張した。もう一つは、2006年12月に公開された三代・鄭（2006）である。三代・鄭（2006）は、「正しい日本語」という概念が内包する問題点を指摘したうえで、細川（2006）の議論も参考にしつつ、「共生言語としての日本語」による日本語教育の可能性を議論した。「共生言語としての日本語」は、岡崎眸によって提唱された概念である。岡崎（2002）は「共生言語としての日本語」とは「母語話者の頭の中に内在化されているものではなく、両者のコミュニケーションの手段として、母語話者と非母語話者の間で実践されるコミュニケーションを通して場所的に創造されていくもの」（p.59）と定義する。本実践研究を記述するにあたって振り返ると、この

第2部　実践編

180

定義が、私たちがたどり着いた「共生言語」観に最も近い。

　だが、私たちはここにたどり着くまでに遠回りをした。なぜなら、岡崎（2002）は、「共生言語としての日本語」とは別に「母語話者の日本語」を想定しており、牲川（2006）が鋭く批判するように、母語話者／非母語話者の対立をかえって強化してしまう議論としても読めた。このことは、細川（2006）が言語はすべからくクレオールだと主張したのとは思想的に大きく異なる。そのため、私たちは岡崎（2002）の議論に批判的であった。そして、三代・鄭（2006）で述べたように、日本語教育を通じて「共生言語としての日本語」こそが日本語なのだという意識を醸成することが大切ではないかと考えた。

　共生言語研究会は、以上の問題意識から、「共生言語としての日本語」の具体的なあり方や「共生言語としての日本語」という概念に基づく具体的な日本語教育実践を構想することを目的に発足した。この時、漠然とはしていたが、細川（2006）や三代・鄭（2006）に基づき、「共生言語としての日本語」とは、言語の雑種性を積極的に認める意識とともにある言語であると私たちは考えていた。さらに言うならば、私たちは、それを個人の意識の問題として捉えていた。これは、岡崎（2002）が頭の中ではなく、「コミュニケーションを通して場所的に創造されていくもの」と捉えたことと対照的である。

　研究会では、2006年から2008年にかけ、主に文献の輪読を行った。2006年から2007年にかけては、カリブ海地域におけるクレオール運動の開始宣言であるベルナベほか（1997/1989）を読んだ。その後、2007年の途中からクレオール運動の思想を記述した文献であるグリッサン（2000/1990）を読んだ。さらに、クレオール運動の思想的背景となっているポストモダン思想に関する文献、具体的にはフーコー（1977/1975）、ガーゲン（2004/1999）、バトラー（1999/1990）を読んだ。文献を読み、文献の内容をもとに議論を重ねる過程で、私たちは、私たちのイメージした「共生言語」という概念自体に疑いを抱くようになるとともに、「新たな」「共生言語」観を得るに至った。

　研究会発足当初、私たちは「共生言語としての日本語」を「正しい日本語＝母語話者の日本語」に替わる言語形式と言語意識の複合体のようにイメージしていた。そして、（母語話者の）規範に縛られない日本語教

第6章　「イベント企画プロジェクト」の挑戦

育のあり方を、「共生言語としての日本語」教育として模索していた。しかし、フーコー（1977/1975）の系譜学、ガーゲン（2004/1999）の社会構成主義、バトラー（1999/1990）のジェンダーとセクシュアリティ研究を知る過程で、「正しい日本語」を「共生言語としての日本語」に代替することにジレンマを覚えるようになった。それは、ベルナベほか（1997/1989）が多様性を前提とするクレオールの重要性を主張する過程で、いわば不可避的にクレオールを実体視し、権威化するジレンマに似ていた。

　このようなジレンマから抜け出す契機となった理論は、ガーゲン（2004/1999）の社会構成主義との出会いである。社会構成主義は、知識は個人の頭の中にあるのではなく、社会的に構成されると考える。ならば、クレオリテという意識もまた個人の頭の中にではなく社会の中に形成していかなければならない。このように考えたとき、私たちは「共生言語としての日本語」を（若干、表現として矛盾があるが）規範に縛られない言語形式やそのような言語（形式）を認める意識として捉えることから抜け出せた。「共生言語としての日本語」は、共生へ向けた言語活動という社会実践の中にあるというように考え方が変わったのである。さらに言うならば、共生のために行う言語活動自体を「共生言語としての日本語」と捉えるようになった。

　この捉え方は、「コミュニケーションを通して場所的に創造され」るというそもそもの「共生言語としての日本語」の定義に近い。しかし、相違点が2点ある。1点目は、母語話者／非母語話者を対立的に捉えず、母語話者の日本語を想定しない点である。2点目は、岡崎（2002）は「共生言語としての日本語」を場所で創造される「一つの言語変種」（p.64）と捉えているが、私たちは、「共生言語としての日本語」は、言語活動そのものであると考える。共生のために行われる言語活動を「共生言語としての日本語」（活動）と位置付け、その地点から新しい日本語教育を構想したいと私たちは考えるようになったのである。

　以上の研究会における議論と私たちの変容をもとに、2008年12月に活動論的「共生言語」観に基づく新たな日本語教育実践を立ち上げることが検討された。そこで、研究会のメンバーで早稲田大学日本語教育研究センター（以下、日本語センター）の「テーマ科目」[4]として申請することをめざし、新たな日本語教育実践をデザインすることになった。

第2部 ｜ 実践編

新たな日本語教育実践としては、共生のための言語活動を行うコミュニティの創生に向けて、現実の社会に働きかけるような活動が想定された。また、具体的なデザインを考えるにあたっては、「パブリック・カンヴァセーション・プロジェクト」を参考にした。「パブリック・カンヴァセーション・プロジェクト」とは、ある膠着した議論（例えば、人工妊娠中絶）に関し、正反対の立場に立つ政治家や活動家を一つの場所に集めたうえで、進行役が「他者」を自分と同じ人間として見られるようになることに配慮しつつ、当該の議論に関する話し合いを進めていくプロジェクトである（ガーゲン 2004/1999: 229–230）。研究会では、「パブリック・カンヴァセーション・プロジェクト」をヒントに、留学生と日本人学生が大学内にある具体的な問題の解決に向け話し合う場を、留学生が主体的に設定・運営するという日本語教育実践を構想した。

　このような構想の背景には、上述した経緯に加え、私たちが日々留学生と接する中で芽生えた次のような問題意識があった。早稲田大学では特に「留学生30万人計画」が2008年に文部科学省ほか関係省庁により策定されて以降、留学生が急増している。そうした状況の中、私たちは「日本人学生と話す機会が少ない」という留学生の声をしばしば耳にしていた。留学生の受け入れが推進される一方で、在籍している留学生は大学というコミュニティの中で周縁化されているのではないか。私たちは、このような状況を変えるためには、当事者である留学生自身が留学生の周縁化問題をめぐり、日本人学生と議論する場を主体的に設定したうえで、ともに大学コミュニティへの参加のあり方を考えていく必要があると考えた。また、留学生により設定・運営される議論の場が母体となり、共生のための言語活動を行うコミュニティが創生されると予想した。

　具体的に実践をデザインするにあたっては、学習者が話し合いを通じて自分たちの問題意識を共有すること、主体的に一つの活動を行うことにより、クラスを実践共同体（レイヴ・ウェンガー 1993/1991）として立ち上げていくことを重視した。現実の社会、具体的には、大学コミュニティに働きかけ、問題解決を図っていくためには、まず自分たちの問題意識を明確にする必要がある。また、共有された問題意識のもと、問題を解決しようという一つの目標に向かって、クラス全体が主体的に活動を推進していくことが不可欠である。私たちは、こうした一連のクラス活動

と、大学コミュニティに働きかけ、そこに参加していく過程で生じる相互関係の中で、ことばが学ばれていくと考えた。

　共生のための言語活動を行うコミュニティの創生に向け、私たちは次の3点を新しい実践の目的とした。

　（1）学習者が大学生活で感じている問題を解決し、大学コミュニティへの参加のあり方を考えるための話し合いの場として討論会を企画・実施する。
　（2）（1）のクラス活動を学習者が主体的に進めていくことにより、クラスを実践共同体として立ち上げていく。
　（3）（1）（2）の経験を通して、学びを形成する。

　以上のような過程を経て、2009年度春学期より、「共生言語としての日本語」＝共生のために行う言語活動自体という「共生言語」観に基づく新たな日本語教育実践「イベント企画プロジェクト」（この時点では「討論会プロジェクト」[5]）がスタートした。

3 ｜ 2009年3月〜8月──2009年度春学期「討論会プロジェクト」[6] の実践

　本節では、授業記録、私たち[7] が行ったミーティングの記録、学習者が書いた振り返りシート、授業後に行った学習者へのインタビューデータをもとに、2009年度春学期「討論会プロジェクト」（以下、「09春」）の実践の記述を行う[8]。

3.1　実践の計画

　私たちは、2節で述べた（1）〜（3）を実践の目的として設定した。オリエンテーションでは、これら三つの目的の達成に向け、本プロジェクトが早稲田大学に在学する様々な学生（日本人学生、留学生）が参加する討論会を企画・実施するプロジェクトであり、テーマは、日ごろ大学生活を送る中で感じている問題を取り上げるという点を十分に説明することにした。私たちは、問題意識を共有し、問題を解決するにはどうしたらよいかを話し合うプロセスで、クラスが実践共同体となると想定してい

第2部　実践編

た。そのため、本プロジェクトでは、どのようなテーマを設定するかが非常に重要であると考えた。そこで、学習者が自分たちの経験の中から解決を図りたい問題を見出し、クラス全体で共有したうえでテーマに据えることを、テーマ決めのポイントとして押さえることにした。

　また、学習者が主体的に活動を進めていくことをめざすという点も改めて確認し合った。多くの日本語の授業は、通常、教師主導のもと進められる。学習者主体を標榜する授業であっても、活動の方向性はある程度教師によってコントロールされる。しかし、私たちはそうした日本語の授業のあり方そのものを問い直し、クラスのメンバーが主体的に活動を進めていく新しい日本語教育実践を構想したいと考えた。とはいえ、学習者は、教師が計画した内容に沿って授業が進められることに慣れている。そこで、オリエンテーションでは、本授業はクラスのメンバーが主体となって進めていくという点も十分に説明することにした。そして、私たちは極力介入せず、適宜疑問・質問を投げかけるという関わり方に徹しようと話し合った。

　さらに、学習者が大学コミュニティに参加していくためには、人的ネットワークを広げていくことが必要であると考え、授業には日本人学生ボランティア[9] に入ってもらうことにした。

3.2　実践の実施
■ クラス参加者
　学習者22名、日本人学生ボランティア1名、担当者1名（古賀）、TA1名（三代）

■ 活動の流れ
　表1　2009年度春学期（4/9～7/29）「討論会プロジェクト」活動概要

週	内容
1	オリエンテーション
2–8	イベントテーマ検討
9	イベント内容検討、担当分け
10–13	イベント準備・実施
14–15	振り返り（振り返りシートの記入・話し合い）

古賀は、オリエンテーションで特に次の2点を強調し、説明した。①このクラスでは、大学生活を送る中で感じている問題を解決するための討論会を企画・実施する。②活動は自分たちで主体的に進めていく。自分たちで進めていかなければ何も動かない。日本語のクラスや教師に対するイメージを捨てて、新しい活動を作っていくという気持ちで参加してほしい。①については、その後の授業の中でも繰り返し説明した。また、第2週からは、学習者が主体的に進めるという考えのもと、話し合いの進行を学習者に委ねた。それを受け、学習者たちは、第2週に話し合いによって司会者2名を選出した。その後、第4週に司会者のうちの一人から提案があり、司会者は毎週交代することになった。活動は司会者を中心に進められたものの、大人数による話し合いはなかなかスムーズには進まなかった。また、感情的に話す学習者もいて、つい口出ししたくなる場面が多々あった。しかし、私たちが介入することは、学習者がクラス活動を主体的に進めていくという本実践の目的を阻害することにつながるのではないかという懸念があった。そこで、一歩踏みとどまって見ていると、時には自分たちで解決していく様子も見られた。こうしたことから、介入するか否かで、私たちにしばしば葛藤が起こった。

　第2週から第8週は、テーマの検討がなされた。第4週には、提案された18テーマの中から、「同性結婚はどうか」というテーマに決定した。その際、一人の学習者より、このテーマで大丈夫かどうか模擬討論会をやってみてはどうかという提案があったことから、第5週の準備を経て、第6週に模擬討論会が行われた。私たちは、「同性結婚はどうか」というテーマがどのような問題意識に基づくのかについて議論がなされないまま企画が進んでいることに危惧の念を抱いた。また、差別を助長する危険性を孕むテーマであるにもかかわらず、そうした点への認識や配慮も見られなかったことから、私たちは介入が必要であると判断した。そこで、第7週に、なぜそのテーマで討論したいのか、自分たちにとってそのテーマで討論する意味は何か、という2点について考えてもらった。この話し合いの中で、模擬討論会も踏まえ、同性結婚という、知識も経験もないテーマで討論するのは難しいという声が上がり、新たに就職、国際交流に関するテーマが追加提案された。最終的に、「国際交流―国際交流のためのイベントはたくさんあるのに、うまく交流できないの

第2部　実践編

186

はなぜか—」というタイトルが決定し、どうすれば国際交流ができるかを考えることを目的に、サブタイトルに示されたテーマについて、参加者とディスカッションを行うことになった。

　7月11日に行われたイベントには、クラス外の日本人学生、日本語学校や他大学の学生など、クラスのメンバーと合わせて50名を超える参加があった。イベントは、アイスブレーキングのためのゲーム→グループディスカッション（テーマ：国際交流のためのイベントはたくさんあるのに、うまく交流できないのはなぜか）→全体共有という流れで行われた。

　第14・15週には、古賀が進行を務め、振り返りを行った[10]。第14週に行った振り返りでは、イベントの感想、活動への参加に対する自己評価、授業に対する意見を話してもらった。このうち、授業に関しては、次のような意見が出た。

・科目名（「討論会プロジェクト」）から実際とは異なる内容（ディベート、クラス内で討論会を実施する等）のクラスをイメージしていた。
・最初にリーダーを決めたほうがいい。
・他の人が開いているイベントを見学して、参考にしてはどうか。
・次回からは、前に授業に参加した人がボランティアとして参加し、サークルのようにイベント企画の進め方を伝えていけばいいのではないか。
・来学期は、ボランティアとしてクラスに参加したい。

　以上のように、学習者の振り返りでは、問題点の指摘や改善策の提案がなされ、中には、自分たちが次の学期に参加することで、改善が図られるという視点からの提案もあった。

3.3　実施した実践の省察
　学期終了後に私たちが行った振り返りでは、主な問題点として次の3点が挙げられた。

（1）問題意識を共有したうえで、テーマを決めることが難しかった
　　　テーマとなる共通の問題意識を見出すことは難しく、テーマを決

めるのに時間を要した。

(2) 毎週の話し合いが積み重なっていかなかった

司会者が毎週代わることは、より多くの学習者が話し合いの牽引役となる機会を得ることにつながった。しかし一方で、話し合った内容が次の週に引き継がれず、また、全体を見通したうえで話し合いを積み重ねていくことが困難な状況になってしまった。

(3) 活動内容がなかなか理解されなかった

「討論会プロジェクト」という科目名から、「ディベートをするクラスである」というイメージがなかなか払拭できない学習者がいた。また、クラス外に開かれた討論会を自分たちで企画するという点も学習者に理解されにくかった。

(1) の問題点だけでなく、(2) や (3) も要因となり、テーマが決まるまでに学期の半分の時間を費やす結果となった。そのため、イベントの参加者とどのようなディスカッションをするのか十分検討することができず、イベント当日、ほとんどのグループで学習者が提起した問題の解決に向けた話し合いを行うことができなかった。大学コミュニティへの参加のあり方を考えるための話し合いの場を作るためには、イベント内容を十分練る必要がある。しかし、その時間が確保できなかったことから、イベントのテーマや目的に照らして内容を検討する時間をいかに確保するかが課題となった。

4 | 2009 年 9 月〜 2010 年 2 月 ——2009 年度秋学期「討論会プロジェクト」の実践

本節では、「09春」同様、授業記録、私たちが行ったミーティングの記録、学習者が書いた振り返りシート、授業後に行った学習者へのインタビューデータをもとに、2009年度秋学期「討論会プロジェクト」(以下、「09秋」) の実践の記述を行う[11]。

4.1 省察に基づく次の実践の計画

「09秋」は、引き続き「09春」と同じ目的を設定した。ただし、「09春」の省察を踏まえ、「討論会」ではなく、「イベント」を企画・実施す

第2部 | 実践編

ることとした。また、「09春」の省察により挙げられた問題点、及び、学習者からの意見を踏まえ、次のような改善を図ることにした。

（1）問題意識を共有したうえでテーマを決めることが難しかった
　→改善策：メインテーマの設定
　　共通の問題意識から出発できるよう、「交流」というメインテーマをあらかじめ設定する。よりコアなテーマを自分たちで考えてもらうことを意図して、あえて大きなテーマにし、以下の目的を提示することにした。「イベントを企画・実施する過程におけるクラス内外の参加者との「交流」を通して、これまでの自分自身の「交流」を振り返り、これからの「交流」のあり方を考える」。
（2）毎週の話し合いが積み重なっていかなかった
　→改善策：執行部の設置
　　毎週司会者が代わることで、話し合いを積み上げていくことが難しかったことから、5人程度からなる執行部を置き、執行部のメンバーが司会や話し合いの記録を行う。
（3）活動内容がなかなか理解されなかった
　→改善策：活動内容の理解を促すための工夫
　　「討論会」からディベートをイメージする学習者がいたことから、必ずしも討論会の形態を取らなくてもよいこととし、「イベントを企画・実施する」点を強調する。さらに、イベント実施日を早めに決めることで、自分たちが企画することへのイメージがもてるようにする。なお、年度中は、科目名を変更できないため、科目名は2010年度より「イベント企画プロジェクト」に変更することにした。

以上の改善策を講じることにより、「09春」における問題点の解消を図った。

4.2　実践の実施
■クラス参加者
　学習者26名（うち2名は「09春」履修者）、日本人学生ボランティア4

名、留学生ボランティア1名（「09春」履修者[12]）、担当者1名（古賀）、
TA1名（三代）

■ 活動の流れ

表2　2009年度秋学期（10/1～1/28）「討論会プロジェクト」活動概要

週	内容
1	オリエンテーション
2–4	「交流」について意見交換
5–7	イベントの内容・目的検討
8–9	会場の下見・イベントの企画案検討
10	企画案のプレゼンテーション
11	企画の決定・担当分け
12–13	イベント準備・実施
14–15	振り返り（振り返りシートの記入・話し合い）

　古賀はクラス開始時に、4.1で述べた計画に基づき、「交流」というメ
インテーマと、「交流」のあり方を考えるという大きな活動の目的を提示
するとともに、執行部の設置を提案した。提案に基づき、学習者の推薦
によりリーダー1名が決定し、リーダーの指名で補佐2名が選出された。
また、古賀は活動内容の理解を促すため、討論会ではなく、イベントを
行うという点を強調して説明した。これにより、ディベートがイメージ
されてしまうという問題は解消された。さらに、大まかなスケジュール
を配付し、早めにイベント実施日を検討するよう働きかけた。これによ
り、自分たちでイベントを企画するという点もすんなり理解された。
　第2週からは何のために交流するかについて意見交換がなされ、イベン
トの目的が話し合われた。しかし、抽象的な話になってしまい、なかなか
先に進まなかったことから、第4週には、「具体的にどんなイベントをす
るかを考え、それに合わせて目的を考えていったほうがいい」という意見
が出た。そこで、第5週からは具体的なイベント内容の検討を行うことに
なった。しかし、今度はどんなイベントをするかという点に意識が向い
てしまい、話し合った交流の目的とは離れてしまうという現象が起こっ

た。そのため、再度、交流を通して何が得られるかという点について話し合いがなされた。その結果、外国人に対する先入観によって交流が妨げられる、イベントに参加してもその場限りの交流になり、仲良くなることが難しいという問題意識に基づき、イベントの目的は、次の二つに絞られた。①外国人に対する先入観を壊す。②イベントを通して形成されたよい関係を持ち続けられるようにする。その後、第7週には、仲良くなるためには一緒に何かをするのがいいという意見にまとまり、5グループに分かれての企画案の検討と全体でのプレゼンテーションが行われ、最終的に、イベント参加者と一緒に料理を作ることが決定した。

　この決定に至るまでには何度も同じような話を行き来し、多大な時間がかかった。また、次第にクラスのメンバーがリーダーの指示を待つようになり、主体的に話し合いを進めていこうという姿勢が見られなくなる学習者が出てきた。私たちは、「09春」同様、話し合いには極力介入しないという方針を取っていたが、リーダーからの相談を受け、あるいは話し合いの様子を見て、しばしばリーダーにアドバイスを行った。しかし、それでは教師の意向に沿ってリーダーを動かしているだけではないかという思いも抱くようになり、「09春」とは異なる葛藤が生じた。私たちは、企画が決まったのを機に、リーダーの負担を軽減するため、グループで責任をもって進めていくようにしようと話し合った。そこで、第11週に古賀は、企画・広報・準備の三つの役割班に分かれることを提案した。これにより、詳細はグループで詰め、リーダーはグループからの報告を全体で共有する役を担うことになった。

　1月21日に行われたイベント、「作ろう！食べよう！―国際料理で楽しめる交流会―」には、クラス外の日本人学生、留学生等、十数名の参加があった。イベントは、ゲーム→料理（メンバーが準備した餃子の具を一緒に包む）→餃子を食べながら歓談→クラスのメンバーが作ったお好み焼き、焼きそばを食べながらゲーム、という流れで行われた。

　第14・15週には、「09春」同様、古賀が進行を務め、振り返りを行った。振り返りは、事前に提出された振り返りシートの設問[13]に沿って話してもらった。授業に関しては、次のような意見が出た。

　　・授業の流れがクラスのメンバーに任せられているのは自由で面白

い進め方だが、自由になり過ぎると逆に進めにくくなるところがあるのではないか。具体的な進め方の例やガイドラインなどがあるといい。

・知らない人（クラスのメンバー）と話し合うのは難しい。まず、（クラスのメンバー同士が）仲良くなることが必要だ。

・この授業を継続的、伝統的なイベントにしたらいい。そうすれば、OBも多くなり、経験を教えてもらえる。

・今回の授業を通していろいろ考えたことがあり、こうやってみたいと思う案もあるので、来期も受講したい。

学習者からは、すべてが自分たちに委ねられていることを評価する意見が出た一方で、問題点も挙げられた。また、「09春」同様、自分たちが次の学期に参加するという視点からの発言も見られた。実際、来期も受講したいと話した学習者は、2010年度春学期に再び履修し、活動の推進に貢献した。また、まずクラスのメンバーが仲良くなることが必要だと話した学習者も再度履修し、関係づくりのためのピクニックを企画した。2010年度春学期には、こうしたリピーター学生が大きく活動を牽引していくことになる[14] が、それについては7節で詳述する。

4.3　実施した実践の省察

学期終了後に行った私たちの振り返りでは、主な問題点として次の3点が挙げられた。

（1）イベントのテーマ・目的を決め、それに照らしてイベントを企画・実施していくというプロセスをクラスのメンバーがイメージするまでにかなりの時間がかかった

テーマや目的を抽象的に話し合っていても議論は進展せず、具体的なイベントの中身を話し合うとテーマや目的とは離れてしまい、両者を結びつけながら企画を練っていくことが困難であった。

（2）イベントの企画が固まるまでに時間を要した

（1）が要因となり、イベントのテーマや目的、内容がなかなか決

まらず、具体的な準備に入ることができなかった。
（3）クラスのメンバーが発案するイベントの形態と内容に関するアイディアが貧困だった

ほとんどの学習者にイベントを企画した経験がなかったことから、イベントの形態に対するアイディアが不足しており、提案されたイベント内容の多くは、パーティーをしてゲームやクイズをする、文化紹介をするというものであった。

　（1）（2）の問題点により、イベント準備のための担当分けが行われるまでには「09春」以上に時間がかかり、準備にほとんど時間をかけることができなかった。そのため、外国人に対する先入観を壊す、イベントを通して形成されたよい関係を持ち続けられるようにするというイベントの目的が達成されたとは言い難い。それは、（3）の問題点により、様々な形態のイベントの中から、目的に沿ったものを選択できなかったこととも関連する。さらに、（1）の要因として、そもそもテーマ自体がそれほど学習者にとって切実な問題ではなかったのではないかということが考えられた。話し合いがなかなか進展せず、共有すべき切実な問題もないまま活動が進められたことにより、一つの目標に向かっていくという一体感がクラスのメンバーの中に生まれず、クラスは実践共同体としてのまとまりをもつに至らなかった。それには、学習者の振り返りにあったように、すべてが自分たちに任されていたことや、関係構築ができないまま話し合いが進められたことも関わっていたと推測される。
　2節で述べたように、私たちは、クラスで問題意識を共有し、問題解決に向かってクラス全体が主体的に活動を推進していくことがクラスを実践共同体として立ち上げることにつながると考えていた。しかし、「09春」「09秋」の実践を経て、私たちは学習者が問題意識を見出し、クラスで共有する難しさを改めて強く認識した。そもそも、クラスに集まってくる学習者は、日ごろ大学生活において切実に解決したいと思う問題を抱えていないのではないか。大学コミュニティに働きかける以前に、共有すべき問題意識がない中で、クラスをいかに実践共同体として立ち上げるかが大きな課題となった。

5 | 2009 年 12 月〜 2010 年 12 月
——2009 年度春学期「討論会プロジェクト」の省察

　私たちは、実践のプロセスで様々な課題に直面したことから、本実践の問題点や意味をより深く理解するために、「09秋」終盤より、「09春」のデータ分析に基づくさらなる省察を開始した[15]。結論を先に述べると、この省察によって、私たちは「クラス活動への主体的参加」という観点を得た。そして、「09春」における活動のプロセスを、学習者が主体的にクラス活動に参加していくプロセスとして捉えた。また、「クラス活動への主体的参加」は、能動的にクラス活動に関わろうとする意識、及び、自分たちのイベントを実施するという目標を実現しようという意識、すなわち当事者意識と、お互いの意見を尊重しようとする意識、及び、自分たちのイベントを実施するという目標の実現に向け協力しようという意識、すなわち協働意識が学習者間で共有されることによって支えられていたことがわかった。2節で述べたように、私たちは、クラス活動を学習者が主体的に進めていくことにより、クラスを実践共同体として立ち上げていくことを、「イベント企画プロジェクト」の目的の一つに据えたが、クラスが実践共同体となるプロセスは、当事者意識の共有と協働意識の共有により、学習者がクラス活動へ主体的に参加するプロセスであったのである。

　以下、データ分析により明らかになった「09春」における学習者のクラス活動への参加のプロセスと学び[16]、それらに基づく私たちの気づきを簡潔に述べる[17]。

　まず、学習者のクラス活動への参加は、次のようなプロセスを経ていたことがわかった。クラス活動開始当初、活動内容についてはたびたび説明したものの、自分たちでクラス外の人と行う討論会を企画するというクラス活動自体が学習者になかなか理解されなかった。活動の全体像がイメージできないことが、学習者のクラス活動への主体的参加を困難にしていた。また、話し合いを積み重ねていく中では、感情的な発言や、他者への配慮を欠いた発言が見られるなど、様々な意見の対立や衝突が起こった。それにより、人任せにする学習者や、やる気を失っていく学習者が現れ始めた。このように、クラス活動当初には、能動的にクラス

第 2 部 ｜ 実践編

活動に関わり、自分たちのイベントを実施するという目標を実現しよう
という当事者意識や、お互いの意見を尊重し、目標の実現に向け協力し
ようという協働意識が共有されない中、多くの学習者が受動的にクラス
活動に参加していた。

　しかし、対立や衝突が起こる一方で、他者に配慮したり、異なる意見
を容認したりするなど、話し合いにおいて調整を図り、合意を作ってい
こうとする動きも生まれた。こうした摩擦と交渉が繰り返されていくこ
とによって、次第に人の意見を尊重する態度や、協力しようという態度
が生まれ、話し合いが活性化していった。これには、紆余曲折を経てよ
うやくテーマが決まり、企画や広報といった役割分担がなされること
で、やるべき課題が明確になったことが大きく影響していた。それによ
って、自分たちのイベントを実施するという目標を実現するために、課
題をどう解決していくかという問題意識が、クラス内で共有されたので
ある。

　こうしたプロセスを通して当事者意識・協働意識が共有され、学習者
のクラス活動への参加は、受動的参加から主体的参加へと変化していっ
た。

　次に、振り返りシートや学期終了後に行ったインタビューからは、学
習者が活動を通して次のような学びを実感していたことがわかった。
（1）他者の受容、（2）他者との協働、（3）コミュニケーション能力の向
上。（1）は、摩擦と交渉を繰り返しながら、協働意識を共有する経験を
通して学ばれている。（2）は、協働意識を共有するプロセスが、協働自
体を学ぶプロセスでもあったことを意味している。（3）は、交渉・摩擦
の中でコミュニケーションを繰り返したことによって実感されている。
このように、これらの学びはクラス活動への受動的参加から主体的参加
へと至るプロセスの中に埋め込まれており、また相互に密接に関わって
いた。学び以外にも、学習者は、イベントに楽しさを感じ、うまくいっ
たと満足感を得ていた。

　上述したような学びを学習者が実感していたことは、私たちにとって
は意外であった。実践中、私たちは、話し合いがうまく進まないことや、
活動へ主体的に関わらなくなる学習者が出てきたりするといった問題点
にばかり目を向け、また、イベントの内容が学習者が掲げた目的を達成

第6章　「イベント企画プロジェクト」の挑戦

するものになっていなかった点を問題として捉えていた。しかし、私たちの想定を超えたところに学習者は学びを実感していたのである。

　以上の「09春」における学習者のクラス活動への参加のプロセスと学習者の学びの実感から、私たちは、次の四つの気づきを得た。

（1）大学生活における問題意識とそれを解決しようという意志を、限られた時間の中で共有するのは困難である。
（2）企画や広報を行うなどイベント企画という具体的な行動の中でイベントの実現という問題意識が共有される。
（3）イベントの実現という問題意識が共有されることで、イベント企画に主体的に関わろうとする当事者意識とイベントの実現に向け、協力しようとする協働意識が形成される。
（4）クラス活動に主体的に参加するプロセス、すなわちクラスが実践共同体として立ち上がるプロセスの中に学習者は学びを見出しており、学習者の学びは、実践共同体としてのクラスに埋め込まれている。

　以上の気づきは、私たちの実践共同体の捉え方を転換させるものとなった。私たちは、実践を構想した際、学習者が問題意識を共有し、主体的にクラス活動を進めていくことにより、クラスが実践共同体として立ち上がっていくと考えた。そして、実践共同体としてのクラスが大学生活における問題の解決に向け、大学コミュニティという現実の社会に働きかけることにより、学習者が大学コミュニティへのより十全な参加を果たしていくことをめざした。そのためにも、問題意識の共有は不可欠であると考えた。しかし、上述の気づきにより、クラスのメンバーがもともともっている問題意識が共有されるのではなく、イベントを企画するという具体的な行動が共有される中で問題意識が形成・共有され、それによって、クラスが実践共同体として立ち上がると考えるようになった。さらに、クラスが実践共同体となっていくプロセスは、イベントの企画から実施に至るまでのプロセスと重なっていたことから、限られた時間で大学コミュニティへの十全な参加をめざすことは困難であるということに私たちは思い至った。

第2部　実践編

こうした実践共同体の捉え方の転換は、問題意識を共有し、大学コミュニティに働きかけていくという経験により学びが形成されるという捉え方から、学習者の学びは、行動を共有し、クラスを実践共同体として立ち上げていくプロセスに埋め込まれているという捉え方へと、学びの捉え方をも転換させた。

　以上のように、「09春」のデータ分析に基づく省察は、私たちに実践共同体と学びの捉え方の転換をもたらした。それにより、私たちは、切実な思いもないまま大学生活における問題意識を考え、抽象的に想定された大学コミュニティにいかに働きかけ、参加していくかということよりも、いかに具体的な行動から問題意識を形成するか、それによっていかに当事者意識・協働意識を共有し、今参加しているクラスを実践共同体として立ち上げていくかということに、より着目するようになった。

6 2010年3月〜8月
——2010年度春学期「イベント企画プロジェクト」の実践

　本節では、授業記録、私たちが行ったミーティングの記録、授業後に行った学習者へのインタビューデータをもとに、2010年度春学期「イベント企画プロジェクト」（以下「10春」）の実践の記述を行う[18]。

6.1　省察に基づく次の実践の計画

　「10春」は、「09秋」と同じ目的を設定した。また、「09秋」の省察により挙げられた問題点、及び、学習者からの意見を踏まえ、次のような改善を図ることにした。

（1）イベントのテーマ・目的を決め、それに照らしてイベントを企画・実施していくというプロセスをクラスのメンバーがイメージするまでにかなりの時間がかかった

　　　→改善策：国際コミュニティセンター（以下、ICC）[19]スタッフにイベントをどのように企画し、どのように運営しているかを話してもらうことにより、活動初期の段階で学習者にイベントを企画・実施するプロセスを把握してもらう。

（2）イベントの企画が固まるまでに時間を要した
 →改善策：活動初期の段階で、イベント企画が決定するまでのプロセスを担当者側で提示し、提示したプロセスに沿って、イベント企画を決定する。具体的には、次の手順でイベント企画コンペを実施する。①イベント企画グループを作る。②グループごとにイベント企画を立て、イベント企画をアピールするプレゼンテーションを行う。③クラスで投票を行い、イベント企画を決定する。

（3）クラスのメンバーが発案するイベントの形態と内容に関するアイディアが貧困だった
 →改善策：ICCスタッフにICCで行われている様々な形態のイベントを紹介してもらうことにより、活動初期の段階で学習者にイベントに様々なバリエーションがあることを知ってもらう。

　以上の改善策を講じることにより、「09秋」における問題点の解消を図った。なお、改善策に大きく関係するICCには、「09春」に当時ICCの学生スタッフリーダーを務めていたクラスのメンバーが、イベントの共催を持ちかけたことがあった。そのときは条件が合わず、イベントの共催は実現しなかった。しかし、ICCが国際交流のためのイベントを数多く企画・実施している機関であることから、私たちは連携の可能性を模索していた。そして、「09秋」には、料理を作るイベントを行うことになったことから、開催場所を探すのに苦慮し、ICCに相談を持ちかけた。その結果、無事、料理が作れる会場を見つけることができた。そうした経緯もあり、「10春」に向け、ICCに協力を仰ぐことになった。
　また、それぞれの状況に変化があったという事情もあり、私たちの実践への関わりに変化が生じた。具体的には、「10春」より古屋が授業担当者となり、「09春」「09秋」の担当者であった古賀はTAとして教室活動に参加することとなった。三代は、教室活動には参加せず、毎週行われるミーティングに参加するとともに、イベント企画コンペやイベントのビデオ撮影等の補助的な役割を担うこととなった。

第2部｜実践編

6.2　実践の実施

■ クラス参加者

　学習者18名（うち3名は「09秋」履修者、2名は「09春」履修者）、日本人学生ボランティア2名、担当者1名（古屋）、TA1名（古賀）

■ 活動の流れ

表3　2010年度春学期（4/18〜7/22）「イベント企画プロジェクト」活動概要

週	内容
1	オリエンテーション
2	お互いを知るための活動
3	ICCスタッフによるレクチャー
4	親睦会、イベント企画会議
5	企画案のプレゼンテーション
6	企画の決定・担当分け
7–11	イベント内容の検討・準備
12	リハーサル
13	イベント準備・実施
14–15	振り返り

　第1週のオリエンテーションにおいて、古屋は、次の2点を特に強調して説明した。①本クラスは自分たちでイベントを企画・実施するクラスである。教師は、基本的に何もしない。②本クラスでは、積極的に参加する姿勢が最も大切である。積極的に参加しなければ、何も得られない。オリエンテーションには、数名のリピーター学生（前学期にクラスを履修していた学生）が参加していた。リピーター学生は、さながら部活の先輩が入部希望者に活動内容を説明するかのように、上述した2点を自分たちの経験を交えながら話した。リピーター学生は、クラス活動の説明に留まらず、前学期の反省点と改善案として次の2点を挙げた。①クラスのメンバーの名前がなかなか覚えられなかった。→改善案：クラス開始当初に、クラスのメンバーがお互いの名前を覚えられるようなアクティビティを行う。②クラスのメンバー同士で話す際に、日本語を使用

しないケースが多かった。→改善案：日本語以外の言語を使用した場合、わからない人が疎外感を感じる。そのような事態を避けるため、クラスではできるだけ日本語を使用する。

　リピーター学生は、「前学期よりもいいイベントを作りたい」という思いを抱き、それぞれ上述したような改善案をもって「10春」のクラスに臨んでいた。そのため、以後、クラス活動は、リピーター学生が牽引する形態で進んでいった。

　第2週には、主にリピーター学生が中心となり、クラスのメンバーがお互いに名前を覚えるためのゲームを行った。その後、四つの企画グループを作った。第3週には、6.1で示した私たちの改善策（1）（2）（3）に基づき、ICCスタッフによるレクチャーを実施した。レクチャーを受けたことにより、クラスのメンバーは、どのようにイベントを企画するかに関し、イメージをもつことができたようであった。第4週には、リピーター学生の発案により、クラスのメンバー全員で飲食物を持ち寄り、ピクニックに行った。このピクニックも、リピーター学生の「クラスのメンバーで協力して、イベントを企画・実施していくために、まず、クラスのメンバーで親睦を深める必要がある」という問題意識に基づき、行われた。ピクニック中に企画グループに分かれ、企画案を検討した。第5週にそれぞれの企画グループが企画案をプレゼンテーションした。そして、第6週にクラスのメンバー、及び、担当者、TA、ICCスタッフによる投票により、イベント企画を決定した。決定した企画のテーマは「国際交際（恋愛）」である。

　テーマ決定に際し、私たちは、学習者から国際交際（結婚）経験者に対する興味本位な関わりやステレオタイプを助長するような異文化理解といったイベントの目的が挙がってくるという場面に遭遇した。その際、私たちは、どのように介入するかを検討したうえで、イベントの目的に異議を唱えるのではなく、イベントに招かれた国際交際（結婚）経験者が好奇の目にさらされ、不愉快な思いをする可能性があるといった具体的な問題点を指摘した。

　イベント企画決定後、役割分担に関し、検討した。その結果、五つの役割班（進行班、ゲスト招待班、広報班、ビデオ作成班、リサーチ班）が編成された。また、イベントの流れを簡単に確認した。そして、イベント実施日

第2部｜実践編

200

(7/3) を決定した。

2010年7月3日に行われたイベント、「ハニーは外国人―留学生たちが話す国際恋愛―」には、クラス外の日本人学生、留学生等、十数名の参加があった。イベントは、ゲーム→ビデオ（国際恋愛の際に起こりやすい問題を寸劇風にまとめた作品）視聴1→グループディスカッション1（ビデオの内容に関する意見交換）→ビデオ（留学生等に対する国際恋愛に関するインタビューをまとめた作品）視聴2→グループディスカッション2（ビデオの内容に関する意見交換）、という流れで行われた。

「10春」は、開始当初からリピーター学生がクラス活動を牽引していた。そのため、私たちがあえて介入せずとも、クラス活動が進行していった。「イベント企画プロジェクト」開始当初より、私たちは、一貫して担当者はクラス活動に積極的に介入しないという方針を取ってきた。なぜなら、担当者の介入は、学習者が自分たちで問題に気づき、協力して問題を解決する経験を通して学ぶ機会を奪う行為であると考えていたからである。ところが、3.2、4.2で記述したように、実際には介入が検討され、実施された。「10春」においても、引き続き介入は実施された。しかし、介入の仕方に関し、質的な変化があった。「09春」「09秋」において、私たちは学習者により提案されたイベントの目的に対し、再考を促すようなアプローチを取っていた。これに対し、「10春」においては、学習者により提案された目的でイベントを行った場合、具体的にどのような問題が起こり得るかということを指摘し、指摘を踏まえ目的そのものが再考されることを期待するというアプローチを取るようになった。その結果、私たちは、主に企画内容への関与という形態で注意・確認・アドバイスを行う役割を担うようになった[20]。

6.3　実施した実践の省察

学期終了後、「10春」において行った三つの改善点に関し、私たちは次のように振り返った。

（1）ICCスタッフによるイベントの企画・実施のプロセスに関するレクチャー

第3週にICCスタッフにイベントを企画・実施するプロセスをレ

クチャーしてもらった。その結果、学習者は、レクチャーにより
把握したプロセスを参考に、ある程度、計画を立てながら、イベ
ントを企画・実施していた。

(2) イベント企画コンペ

第3–6週にイベント企画コンペを行った。担当者からイベント企
画が決定するまでのプロセスを具体的に提示したことにより、第
6週の段階でイベントの全体像が明らかになった。また、イベン
ト企画コンペを通し、すべてのクラスのメンバーが企画作業に携
わったことにより、活動初期の段階で、今後、何をどのようにす
るかをイメージすることができた。

(3) ICCスタッフによる様々な形態のイベントの紹介

第3週にICCスタッフにICCで行われている様々な形態のイベント
を紹介してもらった。その結果、イベント企画コンペでは、パ
ーティーだけではなく、ワークショップ、ディスカッション等の
イベント企画が提案された。また、実際に行われたイベントも、
ディスカッションに重点が置かれており、「09秋」とは一線を画
す内容になっていた。

7 | 2010年7月～2011年5月 —— 2010年度春学期「イベント企画プロジェクト」の省察

「10春」実施中に確かな手ごたえを得ていた私たちは、「10春」を対象に
さらに省察を深めることにした。具体的には、「09春」を対象とする省
察の結果として得られた「クラスが実践共同体となるプロセスは、当事
者意識の共有と協働意識の共有により、学習者がクラス活動へ主体的に
参加するプロセスであった」という気づきをもとに、「10春」の「イベ
ント企画プロジェクト」において、クラス活動がどのように変容したか
に関し、省察を行った[21]。省察の結果、図1に示すような、クラス活動
変容のプロセスが明らかになった。

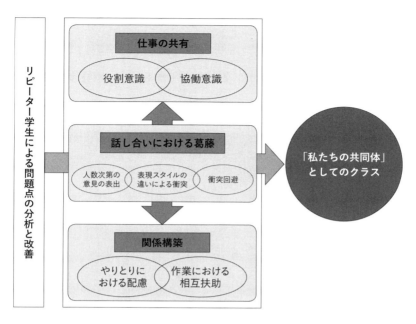

図1 「10春」クラス活動変容のプロセス

　以下、図1のプロセスに関し、次の資料を適宜、引用しつつ、記述する[22]。

- 学期終了後、学習者に行った半構造化インタビューのトランスクリプト。
- 毎週、授業後に担当者、TAが書いた授業記録。

7.1　リピーター学生による問題点の分析と改善

　後にリピーター学生となるニッキ[23]は、「09秋」の振り返り時に、「09秋」のメンバー同士があまり仲良くならず、互いの関係が希薄であった点に関し、次のように話している。

　　よく知らない人と話し合うのは難しい。話し合う前にゲームなどを

して仲良くなったほうがいい。 （1/21授業記録）

また、同じく後のリピーター学生となるシーラは、「09秋」を振り返り、メンバーに一緒に頑張ろうという協働意識がなかった点を次のように指摘している。

前学期のイベントも当日はみんなで頑張っていろんなことをしたと思うんですけど、前日まではそういう頑張ろうという意識があんまりなくて（後略） （インタビュー）

さらに、シーラは、メンバー同士の関係が希薄であったことにより、言語ごとにグループができ、クラスがばらばらになってしまった点を「09秋」の問題点として挙げている。

グループで分かれていたんですね。一つの中国人グループ、もう一つの中国人グループで、（中略）もう本当に嫌になってたんですね。 （インタビュー）

ニッキもまた同様の問題点を挙げていた。このようにニッキとシーラは、「09秋」の問題点を自分たちなりに分析していた。そして、それらの分析を踏まえ、次の学期に再び「イベント企画プロジェクト」を受講し、今回とは異なるやり方でイベントを企画・実施してみたいというような思いを述べていた。

そして、学期が変わり、ニッキとシーラは、上記のことば通り、再び「イベント企画プロジェクト」を受講した。オリエンテーションでは、シーラがその場を仕切り、上記の反省点に加え、このクラスでは何が大切かを他の学習者に語った。さらに、第2週にシーラは自ら考えてきた名前を覚えるためのアクティビティを行った。一方、ニッキは、第4週に親睦を目的とするピクニックに行くことを提案し、実行した。このように、「09秋」の問題点の改善に向け、関係づくりを目的とする二つの試みが早い段階で行われた。

第2部 ｜ 実践編

7.2　話し合いにおける葛藤

7.1で述べた早い段階での関係づくりにより、「10春」においては、クラス活動初期の段階から、比較的活発な話し合いが行われた。しかし、話し合いにおいては、様々な葛藤もしばしば生じていた。例えば、ユニーは、大人数で話す場合の話しにくさに関し、次のように述べている。

> （企画グループの時は）5人か6人だったんですけど、その時はちょっともっと話せていろいろやれたんですけど、大勢になると、自分の意見も言いにくいし、ちょっとそんなことはありました。
>
> （インタビュー）

シーラは、クラス活動を進行する側の立場から、批判はするが、提案をしないメンバーを次のように批判している。

> ヨーロッパ人に結構あるのは、批判言うことですね。で、批判言うのが得意ですけど、提案はそこまで得意じゃないっていう人もいます。それがすごくむかつきます。
>
> （インタビュー）

また、エカは、不満をそのまま相手にぶつけるメンバーを次のように批判的に捉えていた。

> 主に〇〇が怒っていた時に、（笑）私が思ったのは、なんでー。気持ちはわかる。（中略）他の人の気持ちもわかりますから、（中略）簡単に解決できない問題なので、どうしようかなあということもちょっと不安でしたね。
>
> （インタビュー）

こうした表現スタイルが違うことによって生じるメンバー同士の衝突を目の当たりにし、エカは、衝突を回避するためには、どのような話し方をするのが適切かといろいろと模索していた。また、仲裁しようかと考えたこともあったが、結局、仲裁は難しいと判断し、事態の推移を見守るに留めた。

上述したような話し合いにおける葛藤は、クラス活動終了まで様々な

形態で発生した。話し合いにおける葛藤により、話し合いが停滞したり、ある学習者が戸惑いや苛立ちを抱いたりしたこともあった。また、それらの結果として、議論がうまく積み上がっていかないこともあった。しかし、学習者は、後述する仕事の共有と関係構築というプロセスにより、少しずつ話し合いにおける葛藤を解消していった。

7.3　仕事の共有

「イベント企画プロジェクト」のクラスにおいては、イベントを企画・実施する過程で発生する様々な仕事がクラス活動の中心に置かれる。「10春」においては、学習者が他の学習者と仕事を共有することにより、クラス活動は徐々に変容した。仕事の共有は、これが私の仕事だという役割意識と仕事を上手に進めていくために協力し合おうとする協働意識に支えられていた。役割意識と協働意識は、様々な段階を経て、形成された。

　例えば、ユニーは、クラス活動初期に行われた役割分担の結果、ゲスト招待を担当することになった。しかし、ゲストとの出演交渉に苦慮している間に、企画内容が変わってしまい、ゲスト招待という仕事自体がなくなった。ユニーは、当時自身が抱いていた無能感に関し、次のように述べている。

　　　何にも役に立てなくて、とてもちょっとつらかったです。

（インタビュー）

　無能感を解消するため、ユニーは積極的に自分の役割を獲得しようとし、役割を獲得することにより、クラスに主体的に貢献しようとした。そして、イベント当日に参加者に提供する飲食物の手配という役割を得ることができた。ユニーは、役割を得られた時の喜びに関し、次のように述べている。

　　　（役割を得て）ほんとに、うれしかったんです。で、（役割が）決まってその後はちょっと気持ちが楽になったっていうか。　　（インタビュー）

　役割が得られて以降、ユニーは、自分が得た役割を遂行することを通

第2部 ｜ 実践編

して、無能感から開放され、自己効力感が得られるようになった。

　上述したユニーに形成されたような役割意識は、協働意識と同時並行的に形成された。なぜなら、個々の学習者の仕事への関わりは、常にチーム（役割班）ごとに分担された役割を担うという形で起こるからである。役割意識と協働意識の関係に関し、前述したユニーは、次のように述べている。

　　このクラスは、みんなでやっぱり準備していくうちに親しくなるんじゃないですか。あ、こうやるこうやるって。だから、親しいから（イベントがうまくいくかどうか）心配するんですよ。　　（インタビュー）

　チームごとに分担された役割を果たすために、チームの構成員は、共同作業を余儀なくされた。そして、共同作業を継続する中で、チーム全体にクラスの目標実現に向け協力することを重視する協働重視の態度が形成された。

7.4　関係構築
　学習者は、上述した仕事の共有に加え、相互の関係構築を経験していた。関係構築は、参加者間のやり取りにおける配慮と作業における相互扶助という二つの要素により形成された。

　ニッキは、前学期の反省点をもとに、クラス活動中は、自身が意識的に日本語を使用しようとするとともに、他の学習者にも意識的に日本語を使用するよう呼びかけた。その結果、クラス活動初期の段階で日本語がクラスにおける共通語として確立された。ニッキは、日本語がクラスにおける共通語となったプロセスに関し、次のように話している。

　　自分の国の人だけじゃなくて、クラスの全員にいろんなこと伝えたかったから、日本語だけになった。　　　　　　　　　（インタビュー）

　日本語によるやり取りを重ねた結果、学習者はお互いを固有名をもった個人として認識し、お互いに関心をもつようになった。しかし、クラス活動の中で日本語によるやり取りが活発になったことで、表現スタイ

ルがそれぞれ異なることが顕在化した。学習者の中にも、他の学習者の意見に対し、すぐに自分の意見を発言する表現スタイルを取る者もいれば、他の学習者の意見を熟考したうえで、必要があれば自分の意見を発言する（必要がなければ発言しない）表現スタイルを取る者もいた。前者の発言スタイルを取っていたニッキは、後者の表現スタイルを取るメンバーへの苛立ちを次のように話している。

> 最初から意見はちゃんと言うべき。ほんとに意見があったら、言ってなんかちょっとみんなに迷惑とかかけるのは、思わなくて、言う時。
> 　　　　　　　　　　　　　　　　　　　　　　　　　（インタビュー）

　また、ユントは、クラス活動初期には、主に後者の表現スタイルを取っていた。ユントが後者の表現スタイルを取っていたのは、自身の日本語表現に自信がなかったこともあったが、それ以上にどのタイミングでどのように話し合いに参加すればいいかという話し合いへの参加の仕方がわからなかったからであった。ユントは、クラス活動初期の自身の表現スタイルに関し、次のように述べている。

> 前は私日本語下手で、ずっと聞きました。他の人がどのように自分の意見を話しているか。
> 　　　　　　　　　　　　　　　　　　　　　　　　　（インタビュー）

　そして、話し合いへの参加の仕方を理解したクラス活動中期以降の表現スタイルの変化に関し、次のように述べている。

> あー、他の人はどのように自分の意見を話すのかを見て、自分の日本語ももっとよくなって、友達があるから、だんだんしゃべれるようになった。
> 　　　　　　　　　　　　　　　　　　　　　　　　　（インタビュー）

　話し合いは、「イベント企画プロジェクト」におけるクラス活動の一つの軸である。そのため、上述したニッキやユントの事例に見られるように、ことばのやり取りにおける相手への配慮が関係を構築するうえで重要な要素となった。そして、もう一つの軸はイベントの企画・実施に関

第2部　実践編

わる具体的な作業である。前述したように、作業は役割班による分担という形で行われた。クラス活動初期の段階では、各役割班がお互いの作業を把握できていなかった。しかし、各役割班が担っている作業が次第に把握できるようになると、お互いに自分の役割を果たしていることが理解できるようになった。また、作業はお互いの足りない点を補い合う形で行われていた。このような作業の相補性に関し、エカは次のように話している。

> （イベント本番直前に）急にいろんな問題が出てきたと思うけど、みんなが一緒に話して（中略）結構うまくいきました。他の人はちゃんとしっかり何をするかわかるので、安心しました。　（インタビュー）

　作業の相補性が、誰もが代替不可能なクラスの十全なメンバーであると互いに認め合うことにつながった。以上のような、作業における相互扶助もまた、関係を構築するうえで重要な要素となった。

7.5 「私たちの共同体」としてのクラス

　7.3で記述した仕事の共有、及び、7.4で記述した関係構築を前提として、学習者に授業外でも作業を行うのが当然であるという意識が共有されていった。エカは、授業外での作業に関し、次のように話している。

> （授業外で作業することは）全然迷惑とかは思いません。やらなければならないことですから。きちんとしたいですね。そういうことを。授業の外でも。
> （インタビュー）

　通常の日本語クラスにおいて、学習者は、クラスにおける活動が日常生活に侵食してくることを好まない。ところが、「10春」においては、特にクラス活動中期以降、多くの学習者が積極的に授業外でも作業を行うようになった。このような行動は、クラス活動への主体的参加、ともに仕事を行うことから芽生えるお互いへの信頼、そして、イベントの企画・実施をすべて自分たちで担おうとする意識に支えられていた。こうした意識に関し、ユニーは、次のように話している。

> イベント授業は、やってくださいとかじゃなくて、みんなでわいわい、あ、こうしようよ、こうしようよってどんどん形が作られていって。
> 　　　　　　　　　　　　　　　　　　　　　　　　（インタビュー）

　さらに、お互いへの信頼に基づく、自分たちのイベントへの主体的な関わりの継続が、クラスを自分たちの共同体として意識する一体感を生んだ。このような一体感に関し、ユントは次のように話している。

> 当日とか、リハーサルとか、全員が集まって準備する姿を印象的。私だけではなく、全員が今、このイベントのために努力している、この感じです。よかったなの感じです。
> 　　　　　　　　　　　　　　　　　　　　　　　　（インタビュー）

　以上のように、仕事を媒介とし、関係が構築されることを通して、クラスは実践共同体として立ち上がるに至った。

7.6　クラス活動変容のプロセスと学び

　「10春」は、リピーター学生による進行のもと、クラス活動が推移していった。協働意識・当事者意識が必要であるという認識をもつリピーター学生が参加したことにより、イベントを企画・実施するというクラス全体の目標達成に向けた協働意識・当事者意識は、クラス活動初期の段階で学習者に共有された。その後、学習者は、様々な話し合いにおける葛藤を抱えつつも、仕事の遂行という、より具体的・個別的目標に向け主体的に取り組んだ。仕事との関わりを通した関係構築と仕事の共有は、クラスへの帰属意識を生み、クラスが「私たちの共同体」として認識されるに至った。以上のように、「10春」のクラス活動は、学習者がクラス全体の目標に向かい、やり取りを積み重ねながら、仕事＝実践を共有・遂行するプロセスで変容し続けた。

　クラス活動変容のプロセスにおける経験を通して、学習者は、以下の七つの点を学びとして実感していた。

（1）協働
　　メンバーとの協働により、共通の目的を成功させた経験自体に学

第2部　｜　実践編

210

びを実感していた。具体的には次の通りである。a）チームワーク
が生まれた。b）お互いの努力・協力によって問題を乗り越えられ
た。

（2）コミュニケーションに関する気づき
　他者とのコミュニケーションに関する気づきを得たことを学びと
して実感していた。具体的には次の通りである。a）他者の意見を
聴く態度。b）他者を配慮した発言。c）自分の意見を理解しても
らうための努力。

（3）日本語運用能力の向上
　日本語レベルの高いメンバーと話し合うことを通して、日本語を
やり取りする経験を積み重ねたことにより、自身の日本語運用能
力の向上を実感していた。

（4）多様な考え方
　多様な背景をもち、性格も異なるメンバーから多様な考え方を得
られたことを学びとして実感していた。

（5）イベント企画の方法
　ゼロからイベントを作っていく構造や段取り等、イベント企画の
方法が学べたという実感を得ていた。

（6）将来の仕事に役立つ経験
　将来の仕事に役立つと思われるチームワークやプロジェクトを進
める手順が経験できた点を学びとして実感していた。

（7）成長
　本クラスでの経験を通して、成長できたことを学びとして実感し
ていた。具体的には、次の点を成長と捉えていた。a）自分に足り
ない点の自覚。b）メンバーとの衝突の回避。

　（1）は、7.3で示したように、チーム（役割班）による共同作業を継続
する中で実感されている。（2）は、7.4で示したように、話し合いにおい
て、相手に配慮しながら、ことばのやり取りを行う中で実感されている。
（3）（4）は、クラス活動における継続的な話し合いの中で実感されてい
る。（5）（6）は、「イベント企画プロジェクト」という経験全体から得
られた学びとして実感されている。（7）は、クラス活動を通して発生し

第6章　「イベント企画プロジェクト」の挑戦

211

ていた話し合いにおける葛藤の中で実感されている。このように、これらの学びはクラス活動変容のプロセスの中に埋め込まれており、また相互に密接に関わっていた。

7.7　クラス活動変容のプロセスと学びから得られた私たちの気づき

　以上の「10春」のクラス活動の変容と学習者の学びの実感から、私たちは、次の四つの気づきを得た。

（1）学習者は、イベント企画という具体的な仕事を共有する過程で役割意識や協働意識を実感するようになる。
（2）話し合いにおける相手への配慮と作業における相互扶助を通し、学習者間に関係が構築される。
（3）クラスが実践共同体として立ち上がるためには、学習者間に仕事を媒介とする関係が構築される必要がある。
（4）クラス活動のプロセスで常時行われる話し合いの中で学習者は様々な葛藤を経験する（同様の葛藤は、「09春」「09秋」にも見られた）。学習者は話し合いにおける葛藤を通し、様々な学びを得る。

　私たちは、メンバーが問題意識を共有し、主体的にクラス活動を進めていくことにより、クラスが実践共同体になるのではなく、イベントを企画するという具体的な行動が共有される中で問題意識が形成され、形成された問題意識が共有されることにより実践共同体が立ち上がるという、「09春」の省察により得られたプロセスを再確認した。そのうえで、クラスが実践共同体として立ち上がるためには、学習者間に仕事を媒介とする関係が構築される必要があるという新たな気づきを得た。また、「09春」の省察の結果、限られた時間でめざすことは困難であると思い至った大学コミュニティへの十全な参加に関しては、個々の学習者が大学コミュニティに参加するという形態ではなく、リピーター学生やICCのスタッフといった大学コミュニティの多様な成員がクラス活動に参加することにより、「イベント企画」というクラス自体が大学コミュニティに位置づいていくという別の形態で実現した。さらに、ともに仕事を進めていくうえで必要となる話し合いには葛藤が付きものであり、学習者

第2部　実践編

は葛藤を通じ、学びを得ているという点も再確認された。

8 | 共生のための言語活動を行う場としての 「イベント企画プロジェクト」

　以上、「イベント企画プロジェクト」構想以前の議論に始まり、実践の構想とその後の実践の推移を記述してきた。繰り返し述べたように、本実践において私たちが特に重視したのは、クラスで問題意識を共有することと、学習者が主体的に一つの活動を行うことにより、クラスを実践共同体として立ち上げていくことであった。それらのうち、クラスで問題意識を共有することに関しては、問題意識の共有に対する私たちの捉え方がどのように転換していったかという観点から、すでに5節で述べた。本節では、学習者が主体的に一つの活動を行うことにより、クラスを実践共同体として立ち上げるという点から本実践の意味を考察する。

　2節で述べたように、私たちは、共生言語研究会における議論を経て、共生のためにどのような言語活動を行うかという観点に基づき、「イベント企画プロジェクト」を構想した。実践において私たちが上述の2点を重視したのは、留学生と日本人学生が問題解決に向けた話し合いを行う場を創出することによって、学習者が大学コミュニティに参加していくことを意図したからである。しかし、問題意識をクラスで共有することは困難であり、学習者が自分たちで活動を進め、話し合いを積み重ねていくことも容易ではなかった。私たちがクラス活動をコントロールすることをせず、学習者に委ねたことによって、クラス活動はしばしば停滞した。私たちは、どうすれば話し合いがうまく進むか、どうすれば学習者がクラス活動に主体的に参加するようになるかと問い続け、改善策を模索し続けた。それは、あくまで当初目的としていた大学内の問題解決に向けた話し合いの場を設けることにより、学習者が大学コミュニティに参加していくことをめざしていたからではあるが、ある意味、その時その時で生じた問題に対処する形で私たちの実践研究は推移してきたと言える。それでもなお、学習者が自分たちでクラス活動を進めていくことに私たちはこだわり続けた。

　学習者が自分たちで活動を進めていくプロセスでは、話し合いはスムーズに進展せず、一直線にコトが運ばない状況が発生し、学習者間に対

第6章　「イベント企画プロジェクト」の挑戦

213

立や衝突を生んだ。それにより、学習者の中に葛藤・苛立ち・不満・諦めといった様々な感情が引き起こされた。学習者だけでなく、私たちにも葛藤が生じ、教室の中には、実際発せられた声も発せられなかった声も含め、様々な声が渦巻いていたと思われる。通常、日本語の教室は、授業がスムーズに進むよう教師によってコントロールされ、授業の進行にマイナスとなる要因は、可能な限り取り除かれる。一方、「イベント企画プロジェクト」のクラスは、教師がコントロールしないことにより、マイナス要因が発生し、教室では様々な声がぶつかり、すれ違い、息をひそめ、折り合い、行き先を模索した。しかし、それは、対立・衝突も含め、学習者とその場の状況との対話であり、学習者同士の対話であり、学習者と私たちとの対話であった。そうした錯綜し、重層的に展開する対話の中では、学習者自身がマイナス要因を取り除こうとしていた。

　こうした言語活動が行われた「イベント企画プロジェクト」は、実践の出発点となった「共生言語としての日本語」という観点からどのように捉えられるだろうか。実践研究を積み重ね、問題への対処を考えていく中では、「共生言語としての日本語」は次第に私たちの頭の中から遠のいていった。そこで、改めてこの出発点に立ち戻って考えてみたい。

　私たちは、「共生言語としての日本語」を共生のために行う言語活動自体であると捉え、新しい日本語教育実践を構想するにあたり、多様な文化的、社会的背景をもつ者が共生のための言語活動を行うコミュニティを作っていくことをめざした。その時点では、クラスだけではなく、大学コミュニティ、より具体的には、留学生と日本人学生が話し合う場を、共生のための言語活動を行うコミュニティとして想定していた。しかし、次第に、今まさに目の前で学習者が話し合いを行っている具体的なクラスを、どのような言語活動を行う場にしていくかということが私たちの大きな関心事となった。省察から明らかになったことは、クラスを実践共同体として立ち上げていくプロセスは、当事者意識と協働意識の共有により、学習者がクラス活動へ主体的に参加するプロセスであったということである。そして、クラスを実践共同体として立ち上げていくプロセスにおいては、具体的な行動＝仕事を共有し、関係を構築していくことが不可欠な要素となっていた。さらに、一連のプロセスにおいて、学習者は、教室に集まる多様な考え方・背景をもつ他者の声に耳を

傾け、他者に配慮しつつ自分の意見を伝える努力をするといったコミュニケーションに関わる学びを実感していた。こうした学びは、まさに共生のための言語活動が教室において行われていたことを示している。つまり、共生のための言語活動は、学習者が自分たちでクラス活動を進めていくことによって様々な声が渦巻く中、対立や衝突を経験しながら当事者意識・協働意識を共有し、主体的にクラス活動に参加していくプロセス、すなわち、クラスを実践共同体として立ち上げていくプロセスに埋め込まれていたのである。

　しかし、「イベント企画プロジェクト」が必ずしもすべての学習者にとって学びを実感できる場であったというわけではない。クラスにおいて、声を発することができず、クラス活動に十全に参加できないまま終わった学習者もいた。他の学習者と関係を構築できないまま、学期終了を迎えた学習者もいた。また、「09秋」には、クラスが一つにまとまるには至らなかった。

　すべてを学習者に委ねることによって生じる様々な問題については、既に述べた通りである。私たちは、問題に直面するたびに、介入するか否かで迷い、葛藤した。また、話し合いが「うまくいく」ようにするための方策を考えては、それは学習者の主体的な活動を阻害することにつながるのではないか、「うまくいく」ことがこの実践において大切なことだろうかと、常に自問自答していた。学習者の振り返りやインタビューにおける発言により、「うまくいく」ことでは得られない学びがあるという思いを強くする一方で、「うまくいかない」ことが学びを阻害しているということもあるのではないかとの懸念も抱いた。また、教師としてやるべきことがあるのではないかという思いもつきまとった。すべてを学習者に委ねるのか、あるいは、ある程度「うまくいく」ようにするための何らかの方策を講じるのか。私たちは問いの間を何度も行きつ戻りつしながら進んできた。

　その中で、私たちの想定を超えた学習者の学びは、実践を継続していくうえで大きな支えとなった。学習者の多様な学びは、活動を通してこれができるようになる、このような能力がつく、こういった学びが得られる、ということを教師があらかじめ設定することはできないことを示している。「イベント企画プロジェクト」においては、先に到達目標とし

て設定された学びがあったのではなく、まず具体的な活動があり、活動のプロセスにおいて多様な学びが生起し、あるいは活動の推移とともに学びが変化していた。つまり、共生のための言語活動においては、そのプロセスで何が起こり、結果として何が残されるかは想定し得ない。そうした言語活動の場において、教師は自らに問いつつ、目の前で生起する様々な出来事と、そのプロセスに埋め込まれた学びに寄り添っていくしかない。しかし、私たちには、その先に何かよりよいものが生み出されるという希望が常にあった。共生のための言語活動をめぐる私たちの実践は、この希望のもとに紡がれる営みであったのである。

注　[1]　以下、「私たち」とは、古賀、古屋、三代の3名を指す。
　　[2]　「イベント企画プロジェクト」は、2014年度で6年目（11学期目）に入る。私たちが全員で「イベント企画プロジェクト」に携わったのは、2009年度から2011年度までの3年間（6学期）である。2012年度以降は、それぞれの就労状況の変化にともない、私たち以外の教師が授業担当者となっている。なお、古賀は、2012年度以降も、TAとして授業に参加している。
　　[3]　共生言語研究会は、メンバーに変動があったものの、2014年現在も活動を続けている。
　　[4]　「テーマ科目」とは、特定の教材や技能に捉われない多様な内容や形式をもつ日本語科目の総称である。授業デザイン・シラバス・運営・評価は、すべて担当教員に委ねられている。日本語センターで日本語科目を履修する学習者は、自らの興味・関心に応じ、自由に「テーマ科目」を選択することができる。
　　[5]　2009年度の科目名は、討論会を企画・実施することを意図していたことから、「討論会プロジェクト」であった。しかし、詳細は後述するが、「討論会」という言葉からディベートをイメージし、クラス活動の内容がなかなか理解できない学生が多かったことから、2010年度春学期から、科目名を「イベント企画プロジェクト」に変更した。本章では、3学期にわたる実践を総称する場合、より実践内容に即した名称である「イベント企画プロジェクト」を使用する。
　　[6]　注5で述べたように、2009年度春学期、秋学期の科目名は、「討論会プロジェクト」であった。
　　[7]　2009年度春学期には、1節で述べた共生言語研究会のメンバーのう

第2部　実践編

ち、本章の執筆者である古賀、古屋、三代の3名が実践研究のプロセスに携わった。古賀は、授業担当者として、三代はTAとして教室活動に参加し、古屋は、教室活動には参加せず、毎週行われるミーティングに参加することになった。

[8] データ使用にあたっては、使用目的を説明のうえ、データ使用許可を取った。振り返りシートは、許可が得られた11名分、インタビューデータは、5名分を使用した。

[9] 日本語センターでは、日本語クラスに参加する日本人ボランティアを組織的に募集している。ボランティアを必要とする教師は、学内システムを使ってボランティアを募集する。ボランティアに応募した日本人学生は、学内システムによって、参加可能な曜日・時限の日本語クラスに無作為に割り振られる。

[10] 第15週に書いてもらった振り返りシートの設問は、次のとおりである（すべて自由記述）。1.自分にとってよかった点は何ですか。2.自分にとってよくなかったと思う点は何ですか。3.「国際交流パーティ」の企画・参加を通して、「国際交流」について考えたことを書いてください。4.その他感想や考えたことがあれば書いてください。

[11] データ使用にあたっては、使用目的を説明のうえ、データ使用許可を取った。振り返りシートについては、許可が得られた22名分、インタビューデータについては、11名分を使用した。

[12] この学習者は、「09春」の振り返りの際、ボランティアとして参加したいと話していた学習者である。個人的な理由により休むことが多く、「09秋」には十分な参加はできなかった。しかし、2010年度春学期に再び履修し、イベントの司会を務めるなど、大きな役割を担った。

[13] 振り返りシートの設問は、次のとおりである（すべて自由記述）。
1.自分が担当した仕事について
　①よかった点、心がけた点は何ですか。
　②もっとこうすればよかったと思う点は何ですか。
2.1月16日のイベントについて
　①自分にとってよかった点は何ですか。
　②自分自身について、もっとこうすればよかったと思う点は何ですか。
3.今学期の活動全体について
　①自分にとってよかった点は何ですか。
　②自分自身について、もっとこうすればよかったと思う点は何ですか。
4.イベントの企画・参加を通して、「交流」について考えたことを書いてください。

5.その他今学期の活動全体に関し、感想や考えたことがあれば書いてください。

[14] 「09秋」にも「09春」の履修者が2名参加していたが、特に強い思いがあって再度履修したわけではなかったようである。そのため、活動において大きく目立った動きはなかった。

[15] 省察結果をまとめ、2010年5月、日本語教育学会春季大会において、「クラス活動への主体的参加とは何か─「イベント企画プロジェクト」を対象とした探索的事例研究─」という題目でポスター発表を行った。また、「10春」と並行しながら、発表をもとに論文の執筆を進め、同年12月に「クラス活動への主体的参加とは何か─「イベント企画プロジェクト」を対象としたアクションリサーチ─」としてまとめた。

[16] 本章では、学習者が「イベント企画プロジェクト」における経験によって得られたと実感していること、よかったこととして肯定的に評価していることを学びと捉える。

[17] 詳細は、古賀ほか（2010）を参照。

[18] データ使用にあたっては、使用目的を説明のうえ、データ使用許可を取った。インタビューデータに関しては、18名分を使用した。

[19] 国際コミュニティセンター（略称ICC）とは、大学のキャンパスにおける異文化交流を目的とする学内機関である。

[20] 私たちのクラス活動への関わりの変容に関する詳細は、古屋ほか（2012）を参照。

[21] 省察結果をまとめ、2011年5月、日本語教育学会春季大会において、「日本語のクラスはいかにして実践共同体となるか─「イベント企画プロジェクト」を対象とする3学期にわたるアクションリサーチ─」という題目で口頭発表を行った。

[22] データ使用にあたっては、使用目的を説明のうえ、データ使用の許可を取った。インタビューデータについては、12名分を使用した。

[23] 学習者名は、すべて仮名である。

参考文献

岡崎眸（2002）「内容重視の日本語教育」細川英雄（編）『ことばと文化を結ぶ日本語教育』pp.49–66. 凡人社

ガーゲン，K. J.（2004）『あなたへの社会構成主義』（東村知子訳）ナカニシヤ出版（Gergen, K. J. (1999) *An Invitation to Social Construction*. London, Thousand Oaks, and New Delhi: Sage.）

グリッサン，E.（2000）『〈関係〉の詩学』（管啓次郎訳）インスクリプト（Glissant, E. (1990) *Poétique de la Relation*. Paris: Gallimard.）

古賀和恵・三代純平・古屋憲章（2010）「クラス活動への「主体的参加」

とは何か─「イベント企画プロジェクト」を対象としたアクションリサーチ」『言語文化教育研究』9, pp.91–114. 早稲田大学日本語教育研究センター言語文化教育研究会

牲川波都季（2006）「「共生言語としての日本語」という構想─地域の日本語支援をささえる戦略的使用のために」植田晃次・山下仁（編）『「共生」の内実─批判的社会言語学からの問いかけ』pp.107–125. 三元社

バトラー, J.P.（1999）『ジェンダー・トラブル─フェミニズムとアイデンティティの攪乱』（竹村和子訳）青土社（Butler, J. P. (1990) *Gender Trouble: Feminism and the Subversion of Identity*. NY & London: Routledge.）

フーコー, M.（1977）『監獄の誕生─監視と処罰』（田村俶訳）新潮社（Foucault, M. (1975) *Surveiller et Punir: Naissance de la prison*. Paris: Gallimard.）

古屋憲章・古賀和恵・三代純平（2012）「クラス担当者の実践観、教室観、教師観はどのように変容したか─5学期にわたる「イベント企画プロジェクト」のリフレクションから」『早稲田日本語教育実践研究』刊行記念号, pp.85–105. 早稲田大学日本語教育研究センター

ベルナベ, J.・コンフィアン, R.・シャモワゾー, P.（1997）『クレオール礼賛』（恒川邦夫訳）平凡社（Bernabé, J., Confiant, R., & Chamoiseau, P. (1989) *Éloge de la créolité*. Paris: Gallimard.）

細川英雄（2006）「日本語教育クレオール試論」『早稲田大学日本語教育研究』9, pp.1–8. 早稲田大学大学院日本語教育研究科

三代純平・鄭京姫（2006）「「正しい日本語」を教えることの問題と「共生言語としての日本語」への展望」『言語文化教育研究』5, pp.80–93. 早稲田大学大学院日本語教育研究科言語文化教育研究室

レイヴ, J.・ウェンガー, E.（1993）『状況に埋め込まれた学習─正統的周辺参加』（佐伯胖訳）産業図書（Lave, J. & Wenger, E. (1991) *Situated learning:Legitimate peripheral participation*. Cambridge: Cambridge University Press.）

| 第7章 | 日本語学校における
カリキュラム更新
大学院進学クラスの
継続的な実践がもたらしたもの |

佐藤正則

【キーワード】
大学院進学クラス、カリキュラム開発と更新、活動システム、
協働、同僚性

1 はじめに

　本章では2006年度から2009年度まで、私が日本語学校で携わった大学院進学クラスの実践について、カリキュラムの開発と更新という視点から記述し、省察を加える。

　2000年代初頭、日本語学校の進学コースで教え始めた頃、与えられたシラバスを実際の授業でどのように教えていくかということが、日本語教師としての私にとっての重要課題だった。そのために教案の書き方、教材の作り方、導入やドリル、タスクの方法など、マニュアルとしての授業技術の向上をめざしていた。だが、初級から上級までの授業を一通り経験した頃から、私の中では日々繰り返される授業への疑問が生じ始めていた。たとえば初級のシラバスを何度も繰り返して授業をしているとき、日本語能力試験の文型がぎっしり盛り込まれた中級テキストを扱っているとき、この授業の意味は何だろうかと考えるようになった。何のためにこの教室はあるのだろうか、いま・ここで学習者が学ぶことの意味、そして私が実践することの意味は何か、自分自身に問うようになっていった。

　2006年度から、その日本語学校では大学院進学希望者の増加を受け

221

て、大学院進学クラスを新設することになり、私はカリキュラム開発から実践までを担当することになった。この新しいクラスで私は、進学コースの既存のカリキュラムをいったん括弧に入れ、別の視点からカリキュラムを作り上げていこうと考えた（詳細は本章3.1）。その際カリキュラム構築の基本姿勢としたのが、学習者が主体的協働的に学び合うための「言語学習環境の組織化と支援」（細川2002: 300）という考え方だった。大学院でよりよい研究活動を行っていくためには自律的な学び、他者との対話、協働的な学びが不可欠だ。そのためには教師が教えるのではなく、学習者同士が協働で学び合うことができるような言語学習環境をデザインし、実践していくことが必要だと考えた。教師が教えることから学習者が学び合うことへ、そのための言語学習環境を作ること、そのように考えていくことで、私が日本語教育を実践していくことの意味も見えてきたような気がした。

　2006年度以降、私は担当者の一人として大学院進学クラスのカリキュラムを振り返り更新していくことになった（私の担当は2009年度まで）。実践の過程で様々な問題や矛盾が現れた。そのような問題や矛盾を、私は同僚の教師らと共に話し合い、省察し、よりよくしていこうと試みた。本章では、大学院進学クラスにおける4年間の実践を振り返り、カリキュラムをなぜ、どのように更新していったのか、そこにはどのような意味があったのか、という観点から考察する。そして日本語学校において実践研究を行う意義を同僚性の視点から述べる。

2 ｜ カリキュラムの更新と活動

2.1　カリキュラムの意味を捉え直す

　カリキュラムとは何だろうか。カリキュラムを開発し更新するとはどのようなことをいうのか。実践の記述に入る前に本節では、カリキュラムの概念、カリキュラムと実践研究の関係を考察する。カリキュラムの概念は、学習指導要領から教師の指導計画（教えられる内容）、学習者の学ばれる内容としての「学校における学習経験の総体」（佐藤恵美子2005）、さらには本来の意味である「クレレ（自分が歩んできたコース）」（安彦1999: 32）としての個人史まで多様である。

第2部 ｜ 実践編

だが、日本語教育の領域では1980年代以降、学習者の多様化を背景に、コース・デザインの方法が確立され、カリキュラムの意味が固定化されることになった。コース・デザインでは、学習者のニーズを授業設計の出発点とする。学習者のニーズ分析、レディネス分析を基にシラバス・デザイン（何を教えるか）、カリキュラム・デザイン（どう教えるか）を行い、教育を実施、その後のコンサルティング、追跡調査までをコース・デザインとしたのである（田中1988, 日本語教育学会編1991）。その結果、コース・デザインにおけるカリキュラムは固定され、教授法、教材、時間配分などの計画のみを意味することになる。

ところで、日本語学校には学校教育のような学習指導要領はない。したがって、教育を決定するのは各教育機関であり、各教育機関はどのような人材を育成するのかという理念に基づいて教育を実施することができる。にもかかわらず、多くの日本語学校の進学コースでは、一律の日本語教育が行われてきた。その根底にあるのが上記のようなコース・デザインに基づく日本語教育なのではないだろうか。なぜならコース・デザインは学習者側の実際的なニーズのみ（たとえば大学合格）を根拠とし、マニュアルに従ってコースをデザインすることが可能だからである。1980年代、コース・デザインを確立させていく過程で、日本語学校は技術としての固定したカリキュラムを選択してきたのである。

日本語教育の文脈において、このような固定したカリキュラム観を批判的に捉え直しているのが中国帰国者定着促進センター（1995）である。この論文の中で筆者らは、コース・デザインは「中立」の価値観を志向するため「日本語教育自らの基盤を点検し自らを成り立たせている理念」や教育の「哲学を磨き発展させてゆく機構」が備わっておらず、「学習者自身や受け入れ側の卑近な、実際的なニーズのみ」が教育目的・目標設定の「根拠となっている点に大きな限界」があると指摘している（p.9）。そして同論文ではコース・デザインの代わりに「カリキュラム開発」（curriculum development）の概念を導入する。中国帰国者に対する日本語教育では、帰国者すべてが初めから実際的なニーズをもっているわけではない。したがって、「どのような人材を育成するのかという理念に基づいて教授者側が主体となって目的・目標を定めることが必要」（p.8）である。そこで「学校全体の学習者の学習経験の総体」という広義のカ

リキュラム観に立ち、カリキュラム開発を「教育の計画と実施、構成と展開との密接な相互作用を通じて、カリキュラムを構成する各要素（目標、内容、方法、評価）の関係が互いにフィードバック、フィードフォワードしながら一つの有機的関連をもつまとまりとして開発され、最終的に教育活動の計画と実施が一体化してゆく」（p.9）こととし、開発されるものは実施や教育環境の改善なども含む「教育の全体にわたることになる」（p.9）とした（以上中国帰国者定着促進センター 1995）。

　教育学の分野で佐藤学（1996a）は、カリキュラム開発を創意的な営みにするには、「教師を主体とする開発モデル」（p.32）が重要であると述べる。そして「教師を主体」とするカリキュラム開発の形を「実践・批評・開発モデル」（p.33）とした。そこではカリキュラムと授業は「相互媒介的であり、力動的な関係」（p.35）として捉えられ、教師は「実践者であると同時に研究者であり、開発者」（p.35）であるとされる。カリキュラムを開発、更新していくためにも、教師は実践研究者であることが求められているのである。

　本章では、カリキュラムを学習経験の総体として捉え直し、カリキュラム・デザイン（開発）を教師主体の実践として位置づけたい。そのうえで、4年にわたるカリキュラムの更新をデザイン・実践・省察・改善の営みとして記述していく。

2.2　カリキュラムと活動システム

　カリキュラムを更新していくプロセスを記述、分析していく概念的道具としてエンゲストローム（1999）の活動システムを用いる（図1）。活動システムは「対象」「主体」「道具（媒介する人工物）」「コミュニティ」「ルール」「分業」の6つの構成要素で構成されている。「対象」は活動の目的・動機であり、その成果でもある。「主体」と「対象」を「道具（媒介する人工物）」が媒介する。さらに、活動システムは協働のシステムでもある。「主体」と「コミュニティ」は「ルール」を媒介として結びつき、「コミュニティ」と「対象」は「分業」を媒介として結びつく。これらの要素が活動の中でどのように構成されているかを捉えることによって、「人間の集団的活動が生成され構築されるプロセスに対して、そのプロセスに関与する本質的な諸要素をモデルにもとづいて捉え、それらのあ

第2部　実践編

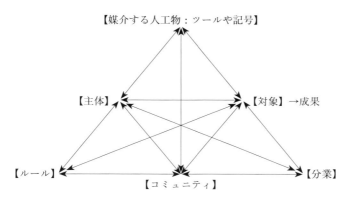

図1 活動システムのモデル（エンゲストローム1999）

いだの諸関係を分析でき」、また、「問題状況を見いだし、それを活動の全体的・システム的な「矛盾」として描き出すことができる」（山住2004: 86–87）。つまり分析と変革のツールである。

　この活動システムを変革させていくものが「拡張的学習」（エンゲストローム2008）である。「拡張的学習は最初、ある集合的活動に参加する諸個人が、自らが日常的に経験している既存の実践、すなわち文化的であり歴史的であるような所与の実践に対して、疑問を投げかけていくこと(questioning)から始まる」（山住2008: 30–31）。まず、「疑問」（第1の矛盾）はコミュニティや個人により「ダブルバインド」（第2の矛盾）として意味づけられ分析され、「新しい解決策」が「モデル化」される。そして「新しいモデルを検証」し、「新しいモデルを実行」する。するとコミュニティに「抵抗」（第3の矛盾）が現れるが、プロセスの反省により隣接するものの再編成が起こり「新しい実践を結合・強化」する。その結果、第1のサイクルが第2のサイクルにつながっていくのである。このように螺旋的な進行のサイクルが活動システムの拡張とされる（図2）。本章ではカリキュラム開発とその更新を拡張的学習として捉え、活動システムのモデルを使って記述していく。すなわちカリキュラムを実施することによってどのような矛盾（問いや疑問）が活動の各要素内または要素間に生じ、どのように解決することによってその実践がカリキュラムの更新につな

7. 新しい実践を統合・強化する

第1の矛盾
欲求状態
1. 疑問

第4の矛盾
隣接するものとの再編成
6. プロセスを反省する

第2の矛盾
ダブルバインド
2A. 歴史的分析
2B. 実際の経験の分析

第3の矛盾
抵抗
5. 新しいモデルを実行する

4. 新しいモデルを検証する

3. 新しい解決策をモデル化する

図2　拡張的学習（エンゲストローム2008）

がっていったのかを記述する。記述を通して、カリキュラム更新の意味について考察する。

　第3節以降の構成は次の通りである。まず、大学院進学クラスの概要を述べる（3節）。次に2006年度から2009年度までの4年間の実践を、拡張的学習のサイクルを参考に活動モデルで記述し（4節）、カリキュラムの更新と教師の協働について考察する（5節）。最終節で実践研究の意義について同僚性という点から述べる。

3 | 大学院進学クラスの概要

3.1 大学院進学クラスを開設した経緯

　ここでは、大学院進学クラスを開設した経緯を記述する。日本語学校の進学コースの大きな特色として予備教育を挙げることができる。日本に留学する私費留学生の多くは日本語学校で日本語を学び、その7割近くが大学等の高等教育機関に進学していく。したがって、日本語学校の日本語教育は進学のための日本語教育、すなわち予備教育の側面をもたざるを得ない。西原（2007）は「1980年後半からの進学予備教育の発展は、日本語学校での基礎日本語教育の流れを方向づけた」一方で、「受験教育はしばしばコミュニケーション能力の育成を阻んだ」と述べる。大学の入学査定に日本語能力試験1級が使われ「日本語学校の教育は構造シラバスによる知識重視型に寄る傾向」（以上西原2007: 22）があったためである。このように、日本語学校における進学予備教育の発展とコース・デザインの確立はほぼ同時期だということができる。日本語学校の予備教育はコース・デザインという方法に基づいて体系化されたのである。嶋田（2005）が述べているように、2002年の日本留学試験を契機に日本語学校の予備教育は「課題達成能力の育成」（p.45）をめざすようになる。だが、多くの日本語学校は日本留学試験のそもそもの理念である課題達成能力の育成をめざして授業を行うのではなく、日本留学試験の対策授業を行うようになっていった。日本留学試験の点数が進学先を左右するようになったのである。「日本語能力試験への対応を余議なくされてきた」（p.45）ことと同じ事態がここでも起きていくのである。

　私が勤務していた日本語学校が、進学コースに大学院進学クラスを開設した発想の根底にも予備教育があった。2005年前後、自国で大学を卒業した後、日本の大学院で研究をするために日本語学校に入学するという私費留学生が多くなってきていた。このような状況を受け、合格者を増やすために2006年度から大学院進学クラスが開設されることになった。私はこのクラスのカリキュラム開発及び担任として関わることになった。その際、予備教育に対する以下のような問題意識が、本カリキュラム開発の出発点となった。

従来のコース・デザインの観点で大学院進学クラスをデザインしよう
とするならば、コースの目標は、学習者のニーズから、大学院合格のた
めの日本語力ということになるだろう。合格のためには、専門性のある
研究計画書を書き、面接でその内容について述べられること、また専門
試験対策としての小論文対策も欠かせない。さらに、合格後のことを考
えれば、小論文だけではなくレポート、ゼミ対策のための口頭表現力、文
献調査の方法などが考えられる。実際、授業科目の名称はこのような観
点で決めていった。しかし、予備教育的観点のみで作られた授業の行き
着く先は「現実社会の準備空間として機能する準備主義」（細川2007: 81）
の発想に覆われた教室なのではないか。このような発想の教室では仮想
現実的な練習が教師主導で行われ、学習者は自分の考えていること、言
いたいことが言えなくなっていく。学習者のことばを奪っていくのだ。
　私は新しいクラスを準備主義の教室にはしたくなかった。だからこそ
学習者が主体的協働的に学び合うための「言語学習環境の組織化と支援」
（細川2002: 300）が必要だと考えた。学習者同士が協働で学び合うことがで
きるような言語学習環境をデザインできれば、たとえ予備教育の場であ
っても、一人ひとりが主体的に自分自身のテーマ・価値観を構築していく
ことができるのではないか。教室の参加者が複数の価値観をもち、それ
らを排除し合うことなく、それぞれの仕方でそれぞれの問題やテーマに
関心をもちながら言説の場を生成させていく（佐藤正則2008）。そのような
学びの関係性を構築することによって、予備教育としての教室が、学習者
にとっても私にとっても、かけがえのない大切な場所として意味づけら
れる可能性も出てくるのではないかと考えたのである。
　以上が大学院進学クラスにおける私の出発点である。

3.2　大学院進学クラスの概要
以下は、大学院進学クラスの概要である。

目標　　　：大学院受験や進学に必要な日本語力をつける。
　　　　　　自分にとって進学や研究はどんな意義があるかを考える。
　　　　　　学びの過程で自分や他者、社会について深く考える。
実施期間：2006年度―10月開講～翌3月修了、全6カ月間

第2部｜実践編

2007年度～―7月開講～翌3月修了、全9ヵ月間

学習者　：2006年度―8名、2007年度―9名（10月から15名）
　　　　　2008年度―19名、2009年度―15名×2クラス

学習者レベル：N1合格レベル（あくまでも目安として設定している。それほ
　　　　　どの日本語力がなくても研究の意志がしっかりしている場合は
　　　　　編入させていた）

　※クラスの構成は、中国、台湾、韓国等、東アジアの学生が多かっ
　　た。特に中国の学生は大学で日本語を専攻したものが多く、こと
　　ばにはあまり困らなかった。しかし学生の多くは大学院の専攻と
　　して、経済や経営、環境、福祉、社会学等、大学では学べなかっ
　　た専門領域を希望した。そのため専門知識が不足している学生が
　　多かった。芸術関係や教育、理系の学生も毎年いた。

授業時間数：1日3時間×5日／週

担当教師：1クラスにつき3～4名（普通は専任教師1名、その他非常勤教師
　　　　　で構成される）

　※本クラスは2010年度以降も継続しているが、ここでは私が直接
　　関わった年（2009年度）までとする。

　※2007年度以降、大学院進学クラスは日本語学校の二つの校舎で
　　開講実施された。

以下は3ヵ月毎の科目立てである。

表1　各期の科目

7月期（7月～9月）	10月期（10月～12月）	1月期（1月～3月）
・研究計画デザイン	**・研究計画の完成と検討**	**・研究計画を深める**
・情報リテラシー	・面接試験対策	・入学後の研究方法や研究
・文章表現の基礎	・小論文対策	発表の実践的な指導
・文献の読み方	・論文読解	・レポート作成
・待遇表現基礎	・待遇表現を用いた会話	・文献報告

　カリキュラムの中心に位置付けられるのが研究計画間連の授業である
（表1の太字）。7月期の「研究計画デザイン」、10月期の「研究計画の完成
と検討」の授業は、細川（2002, 2004）の総合活動型日本語教育の枠組み

を参考に授業をデザインしたものである（1月期の「研究計画を深める」は研究計画を口頭発表でプレゼンテーションする）。研究計画書を書き上げる行為をクラスでの活動とし、クラスのメンバー間で質問や意見を述べ合いながら研究計画を協働で作り上げていく。目標は「自分の専門分野における研究計画書を、他者に伝わること・個としての考えが表現されていることをめざして完成させる」ことである。専門用語をただ並べるだけでは他者には伝わらない。専門的な事柄を他者にわかりやすく説明できることが大切である。また、研究計画を書くことは出願書類のためだけではなく、自分の今の立ち位置を確認し、自分が何をしたいのか、どのように生きていきたいのか考えることでもある。さらに本実践は作文、読解、口頭表現、聴解の技能を総合した授業であり、4技能の統合を可能にする。

　教室活動は、以下のように行った。

- クラスメンバー（クラスに関わる全教師・学習者）のメーリングリストを作成し、書いたもの、書き直したものを載せていく。
- 教室活動では学習者が提出した研究計画書をクラス全員、またはグループで読み合い、検討していく。検討を受けた学生は書き直してメーリングリストに再提出する。提出、クラス検討、再提出を繰り返しながら、研究計画書を完成させる。
- 研究テーマ発見、研究動機文作成には特に時間をかけ、クラス内の対話を通し、研究に対する自身の価値観が構築できるようにする。

3.3　記述の方法

　大学院進学クラスでは研究計画に関する授業をカリキュラムの中心と位置づけた。そこで4節からは「研究計画デザイン」を中心に、各年度の実践とカリキュラム更新を記述していく。カリキュラムの更新を拡張的学習として捉え、記述の枠組みを次のようにする。

①どのような実践をしたか
②その過程または振り返りからどのような矛盾や問題点が生じたか
③どのように改善し、実践したか

このような視点で各年度の実践を記述し、その記述を活動システムのモデルを使って再構成することによって、4年間の実践の意味について考察を加える。

　資料には、大学院進学クラスのカリキュラムの実践と更新を重ねる過程で記述、公開してきた数本の実践報告[1]を参照する。これらの記述を結び合わせ、解釈し直すことによって、4年間の実践のプロセス全体を考察することができると考えたからである。

4 ｜ 4年間の実践の経緯

4.1　2006年度の実践と振り返り
4.1では2006年度の実践と振り返り、その活動モデルを記述する。

4.1.1　学習者間の興味関心の維持と研究計画完成の難しさ
　2006年度、大学院進学クラスが開講した。メンバーは8人、韓国、台湾、中国からの学習者がいた。専攻は経営、日本語教育、教育等であった。2006年度は10月期開講のため、2期6カ月間でコースを修了させる必要があった。だが10月期から入学した学習者は、研究テーマがはっきりしない者がほとんどだったので、「研究計画デザイン」の授業時間を増やし、研究テーマ決定、研究動機文作成、研究課題検討を次々に進めていった。授業の進め方は、クラスメンバーが各自の書いた作品（まずは研究動機文）を読み合い、議論をしながら研究計画書を書き上げていくというものである（1月期は、研究計画は完成していることを前提に、授業としては開講していない）。

　開講当時の授業では、授業スタイルの新しさ、クラスの緊張感などから、教室活動は活発に進んだ。当時、私は授業記録の一部に「方法・考え方はみな共有したようだ」（10月13日の所見の一部）とか、「この授業では学生たちから「なぜ〜か」という質問が多くなる。「なぜ」という問いがどんどん出るような教室であってほしい」（10月20日の所見の一部）と書いている。議論が活発になりすぎて収拾がつかなくなることもあった。

　ところが開講から1カ月半後には私の授業記録に次のような所見が見られるようになる。「以前ほどの元気さが見られなくなってきた」「何度

もこの活動の意義を説明しており、みんなも了解しているのだが、どう
やってコメントしていいのか難しい状態」「そうなると教師・学生間のや
り取りになってしまい、どうしても修正という意識が出てきてしまう」
（11月17日）。このように、初めの1ヵ月は学習者相互のやり取りも盛ん
で教室活動は上手く進行しているように見えたが、11月に入ると学習者
の間で進行状況に差が生じてきた。完成に近づきつつある学習者もいれ
ば、研究動機で止まったままの学習者もいた。学習者間のやり取りは減
り、教師—学習者のやり取りが増えていった。当時、私はこの状況の中
にいたにもかかわらず、どうしてよいかわからず、思い悩んでいたこと
を覚えている。書けない学習者には「とにかく書いてきて」というしか
方法が思いつかなかった。

　このように、2ヵ月間でクラスに対する学習者の取り組み方は大きく変
わってしまうことになった。12月、10月期の評価会の際、学習者に授業全
体の感想を自由に語ってもらった。以下はそのときの学習者の声である。

・（この授業は）知らないことを、無理やり読むことじゃないかと思い
　ます。……ですから興味もない日本語で文章を読むことじゃない
　かと思います。　　　　　　　　　　　　　　　　　　　　　（Aさん）
・私もそう思います。あまり興味のないこと読んでも意義がないと
　思います。　　　　　　　　　　　　　　　　　　　　　　　（Bさん）
・10月いっぱいぐらいは研究について考えることができたんですけ
　ど、その後だんだん計画書ができあがって、途中からは自分のこ
　と以外は受け入れられなかった。　　　　　　　　　　　　　（Cさん）
・研究計画書は私にとっていい授業でした。それぞれみんな分野が
　違うけど、自分のこと以外知ることができる、いいことと思いま
　すけど、研究計画書という授業はとても長いです。だから最後は
　みんなの動機ずっと繰り返しで、これちょっと興味もだんだん、
　それぞれ専門が違うので、最初は面白かったですけど、だんだん
　みんな試験もあるし、専門もあるし、だんだんみんな興味がなく
　なってしまいます。　　　　　　　　　　　　　　　　　　　（Dさん）

　本実践ではクラスメンバー一人ひとりが、相互の研究計画を読み合い

共有し、アドバイスや意見を述べ合うことによって、個人の中に他者の視点や考え方が生まれ、研究計画がよりよいものになっていくことをめざした。だが評価会における話し合いで学習者から示されたことは、教師が学習者にアドバイスや意見を述べ合おうと促すだけでは、他者のテーマや研究計画を共有することは難しいということである。もちろん、共有や対話が最初からなかったわけではない。Dさんのように、「それぞれみんな分野が違うけど、自分のこと以外知ることができると思う」と考える学習者もいたことは確かだ。だが結局は「試験もあるし」「専門（の学習）もあるし」「だんだんみんな興味」をなくしていった。

彼／彼女らの不満の声を直接聴くのはやはり辛かったが、当時私は、どのような声が上がっても（上がることは予想できた）、このクラスが継続するかぎり、研究計画を協働で書くという活動を続けようと考えていた。効率性ということを考えれば、添削のような形で研究計画書の書き方を教える方が早かっただろう。だが効率性を重視することは、私にとって本実践の理念そのものを否定することでもあった。テーマをめぐって他者と協働すること、対話すること自体が非常に重要なことなのだ。自分の研究テーマや研究動機を他者に開示し、他者と共有することによって、これから出会う研究を内省し、よりよい研究計画につなげることが可能になる。もちろん、このままでいいとも思わなかった。どうすれば学習者相互がお互いのテーマに持続的に関心をもち、テーマを共有し、問いを発していくことができるのだろうか。それが2006年度の実践で得た私の課題だった。

4.1.2　別校舎の同僚と 2006 年度の実践について話し合う

2006年度の実践の結果を受けて、翌年度から私が所属する校舎以外（その日本語学校には進学コースがある校舎が二つあった）でも大学院進学クラスを開講することになった。そこで、別校舎の大学院進学クラスのカリキュラム担当者（同僚A）と今後の大学院進学クラスの在り方について話し合った。私は同僚Aにカリキュラムの説明、2006年度の報告を行った。別校舎でも同じ理念と方法で授業を進めていくことになった。そのため、私たちは2006年度の「どうすれば学習者相互がお互いのテーマに持続的に関心をもち、問いを発していくことができるのか」という問い

をどのように実現していけるかを話し合った。話し合いの中から二つの問題点が出された。一つは専門性やテーマの異なり、二つ目は日本語力の差である。専門やテーマが異なる学習者たちが互いにどうやって理解していけるだろうか、学習者間の日本語力の差にどのように対応していけばいいのだろうか。

その結果出てきたことは「研究動機についての話し合いに時間をかける」ことと、「教師の支援の工夫」だった。志望分野が一人ひとり異なっても、それぞれのテーマや研究動機は（専門性がなくても）共有できるはずである。そのためには段階的に、ゆっくりと共有していくことが必要なのではないか。また、日本語力の差も同様で、日本語力が高い学習者が低い学習者を支援する。低い学習者は自己の専門性を生かし、日本語以外の面では日本語力が高い学習者を支援することも可能だろう。問題はそのような関係性を教室の中に構築できるかということだ。そこで、2007年度は研究動機を段階的に共有するための時間を確保し、テーマと研究動機を語り合うツールとして冊子（活動の指針・タスク教材）を作成することにした。

4.1.3　2006年度の活動モデル

では、2006年度の実践を活動モデルで表すとどのようになるだろうか。学習者の様子や発言から、「研究計画デザイン」の活動に対し、学習者間で興味関心が共有できず、次第に意義を見出せなくなっていく過程が見えた。その理由として、研究計画を書くための方法の提示不足（たとえば書き方・情報の調べ方等）、じっくり考えるための時間の少なさなどが考えられた。ここから【媒介する人工物】の不備が挙げられる。【媒介する人工物】に問題点が生じた結果、教室の【コミュニティ】の興味関心が続かないこと、「研究計画書を協働で書いていこう」という【対象】を実現させるための【ルール】が学習者と共有されていないこと、学習者がこのような実践の【分業】（他者の研究計画に意見や助言を述べる）の意義が感じられず分業が続かないこと等、各要素に問題点が生じた（図3）。

これらのことが複合的に影響し合って、2006年度10月期後半のクラス状況につながっていった。以上のことから2006年度は「カリキュラムが実践によって試され、新しいカリキュラムの矛盾や問題点が顕在化

第2部　実践編

した年度」ということができるだろう。

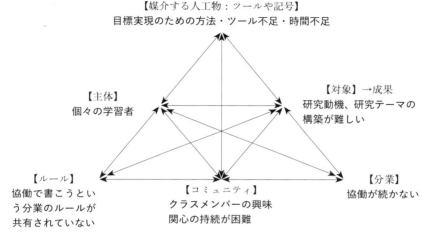

図3　2006年度の活動

4.2　2007年度の実践と振り返り

4.2では2006年度の振り返りを受けた改善点、2007年度の実践と振り返り、活動モデルを記述する。

4.2.1　2006年度の改善　同僚と問題を共有し改善する

同僚Aとの話し合いの結果、2007年度の実践を以下のように変えた。

1. 研究テーマ、研究動機の話し合いに時間をかける
2. 研究計画書完成までの冊子作成
3. 評価方法の改善

まず、学習者相互が各自のテーマに関心をもって共有し、問いがもてるように、研究テーマと研究動機の検討に時間をかけた。7月期（7〜9月）は研究テーマ発見と研究動機文を書くという期間にあて、10月期（10〜12月）は研究計画書を書き上げる期間とした。

次に冊子についてだが、これは話し合いの結果、同僚Aが作成した。前年度は書き手の書いたものをコピーして読み、次に質疑応答、コメントを語り合うというものだった。だが、それでは考える時間があまり取れず、問いも生まれにくい。そこで冊子内のコメントシートに自分の考えを記述した後、検討を始めるというやり方に変えた。その他冊子には授業毎の自己評価シート、研究計画書完成までを学生に示す見取り図等の工夫があった。

4.2.2　2007年度の実践　動機文を協働で書くプロセスがクラスで共有化できた

　2007年度7月期、2年目の大学院進学クラスが開講した。2007年度7月期は私が担当するクラスは9名からの出発だった。中国、韓国、台湾からの学習者がいた。この年度の志望専攻は、言語学、社会学、芸術学、建築学、数学、電子工学、経営学、日本語教育と各自異なっていた。また、日本語力の差も大きかった。中国の学生はほとんどが国の大学の日本語科で学んでいた。一方で1年前に日本語の学習を始めた学生もいた。

　しかし、2007年度7月期の実践では、カリキュラムを改めた結果、前年とは異なる様子が見られた。7月期の授業では動機文作成に3ヵ月の時間をかけたこと、コメントシート（図4）を用いながら段階的に動機を共有することによって、クラスの一人ひとりが相互の研究テーマを共有し、研究動機文を協働で書き上げていくというプロセスを共有することができた。

　一つの例としてメディア関係の研究を希望する学生E（中国）の研究動機文（第2稿）の検討場面を紹介する。各々がEの研究動機文についてコメントを記述した後、Eの研究動機について話し合った。このときまでテーマを発見できずにいたEは、この日のやり取りを境に、自らのテーマを発見していく。以下はテーマ発見につながったときのクラスのやり取りである。

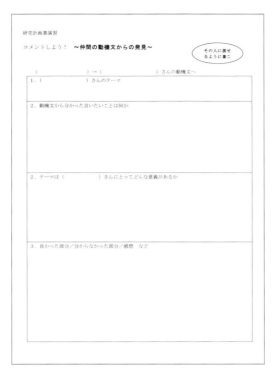

図4　冊子中のコメントシート

・教室データ　Eの第2稿検討

（色々なやり取りの後）
佐藤：Fさんどうしたらいい？
F　：自分のやりたいことをすれば。（Fさんのことばを契機にEさんが本当に
　　　やりたいことは何かという話題となる）
K　：中国の場合では、読者とのコミュニケーションできます。読者の求めも知
　　　り、インタビューも。Eさんの研究計画の中で特別なところはどこ。具体
　　　的な例を挙げるといいと思います。
E　：比較は、比較は……。
K　：でも曖昧。私が他の国の雑誌が好きなら、Eさんとは別の意見。
E　：比較はしたくない。
佐藤：一番したいのは何？
E　：表現……

Eの研究動機をめぐって質疑応答、コメント等幾つかのやり取りがあった。だがEはどうしても自分の書いたものに納得ができない。何を研究したいのか、研究テーマの周りをぐるぐる回っているようだった。私のことばはそのような状況でとっさにFに向けられたものだった。Fは、日本語そのものはたどたどしいが、研究経験、仕事経験も豊富で、意見に説得力があり、担当者の私も含めクラス全員が頼っているところがあった。Fは、ことばを選ぶように、ゆっくりではあるが的確なことばで表現することができた。

　この場面で私は「Fさんどうしたらいい？」と聞いている。それに応じてFは「自分のやりたいことをすれば」と発言、そこから「本当にやりたいこと」についての議論になる。その後Kの意見に対しEは素直に違和感を表明、「一番したいのは何？」という私の問いに「表現」と答えた。これを契機にEは自分のやりたいことは大学院での研究ではないことに気づいていった。この短いやり取りの中に、2007年度の実践の特徴が表れているように思う。日本語力の差はこのクラスでは問題にならなかった。また、専門性の差異はメンバー間にはよい影響を及ぼした。さらにメンバーがEのテーマに関心をもてなかったらここでのやり取りも起こらなかっただろう。自分のしたいことは「表現」であるというEの気づきも得られなかったのではないだろうか。

　このようなクラスの関係性は前年のように途中で途切れることはなかった。学期修了後のインタビューでも「そうですね。特にJさんの場合は私の研究計画書は直すたびに、私の計画書のコピーを読んで、文法間違えたときとか、自分の計画書を誰よりすごく高く買ってくれて……（そう）今も仲よくしてくれているし、私も特にJさんのことを深く読んでいるし、そういうところが、（ああ）授業の時間以外にも、お互いのことを話してあげて、それもよかったと思います」（韓国学生I、芸術関係志望）や、「他のクラスより雰囲気がいいから、このクラスに入りたい。このクラスの人たちは。……悩んでいることも交換できる」（中国学生G、理系志望）などのようなクラスの「協働的な学び」について肯定的なコメントを得ることができた。以上のように、2007年度7月期の実践では、学習者は互いのテーマに関心をもち、テーマを共有し考え、問いを発することが少しずつできるようになっていった。その結果、7月期3カ月を通し

て対話の中で自分のテーマを発見し[2]、研究動機文を書き続けることができたのである。

　10月期、6カ月で大学院進学をめざす学習者が6名入り、クラスは総数15名となった（全員中国からの留学生。専門は経済、経営関係）。2006年度とは異なり、留学前に大学院の情報を入手し、研究計画をしっかり練ってくる者も多かった。一方で、全体での話し合いは難しくなり、グループにわけて活動することが多くなっていった。だが新しい10月期メンバーと7月期メンバーの親密さの違いから、グループでの話し合いが上手くかみ合わないときもあった。そこから、グループ活動の支援をどのように充実させていくことができるか、という課題が生まれた。

　また、2007年度は研究計画を完成させるまでの方法論、ツールがなかったことも挙げられる。2007年度の7月期に研究テーマ、研究動機、研究目的までは書くことができたが、その後はサンプルを参照しながら各自で書くように促していた。当然のことだが研究計画書は研究テーマや問題意識を書くだけでは完成しない。研究計画書の形式や専門性も必要とされるのはいうまでもない。もちろん日本語教師が各学生に専門を教えることなど不可能である。だが、どのように専門性を構築していけるか、学び方や考え方を学ぶことはできるはずだ。その部分をどう支援していくかがカリキュラムにはまだ不足していたのである。

4.2.3　2007年度の活動モデル　カリキュラムのモデルが暫定的にできあがる

　2007年度の活動を活動モデルで表現する。2006年度の実践の結果（授業記録や振り返り）を媒介に他校舎の同僚Aと改善のための方法が考案されていった。まず冊子の作成は【媒介する人工物】の充実と考えることができる。冊子内のコメントシートや毎回の振り返りシートは実践の【ルール】を可視化するのにも役立った。7月期の3カ月が増えたことも非常に大きい。2007年度の事例にもあるように、研究動機の時間をかけた段階的な検討は、クラスを他者のテーマにも興味関心がもてる公共的な議論の場に変えた（【コミュニティ】の変化）。それは互いに意見を述べながら研究計画書を書き上げていくという【分業】の成立でもあった。このように2006年度の改善点が2007年度の実践の中に取り込まれ、【ルー

ル】【分業】【コミュニティ】に変化がもたらされた結果、学習者の研究動機、研究テーマ構築という実践の【対象】が学習者にも共有されたばかりか、【対象】の目的が「研究動機、研究テーマ構築」だけではなく、教室での協働、学びにまで拡張していったのである。さらに同僚Aとの共同発表のために行った意見交換や議論は、大学院進学クラスのカリキュラムの理念を共有し確かなものにしていくことにつながった。

　以上のことから2007年度は「大学院進学クラスのカリキュラム開発によるモデルが暫定的にできあがった年度」ということができる。

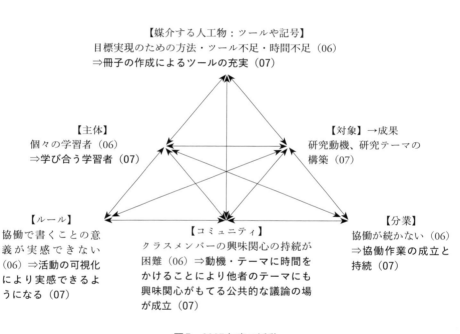

図5　2007年度の活動

4.3　2008年度の実践と振り返り

　4.3では2008年度の概要と活動モデルを記述する。

4.3.1　クラス規模の変化によるグループ活動中心のクラス

2006年度、2007年度と実践を積み重ねることによって、大学院進学クラスは対外的にも知られるようになっていった。2008年度の大きな変化は二つの校舎で大学院進学クラスの希望者が倍増したことである。一方で2007年度の問題（専門的な研究計画書を完成させるためのツールの不足）は改善できないままであった。さらに開講の段階で1クラスの学生数が多くなったため（19人、中国、韓国、台湾）、それまでのような研究動機文の検討をクラス全体で実施することができなくなり、グループ活動を中心に行うようになった。前年まではクラス全体での活動だったため、教師が参加者として活動をコントロールすることができた。しかし、クラス活動が複数化することにより、教師の介入が減少した。2007年度までは学習者の協働的学びは教師の介入、支援によって大きく支えられていたことがよくわかった。2008年度は従来以上に学習者の主体性を促すような教師の役割が求められるようになったが、それに対応できたとは言い難かった。グループだけの活動で学習者はどう進めてよいのかわからず混乱するときもあったし、議論がどうしても活性化しないこともしばしばだった。逆に議論は盛り上がるのだが、結果的に内省が深まらないこともあった（もちろん教師は一人、ときには複数でグループ間を回り対応していったのだが）。さらに、コメントシートや評価方法などは従来の少人数クラスの方法で対応したため、支援が不十分になりがちだった。

4.3.2　2008年度の活動モデル　新たな矛盾や問題点

2008年度は、大学院進学クラスの1クラス内の学習者が増えることを契機として（【コミュニティ】の変化）、グループ活動を中心にすることにより【ルール】【分業】の関係性が変化した。このような変化を受けて、学習者が自律的に学び合うためにはどうすればいいかという視点でカリキュラムを改善していく必要があったが、2008年度はそれを実現することができなかった。2007年度までは学習者の協働的学びを中心とするカリキュラムは教師の介入、支援によって大きく支えられていたのである。

以上のことから「2008年度は暫定的なモデルに対し、新たな矛盾や問題点が見出された年度」ということができる。

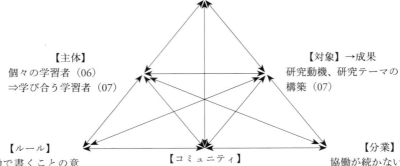

図6　2008年度の活動

4.4　2009年度の実践と問題点

4.4では2009年度に向けての改善点と2009年度の実践の特徴、活動モデルを示す。

4.4.1　2009年度の実践　同僚と協働してカリキュラムを更新していく

2009年度、同じ校舎に大学院進学クラスを担当する専任教師が一人増える。他校舎で大学院進学クラスを担当していた同僚Bが異動してきたのである。そこで2009年度からは、校舎内でクラスを2クラスにわけ、私と同僚Bが各クラスの担任になった。ここで初めて同じ校舎内で専任教師同士が協力して大学院進学クラスのカリキュラムを更新していくこ

とができるようになった。

　私にとって、同僚Bとの協働は有益だったと同時に様々な葛藤を生むものだった。同僚Bは別の校舎で1年間大学院進学クラスの担任として授業を実践していた。従来の大学院進学クラスの理念を尊重しながらも、同僚BはBなりの方法論をもっていた。一例を挙げると、私はスキルというものをクラスの活動として重視しない傾向があった。学習者が自分で身につけていけばいいと考えていたのである。一方でBはスキルも大切にしなければ学習者の主体性を育むのは難しいと考えていた。

　議論の中で私たちが選択していったのは、このような教育観の違いをどちらかが廃棄するというのではなく、学習者の状況に合わせるということだった。教室活動はこれでよいのか、この評価は妥当なのか等、それぞれの価値観をぶつけ合いながらカリキュラムの合意形成をしていくようにした。そのような議論の中で、2008年度に生じていたカリキュラムの問題点も改善していくことが可能になった。

　たとえば2008年度は、グループワークを中心とした活動の中で、学習者一人ひとりがどのように研究計画を構築していけるかという課題が上がった。同僚Bと話し合い、研究計画デザインの冊子を改善した。冊子を読めば一人ひとりが研究課題から研究動機・背景、目的、意義、参考文献の記載の仕方までを理解できるようにした。これは研究計画のモデルを示すということである。このことによって学習者は研究計画書の動機文から完成までの道筋を、早い段階から理解できるようになった。さらにグループワーク中心の活動でも、冊子を頼りに自律的に研究計画完成をめざせるようになった。

4.4.2　2009年度の実践　即興的にカリキュラムを変えていく

　このように二つのクラスを、専任教師2人と非常勤教師数人で受けもつという態勢で2009年度の実践は始まった。2009年度の大きな特徴は、目標に一致しない活動に対し、実践の中で即興的に変更が加えられるようになったことである。そのようなことが可能になったのは、専任教師間で話し合いを進めながら、その都度カリキュラムを見直していくようになったためである。

　たとえば評価方法が挙げられる。「研究計画書演習」の評価項目は

2007年以来、「自分にとっての意義が表れている」「一貫性がある」「深まりがある」「その他」であった。評価方法も他者評価、自己評価、教師評価を組み合わせた形で行っていた。2009年度、私と同僚Bとの間で改めて評価についての確認が行われた際、そもそもいい研究計画書とは何か、という議論になった。

　本実践のような場合、最終的にどのような内容がいいと言うことはできない。教室で学習者がよい研究計画書とは何か、合意形成を作っていくしかない。それは教室の参加者が相互の研究計画を共有しているからこそできるのである。そこで私たちが決めたことは、「いい研究計画とは何か」を学習者と話し合い、そこで合意が得られたものを評価項目にしようということであった。また、評価の仕方も、学習者が他者評価、自己評価をした後、教師がそれを基に評価するのではなく、学習者評価（自己・他者）を見ながら、教師と学習者が話し合って決めるということになった。

　2009年度、私が担任するクラスの学習者が決めた評価基準は、「筆者に意欲（顔）が感じられるか」「テーマと自分との関わり、問題関心が書かれているか」「問題意識が具体的に書かれているか」「大きな背景が書かれているか」「読み手に伝わるか（内容が論理的か）」になった。学習者はクラスの中で「大きな背景」と「小さな背景」ということばをクラスの共通語としていた。「大きな背景」とは歴史的、文化的、社会的な背景などを指し、「小さな背景」は自分自身の動機につながる自分自身の背景としている。

　このような評価の方法は、大学院進学クラスの他の科目にも広がっていった。「情報リテラシー」という科目では、学習者が決めた自己目標「〜できる」が達成できたかどうかを評価とした。また「面接試験対策（口頭表現）」でも、教師がその目標や評価基準を決めるのではなく、期の途中で「いい面接とは何か」を話し合わせ、学習者の合意を評価としていく、とした。その結果、教室活動も学習者との合意形成で得た評価ができるようになるためのものに変わっていった。

4.4.3　2009年度の活動モデル

　2009年度は、同僚Bと「即興的にカリキュラムを変更していくことによって、2008年度までの矛盾に対応していった年度」と言うことができる。即興的な対応といってもそれは矛盾の縫合というようなものではな

第2部　実践編

く、むしろ縛られることのない創造的な変更ということができる(【ルール】)。冊子には、読めば研究計画の全体が理解でき、教師の助けがなくても自律的に書けるようなタスクを増やしていった(【媒介する人工物】)。そのような【ルール】や【媒介する人工物】の改善によって、【主体】としての学習者は教師が支える学び合う学習者から、自律的に学び合う学習者の姿に変わっていった。それだけではなく、同僚Bとの持続的な対話によって、「研究計画デザイン」の目的(【対象】)を他科目全体に広げ、「学び方を学ぶ」「問題発見解決学習」(門倉2006)といったことばの学びを目標とする総合的な活動として、大学院進学コースを位置づけることができるようになった。

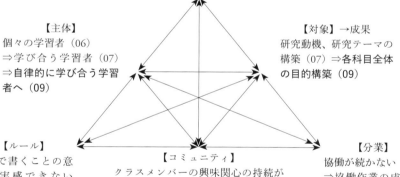

図7　2009年度の活動

5 考察　カリキュラム更新の意味

5.1　カリキュラムを更新する意味

　以上、2006年度から2009年度までのカリキュラムの更新を活動モデルとして記述してきた。2006年度は予備教育に内包される準備主義に対する問題意識から、新たなカリキュラムを開発し実践した。だが授業を進めていくためのツールや方法、時間不足などが原因で、活動の各要素に矛盾を生んだ（「実践によって試され、矛盾や問題点が顕在化」）。2007年度は、【媒介する人工物】であるツールや時間不足の問題に介入を加えた結果、各要素の問題点が解消され、大学院進学クラスのカリキュラムの方向性が示された（「カリキュラムのモデルが暫定的にできあがる」）。2008年度は学習者数の増加によって【コミュニティ】が変化し、前年とは異なる問題点が生まれていった（「暫定的なモデルに、新たな矛盾や問題点が見出された」）。2009年度は、前年度の問題、学習者数の増加によって生まれる矛盾に対し、問題が生じては即興的に解決していく方法を採った（「カリキュラムの矛盾や問題点を即興的に克服していく」）。ここまでの記述を拡張的学習のモデルに照らして記述すると図8のようになる。

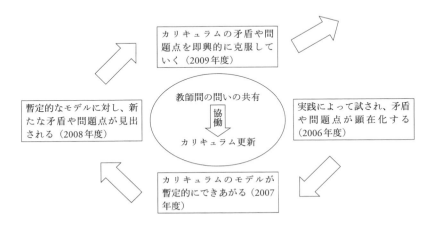

図8　大学院進学クラスのカリキュラムの更新

図は、矛盾や問題は状況によって変わるため、カリキュラムの更新に完成形などないことを示している。2006年度の実践の改善を受け、2007年度にモデル化したものが、2008年度には新たな矛盾・葛藤を引き起こす、そのような中で、私たち教師は常にカリキュラムを動態的に捉え、更新し続けてきた。実践における学習者との関係性の中で、常に新たな矛盾や葛藤が生みだされる。学習者の不満の声、クラス内でのやり取り、教師の作成したワークシート、学習者数、教師の理念など、様々な問題点がカリキュラム更新の原動力として積極的に意味づけられていくのである。だが、カリキュラムがひとたび固定化、マニュアル化されてしまうと、実践の中の矛盾や葛藤はノイズとして排除されてしまうだろう。このように、カリキュラムの更新とは、実践のマニュアル化、固定化に対する葛藤、抵抗でもあったのだ。

5.2　カリキュラムは教師の協働により更新されていった

　さらにここまでの記述を通して考えられるのは、カリキュラムの更新が教師間の協働につながり、その協働がカリキュラムの更新を推し進めたということだ。2006年度から2007年度のカリキュラム更新は、別校舎の同僚Aとの話し合いがなければ不可能であった。また、2009年度は、同僚Bとともに担任として授業実践を行いながら、カリキュラムの中に問題点や矛盾があれば即興的に変更し進めていった。

　このようにカリキュラムの更新は、教師が問題点や矛盾点を意識化し、協働して実践を変革していくことによって実現していたということが確かめられた。では、カリキュラムの協働的な更新を可能にしたものは何だったのか。カリキュラムの更新は同僚Aとの問い（2006年度の矛盾・葛藤）の共有から始まった。それは、2007年度に別校舎でも大学院進学クラスを開講するにあたり、2006年度の私の実践を同僚Aが知る必要があったからである。その際、同僚Aと私は実践の背景や理念を共有するところから始めた。日本語学校における予備教育の孕む問題点を同僚Aも私もそれぞれの立場から批判的に見ていた。だからこそ大学院進学クラスで言語学習環境をどのようにデザインしていくかを議論し、理念や価値観を共有することができたのである。そして、そのような共有が可能だったからこそ、2006年度の問題点と矛盾点を私は同僚Aに語るこ

とができたのだと思う。つまり問題意識や理念の共有ができたからこそ、実践者として状況をわかち合うことが可能になり、問いを共有することもできたのだ。それは2009年度の同僚Bと私との関係についても言える。同僚Bとは文字通り机を並べて話し合える環境にあった。そのため、実践をどのようにするか話し合うと同時に、カリキュラムの根底にある理念や価値観を話し合うこともできた。その上で、それぞれが行ってきた実践について問題点を出し合い、2009年度の実践をどうするのか話し合うことができた。

カリキュラムを協働して更新していくためには、まず、実践者間で教育の理念を承認し合うこと、共有することが重要である（もちろん理念は固定したものではなく、実践と議論の中で問い直されていくこともある）。そのうえで担当者として実践の文脈に入り、状況をわかち合うことができたとき、実践者として問いの共有が可能になる。そのときカリキュラムの更新を共に実現していくことができるようになるのではないだろうか。

6 日本語学校における実践研究の意義　協働性から同僚性へ

本章では2006年度から2009年度までの大学院進学クラスのカリキュラム更新を拡張的学習という視点から記述した。その結果、カリキュラムの更新は、「実践によって試され、矛盾や問題点が顕在化する」（2006年度）、「カリキュラムのモデルが暫定的にできあがる」（2007年度）、「暫定的なモデルに対し、新たな矛盾や問題点が見出される」（2008年度）、「カリキュラムの矛盾や問題点を即興的に克服していく」（2009年度）という形で拡張してきたこと、カリキュラムは動態的であり、その更新には終わりがないこと、実践の文脈に入ってきた教師が問いを共有しながらカリキュラム更新を協働的に実現してきたことが確認できた。

このようなカリキュラム開発と更新における営みは私たちに何をもたらしたであろうか。私はそれを私たち教師の同僚性（colleginality）と考える。同僚性とは、「授業を創造し合い専門家として成長し合う教師同士の連帯」（佐藤学1996b: 144）、「求めるべき教育への共通の展望をもち、共に仕事をしていく関係」（秋田2007: 208）と言われる。「成長」「共通の展望」というように、同僚性は時間性に深く関わる。カリキュラムの更新

第2部　実践編
248

は長期的な営みであり、カリキュラムの内容や方法だけではなく、求めるべき教育への展望、つまり理念も常に問い直していく行為である。私たちは大学院進学クラスのカリキュラムを媒介として連帯を深め、長期的に仕事をしていく関係を築くことができた。このような関係性が同僚性の構築につながった。

中田（2011）は同僚性の特徴について、

1）様々な背景や考えをもつ他の教師を理解する
2）自らを理解する
3）違いを尊重しながら互いに向上できる
4）共通で取り組むことにも尽力しようとする
5）それぞれの立場から生徒と学校の向上に貢献できる

（中田 2011: 204）

とし、そのためには教師同士の「信頼関係」が必要であると述べる。

大学院進学クラスにおける私自身の実践に戻れば、同僚Bが異動してきたとき、私と同僚Bとは教育観や実践の方法において様々な差異があった。だが、カリキュラムをめぐる議論を通して共通の展望をもつことができたからこそ、相互の信頼関係が生まれ、その結果、新たな対話が生まれたと考えられる。相互の違いを尊重しながらもカリキュラムの実践と更新に向け協働で取り組むこと、それは大学院進学クラスのカリキュラムの更新であると同時に、教師間の同僚性の構築でもあったのである。

同僚性の構築は「それぞれの立場から生徒と学校の向上に貢献できる」（中田 2011: 204）とあるように、進学コース全体のカリキュラムに影響を及ぼしていった。まず、進学コースの理念や目標の変化が挙げられる。職場の日本語学校において「コミュニケーション能力育成」や「問題提起解決能力育成」は以前から掲げられていたものではあるが、それはあくまでも「日本語」能力という点に留まっていたように思う。そこに「なぜ学ぶか」「自分のキャリアをどうデザインしていくか」などの視点が加わるようになった。また、様々な教室活動の中に協働性を重視した活動が取り入れられるようになっていった。さらに、評価においても

第7章｜日本語学校におけるカリキュラム更新

教師評価から学習者参加の評価へと、コース全体が動いていった。いわば学校文化が変革されていったのである。

このような変化はもちろん大学院進学クラスのカリキュラム実践の影響だけではない。日本語教育のマニュアル化したカリキュラムに違和感を覚えてきた教師は少なくなかったし、個々の実践もあった。だが、予備教育の問題点を矛盾として捉え、理念そのものの問い直しから、カリキュラム開発と更新を長期的に行ったという点において本クラスの意義はあったと言える。さらにカリキュラムの長期的な更新は私、私と同僚、他教師の実践発表も可能にした。実践を閉じたものにせず、外にひらき、外との対話を通してよりよくしていこうという思いが、カリキュラムの更新に伴う教師間の対話を通して構築された。このように、カリキュラム開発とその更新は、教師から教師の協働そして同僚性の構築という意味で、学校文化を形成するAR（本書第2章参照）であったということができるだろう。

日本語学校で学ぶ学習者は留学生や定住者、研修生など様々である。日本語学校は、大学や地域日本語教育の性質を併せもった多様な場なのである。にもかかわらず、その教育実践の根底にあるのがコース・デザインという名のマニュアル化した教育実践だった。だが、このようなマニュアル化は日本語学校だけの問題ではない。日本語教育全体の問題でもあるのだ。それぞれの実践の場において、マニュアル化した教育を矛盾として問い続ける行為、実践研究が私たちには今求められている。

注　[1]　参照した実践報告は次のものである。
①遠藤ゆう子・佐藤正則（2008）
　2007年度の実践の記述として使用
②佐藤正則（2008）
　2007年度の実践の記述として使用
③佐藤正則（2009）
　2006年度から2007年度、2008年度の実践の記述として使用
④江森悦子・佐藤正則（2011）
　2009年度までの記述として使用

[2] 7月期の実践の中で、Eも含む2名は、自分がやりたかったテーマが研究ではないということを自覚し、専門学校に進路を変えていった。私はそれも含めテーマの発見だと考える。

参考文献

秋田喜代美（2007）「授業研究と学校文化」秋田喜代美（編著）『改定版　授業研究と談話分析』pp.201–213.　放送大学教育振興会

安彦忠彦（1999）「カリキュラムの歴史的研究」安彦忠彦（編）『新版カリキュラム研究入門』pp.1–27.　勁草書房

江森悦子・佐藤正則（2011）「協働の理念に基づいたカリキュラムの継続的な更新にむけて―学習者は大学院進学クラスのカリキュラムをどのように捉えているか」『AJジャーナル』3, pp.33–46.アカデミック・ジャパニーズ・グループ　http://www.academicjapanese.org/journal03.html

エンゲストローム, Y.（1999）『拡張による学習―活動理論からのアプローチ』（山住勝弘他訳）新曜社（Engeström, Y. (1987) *Learning by Expanding: An Activity-Theoretical Approach to Developmental Research*. Helsinki: Orienta-Konsultit Oy.）

エンゲストローム, Y.（2008）「拡張的学習の水平次元」山住勝広・エンゲストローム, Y.（編）『ノットワーキング』pp.107–147.新曜社（Engeström, Y. (2001) *The Horizontal Dimension of Expansive Learning: Weaving A Texture of Cognitive Trails in the Terrain of Health Care in Helsinki*. Paper presented at the international symposium 'New Challenges to Research on Learning', March 21–23, University of Helsinki, Finland.）

遠藤ゆう子・佐藤正則（2008）「日本語学校での実践―新しいコミュニティを目指して」『第24回日本語教師のための公開研修講座予稿集』pp.9–14.　社団法人国際日本語普及協会

門倉正美（2006）「〈学びとコミュニケーション〉の日本語力―アカデミック・ジャパニーズからの発信」門倉正美・筒井洋一・三宅和子（編）『アカデミック・ジャパニーズの挑戦』pp.3–20.　ひつじ書房

佐藤恵美子（2005）「カリキュラム」『新版 日本語教育辞典』pp.756–757.　大修館書店

佐藤正則（2008）「研究計画を協働で書く試み―日本語学校の教室を公共性の場として捉える」細川英雄・ことばと文化の教育を考える会（編著）『ことばの教育を実践する・探究する―活動型日本語教育の広がり』pp.80–97.　凡人社

佐藤正則（2009）「協働的に学び合うための授業デザインとその改善
　　―実践の更新を可能にするものは何か―」『WEB版日本語教育実
　　践研究フォーラム報告』日本語教育学会　http://www.nkg.or.jp/
　　kenkyu/Forumhoukoku/2009forum/round2009/RT-Bsato.pdf
佐藤学（1996a）『カリキュラムの批評―公共性の再構築へ』世織書房
佐藤学（1996b）『教育方法学』岩波書店
嶋田和子（2005）「日本留学試験に対応した日本語学校の新たな取り
　　組み―課題達成能力の育成をめざした教育実践」『日本語教育』
　　126, pp.45–54.　日本語教育学会
田中望（1988）『日本語教育の方法―コース・デザインの実際』大修
　　館書店
中国帰国者定着促進センター（1995）『中国帰国者に対する日本語教
　　育のカリキュラム開発に関する調査研究―平成4・5・6年度文化
　　庁日本語教育研究委嘱報告書』中国帰国者定着促進センター
中田賀之（2011）「学校文脈における英語教師の同僚性とオートノミ
　　ー」青木直子・中田賀之（編）『学習者オートノミー―日本語教
　　育と外国語教育の未来のために』pp.193–220.　ひつじ書房
西原純子（2007）「日本語教育スタンダードは日本語学校の教育を変
　　え得るか」『平成19年度日本語学校教育研究大会予稿集』pp.21–
　　25.　財団法人日本語教育振興協会
日本語教育学会（編）（1991）『日本語教育機関におけるコース・デ
　　ザイン』凡人社
細川英雄（2002）『日本語教育は何をめざすか―言語文化活動の理論
　　と実践』明石書店
細川英雄（2004）「クラス活動の理念と設計」細川英雄＋NPO法人
　　「言語文化教育研究所」スタッフ（著）『考えるための日本語―問
　　題を発見・解決する総合活動型日本語教育のすすめ』pp.8–43.明
　　石書店
細川英雄（2007）「日本語教育学のめざすもの―言語活動環境設計
　　論による教育パラダイム転換とその意味」『日本語教育』132,
　　pp.79–88.　日本語教育学会
山住勝広（2004）『活動理論と教育実践の創造―拡張的学習へ』関西
　　大学出版部
山住勝広（2008）「ネットワークからノットワーキングへ―活動理論
　　の新しい世代」山住勝広・エンゲストローム，Y.（編）『ノット
　　ワーキング』pp.1–57.　新曜社

第8章 | 参加者の生活・人生にとって
教室実践活動はどのような
意味をもつのか
教室の外からの視点

高橋聡

【キーワード】
自己アイデンティティ、自分誌、教室内、教室外、
オーセンティック、テーマ、内と外の連続

1 | はじめに

　私は「自分誌」活動という教室実践を民間の日本語学校で行っている。この「自分誌」活動は、大きく二つの過程で成り立っている。一つ目の過程では、様々なトピック（例えば、「出会った人」「興味の対象」「安心できる場所」「大切な決心」など）による自分史年表を作成する。この段階での目的は、年表作成を通して徐々に現れてくる、自分にとっての生きる「テーマ」とその「テーマ」に大きく関わってくる「時代」を選んでいくことである。この作業は、参加者が独りで行うのではなく、一つのトピックについて教室参加者と相互に聞き返し、問い返し語ることで見えてきた物語を年表に整理することで進んでいく。二つ目の過程は、選ばれた「テーマ」「時代」について、その時代を共に過ごした人との対話（インタビュー）、教室参加者とのエラボレーション[1]を通して、何度も書き換えながら、自己の物語である「自分誌」を書き上げていく作業である。「自分誌」とは、自分の歴史からすくい上げられた自己アイデンティティとしての「物語」である。「自分誌」活動は、言ってみれば、「テーマ」を通した自己の物語を他者と共に新たに意味づけていく活動である。

　社会構成主義のナラティブセラピストであるアンダーソンとグーリシ

ャン（1997/1992: 62）は「人は他者とともに作り上げた物語的な現実によって自らの経験に意味とまとまりを与え、そうして構成された現実を通して自らの人生を理解し生きる」と述べている。一人の弧[2]の内側から、自己アイデンティティとしての物語を書き換えることはできず、他者存在との相互作用によって自己が啓き、初めて経験の意味がつくられるということである。この「自分誌」活動では、「テーマ」を通した自己の物語を自己アイデンティティとして捉え、他者とのことばの相互作用による自己物語（自己アイデンティティ）の更新を言語教育の「学び」として捉えている。つまり、ここでの言語教育は、ことばそのものの教育ではなく、ことばを通して個々人がそれぞれに育つことをめざしている。

　こうした、「自分誌」活動を始めとする、自己アイデンティティの更新を主体とした私の実践活動は、そもそも社会的要請ともいえる状況から出発した。2000年頃に多くの中国人就学生が来日し、日本語学校の教室の様子が大きく変化した。当時まだ大きかった経済格差によってアルバイトを複数掛けもちしたり、大学進学は希望しているものの、何を何のために学ぶのか、その行き先が見えなかったりし、多くの10代の就学生たちが道を失い、居眠りやおしゃべりの、生気のない教室が出現した。教室では語彙・文型といった言語知識が積み上げられたが、そこで話されることばは知識の定着、練習を目的として行われ、表現したい「私」と結ばれることはなかった。それでも彼らは、休み時間や個人面談などでは、必死で「私」の辛さや苦しみを日本語で伝えようとしてきた。いっそ彼らの物語を教室に解放し、「私」をことばとして伝え、聞くことから始めようと思ったのが、最初の「自分史を書く」という授業である。なぜ今日本にいるのかの道筋を辿り、ここにいる「私」をことばとして相互に確認することで、日本での生活に新たな意味を与えることができるのではないか、と考えたからである。その結果、語りたい、聞いてもらいたい「私」をことばで表現することによって、ことばと彼らの生活は結ばれ、教室のことばは練習としてのことばではなく、オーセンティックなものになった。

　しかし、そのことによって彼らの辛さ、苦しみ、彼らの生活はどうなったのだろう。それは自然な、当然の疑問である。教室内の活動をいくら描き、分析、考察してもこの疑問の答えは得られない。教室の内側で

第2部 ｜ 実践編

達成されたオーセンティックなことばのやりとりは、教室の外側（社会）で生きる参加者に何をもたらしたのか。そこから教室実践の意味を考えていこうというのが、この小論の出発点である。

2 教室実践の位置

　近年、教室内オートノミーや教室外オートノミーなど、オートノミー研究の文脈から、教室の内と外とは何かが問いなおされてきている。ベンソン（2011/2009）は、教室内外の場を位置づけるために、学習が起こる「場面」と「実践の形態」という概念を定義している。ベンソンは、教室をその「場面」の一つとして捉え、教室を超えた言語学習の場について考察している。本章で述べる教室は、ベンソンの言う「場面＝一人あるいは複数の学習者が他者（教師、学習者、他）と特定の種類の物理的、社会的、また指導上の関係を持つような、学習に関する特定の種類の取り決めがある特定の場所」（p.230）における「実践の形態＝特定のタイプの場面の要素を利用し、その場面の特徴であるような、ルーティン化されたプロセス、あるいはインターフェイス」（p.231）を通して実践される教育機関における物理的な場として捉える。教室の外とは、教室参加者が主体的に生きている文字通りの場所であり、同時にそこでの彼が自発的に生きて行う、心理を含んだすべての経験活動のことである。

　こうした教室の内と外は、教室参加者を通してどのように結ばれているのだろうか。森元ほか（2009）は学習者の教室参加の主体性を育むものとして「必然性」をあげ、「学習者が授業活動やクラスをどれだけ自分にとって価値や必然性のあるものと捉え、自身と他の参加者を、授業を具体的に動かしていくかけがえのない存在と捉えられるかが、主体性発現の有無を分ける大きな鍵となる」（p.118）と述べている。また、活動に「必然性」があるかどうかは、教師の理念や思惑によって判断するだけでは不十分であり、「学習者の抱える現実や、学習者の中にある欲求や納得の度合いとどれだけ合致しているかということと密接に関係している」（p.118）とする。つまり、教室参加者にとっての教室の意味は、生きている現実と教室実践との合意に根差したものであり、教室内の関係性によって醸成されていくものだと考えられる。同時にこうした関係性の創出

は、教室参加者が教室実践にどれだけ意味を見出せるかに関わっている。教室参加者は教室の外から、それぞれの心理、社会的状況にともなう思考、価値観、あるいは日々の感情を持ち寄って教室の内に集まる。教室実践は、教室参加者の生活が求めるこうした主体的な要求に応えるものだろうか。その疑問に答えるためには、その参加者の抱える現実が、教室活動とどのように関わっているのかという点を通して、教室実践を評価する視点も必要になってくる。教室や実践活動が、教室参加者の人生にとって、また個々が生活する社会にとって、どのような意味を構成しているのかと捉える視点である。この視点は、参加者個々の教室実践への意味づけ、更にはその個々の存在する社会から見た教室実践の意味が含まれるものになるのではないだろうか。

　本章の第2節では、「自分誌」活動の参加者であるサラスヴァティ（以後サラ）の現在（教室実践当時）の背景と、本人が現在を「問題時代」と捉えている点について述べる。第3節では教室内での「自分誌」活動における気づきや学びについて報告し、その要因であるオーセンティックな関係性について確認する。第4節では「自分誌」活動と現在の「問題時代」を結ぶキーワードとして「満足」観の変容について述べ、それによる「問題時代」への意識の変化を考察する。第5節ではサラにとってこの実践はどのような意味をもっていたのかを考察し、教室の内、外という視点を整理する。

3 ｜ サラの物語

　2009年4月期（4月13日〜6月25日　50日間）、民間の日本語学校にて「自分誌」活動型実践を全15回（1回45分×2コマ）、30コマ行った。実践対象のクラスは1日4コマ、週5日間20コマ（1コマ45分）の毎日コース[3]である。教室参加者は日本語教育機関での学習時間が800時間程度、就学ビザ以外のビザ所持者8名のクラスである。就学ビザ以外のビザとは、観光ビザや結婚による家族ビザ、就労ビザ、大学・大学院に通っている留学ビザ等である。同日本語学校では当時、就学生クラス（Jクラス）と就学ビザ以外のクラス（Eクラス）を分け、異なったカリキュラムで授業を行っていた。就学生クラスとは異なり、様々な年齢、職業、国籍、背景、

目的をもつ参加者が集まるのがこのクラスの特徴である。

　サラは、「自分誌」活動の教室参加者の一人である。彼女は、現在の「問題時代」の対極にある「楽しい時代」として受験時代とそれに続く大学時代を「自分誌」の時代に選んだ。テーマは「家族、友だちと私の変容」とし、大学時代の友人へのインタビューと教室参加者とのエラボレーションを通して、自己物語を書き換えていった。「自分誌」活動の理念である、他者とのことばの相互作用による自己物語の更新は達成され、私は実践活動の成果として報告した（高橋2010, 2012）。しかし、こうした教室の内部での（教室参加者としての）サラの変容、学びは、教室の外部での（社会生活者としての）サラにどのように影響したのだろうか。この実践活動当時サラは、彼女自らが「問題時代」と呼ぶ時代に生きており、それが日本語学校の教室に参加する直接の理由にもなっている。この「問題時代」は、教室で行われた実践活動を通して、どのように変容したのだろうか。ここでは、サラの「問題時代」を教室実践の録音記録とサラの成果物をもとに描く。

　サラはインド人（パンジャビ）女性で、ITプログラマーの夫の日本転勤にともなって2008年に来日する。子どもはまだなく、夫との二人暮らしである。インドの公用語である英語、ヒンディー語、またパンジャビ語を話し、日本語は日本へ来て初めて触れる言語である。日本での生活、就職のために必要だと考え、日本語学校に入学する。本章における教室での「自分誌」活動（2009年4月～6月）は、サラの日本語学校入学後13カ月目に当たる。

　サラは「自分誌」活動の最初の授業で、「人生の幸せ度グラフ」[4]を図1のように描く。0歳の時の80％の幸せ度が10歳で30％になり、20歳で80％に戻る。教室で出会った当時30歳だったサラの幸せ度は20％で、20歳の80％から直線で下降し、彼女の人生でもっとも低い。そして30歳以降には、上昇線が点線で書き込まれている。

第8章　参加者の生活・人生にとって教室実践活動はどのような意味をもつのか

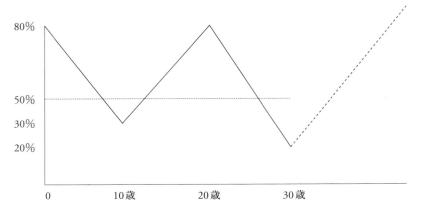

図1 サラの幸せ度グラフ

　このグラフをもとに書いた自分史年表[5]では、サラは30歳までの自分の人生を6つの時代に分けている（表1）。0歳から5歳を、テディベアをたくさんもらったことから「くまちゃん時代」、チョコレートが好きだった5歳から10歳までを「チョコレート時代」、転校し、小中高一貫教育校に通った10歳から15歳までは「宿題時代」で、「その大きな学校はたくさん宿題がありました。あまり好きじゃなかった」と語っている。10歳時の幸せ度は30％である。その後、大学受験のための15歳から20歳を「勉強時代」とし、「たくさん勉強しました。いい大学に入りました」と教室で語っている。20歳から25歳は「楽しい時代」であり、年表にも「大学にたくさん友達ができて楽しんでいました」と記し、教室で「20歳と23歳は楽しい時代といいます。いい大学に入りました、新しい友達ができた。おしゃべりな人になりました。その前はちょっと静か人でしたが……それはいいことも、悪いこともあります」と笑いながら話している。20歳の時の幸せ度は0歳時と同じ80％である。この時代をサラは「自分誌」の時代として選び、一人暮らしの解放感、友人との思い出、それによって自分が明るく変わったことを「自分誌」に綴ることになる。それに対して「25歳の時、結婚しました。その後、問題時代といいます」と語り、25歳から30歳までを「問題時代」と名づけている。年表には

第2部｜実践編

「結婚してしまいました。日本へ来てほんと困りました」とある。この時期にサラは日本語学校へ通い始める。

表1　サラの自分史年表の時代分け

0歳～5歳	くまちゃん時代	テディベアをたくさんもらった。（0歳幸せ度80%）
5歳～10歳	チョコレート時代	チョコレートが好きだった。（幸せ度下降線）
10歳～15歳	宿題時代	大きな小中高の学校で、宿題が多かったから、好きじゃなかった。（10歳幸せ度30%）
15歳～20歳	勉強時代	たくさん勉強して、いい大学に入る（幸せ度上昇線）
20歳～25歳	楽しい時代	たくさん友達ができて、楽しんでいた。おしゃべりな人になった。（20歳幸せ度80%、後下降）
25歳～30歳	問題時代	結婚してしまった。日本へ来てほんとうに困った。（30歳幸せ度20%）

　サラのこの「問題時代」は、「結婚」「仕事」「日本（来日）」「子ども」の四つが絡み合い、構成されている。教室でサラのグラフ、年表を見ながら行われた参加者とのやりとりで、サラは「問題時代」を下記のように語っている。

【データ090420】　　　　　　　　　　　　　　＊リン、イーリンは教室参加者

> 1.01　リン：結婚してしまいました？
> 1.02　サラ：（笑い）しまいました。はい、困りました。日本に来て、ほんと困りました。
> 1.03　リン：今でも困りますか？
> 1.04　サラ：はい、今でも困りますよ。（えー？）問題がだえません？
> 1.05　リン：家事？　家の中のこと、例えば洗濯とか？
> 1.06　サラ：ああ、それも小さい問題ですけど、（ほんとに？）
> 1.07　高橋：何か一つ教えられますか。
> 1.08　サラ：う～ん、自分で何か決めないから。
> 1.09　高橋：ああ、一人で決められない。

1.10 サラ：はい、一人で決められない。他の人もいます。私の主人はとっても
いい人と思います。のに、結婚のコンセプトは、私は、好きじゃな
い。

1.11 リン：ええ、どんな意味？

1.12 高橋：ご主人のコンセプトは何ですか。

1.13 サラ：主人は嬉しいです。実は何も変わりません。主人について。主人は
ちゃんと〈結婚前と〉同じ仕事はできます、いろいろなこと、洗濯、
料理は……

1.14 高橋：なるほど、結婚前とご主人は変わらない……けど、もっと便利にな
る。

1.15 サラ：もっと便利になる。ごはんはつくってもらえる、買い物……女の人
はもっと大変になる。

（中略）

1.18 高橋：もっと大きいチェンジは？

1.19 サラ：もっと大きいチェンジは、ちょっと、結婚する前に、私は自分につ
いてだけ考えていたが、自分の仕事、自分の未来？　将来だけ。で
も、今はそういうことできません。

1.20 高橋：例えばどんな将来を考えていましたか。

1.21 サラ：う〜ん。結婚する前に？　結婚する前に、いい仕事ができるはいち
ばん大きな夢でしたが、今はありません。

1.22 高橋：結婚してやめなければなりませんでしたね。

1.23 サラ：はい。

1.24 リン：それと、ここに住んでいることですね。それはいちばん大きなこと
ですね。

1.25 サラ：はい、いちばん大きな問題。

1.26 リン：だから、ご主人結婚していなければ、一緒にここに住んでいません
ね。日本に来ますの考えは全然なかったですね。

1.27 サラ：はい、そんな考えはなかった。その時、その時も私は北のインドの町
で働いていた。結婚する前に。でも、結婚した後で引っ越して……

1.28 リン：サラさん、本当に怒っていますね。

1.29 サラ：はい、本当に怒っている。その時も自分の前の仕事をやめて新しい
仕事を探しました。それも大変でしたから。今も、もう一度引っ越
して日本に来ました。

（中略）

1.32 イーリン：今、子どもが欲しい？

1.33 サラ：はい、赤ちゃんが欲しい。でも、先週、できたがちょっと失敗しま
した。

1.34 イーリン：え？　何できた？

1.35 サラ：妊娠、妊娠しましたが、流産でした。

第2部 │ 実践編

1.36　イーリン：ああ、So sorry.
1.37　リン：先週？　Oh so sorry.　全然〈学校〉休みませんでしたね？　今大丈
　　　　夫？
1.38　サラ：全然大丈夫。3日休んだ。
1.39　イーリン：3日間だけ、もっと休んだ方がいいと思う。本当に大きい、ダ
　　　　メージ。

　サラは大学（工学部）でITマーケティング等を学び、その後大学院へ進
み、MBAを取得する。サラの希望は技術営業職で、北インドでITソフ
トの営業職に就職する。しかし、25歳で同じパンジャビ人と結婚し、夫
の仕事のため、ボンベイ（ムンバイ）へ引っ越すことになる。ボンベイで
苦労の末、やっと銀行に職を見つける。上司が厳しく、大変だったが、
それが役に立ったとサラは語っている。次第に信頼を得、海外在住の投
資家のアドバイザーとしての地位も徐々に確立され、自分で判断、決定
できる範囲も広がり、仕事が面白くなったという。来日までの4年間こ
こで仕事を続けている。
　結婚のきっかけは、父親がパンジャビの新聞を通して結婚相手を募集
し、たまたま同じ大学の一つ上の先輩とお見合いをしたことである。こ
うした結婚はインドでは一般的だとサラは話し、加えて彼女の場合は、
大学時代の夫を見かけたこともあり、人柄がわかっていたので、結婚に
抵抗はなかったという。
　しかし、夫の転勤で、再度ボンベイの銀行職をやめなければならなく
なり、「日本」へ来ることになった時、「結婚」は「問題時代」の大きな
原因として捉えられることになる。彼女にとって「日本」は、自分が苦
労して獲得してきた経験や能力を全く活かすことができない場であり、
「結婚」によって、自分の意志とは全く関わりなく連れて来られた場とし
て捉えられる。
　来日して3カ月、何もすることがないままに、毎日近くの後楽園遊園
地へ出かけ、人々が絶叫するジェットコースターを1日中見ていたとい
う。3カ月経った頃、初めてジェットコースターに乗ってみようと思い、
それからの3カ月は毎日ジェットコースターに乗るようになる。傍観者
から参加者へのこの一歩が、徐々に彼女を回復させたのか、少しずつ日

第8章　参加者の生活・人生にとって教室実践活動はどのような意味をもつのか

261

本での就職を考えるようになったとサラは話す。そして来日して6カ月目に日本語学校に入学する。

入学して1年経った当時、サラには二つの希望があった。一つは、日本語を習得し、彼女の夢である、いい仕事を日本で実現することであり、もう一つは、子どもができて、出産のためにインドへ帰国することだった。どちらの夢も、インドから日本への場所・環境の移動によって無能化された「私」から抜け出し、「私」に意味をもたせようとするものだった。こうしたサラの社会的状況に「自分誌」活動はどのように応えたのだろうか。

4 ｜ 教室内での学び

ここでは、「自分誌」活動におけるサラのデータ[6]をもとに分析、考察した論文（高橋2010）から「無知の姿勢」と「意味の円環」の2点について報告する。この2点は私の日本語教育観の見なおし、教育実践の改善・再構築を目的とした私自身の視点で教室内で起きた出来事について分析・考察されている。その意味で、教室内の視点で教室を描写したものである。この視点は、教室内での実践活動を教室内に還元しようとする視点である。

4.1 無知の姿勢

サラは、勉強（受験）時代に、親友だと思っていたクラスメートに試験の直前にノートを隠されるという出来事を経験する。この出来事は、その後のサラの人生に他者への不信感を植えつけた出来事である。しかし、「自分誌」に書かれたこの出来事を教室参加者とエラボレートする過程の中で、彼女は徐々にその友人への評価を変えていき、最後には彼女を許し、もう一度会いたいという気持ちを口にし、「自分誌」に記すようになる。教室内のエラボレーションで教室参加者が行っているのは、サラの変容を促そうとするものではなく、サラの感情を理解しようとする質問だけであるが、そこで起こったサラの変容について、私は以下のように解釈している。

第2部｜実践編

サラは自己の物語を語り、他者の承認を受けることで、できごとへの捉え方を変容させたと捉えることができる。　　　　　（高橋2010: 57）

「語る−聴く」という関係によって自分の意味づけが承認、妥当されたという感覚が、新たな意味づけにつながったのだろう。

（高橋2010: 78）

　また、教室参加者による承認や評価を表す具体的な言動は行われていないにもかかわらず、変容が起こった原因については、カウンセリングにおける、セラピストのクライエントに対する態度としての「無知の姿勢」（アンダーソン・グーリシャン 1997/1992）を引きながら、教室内の協働的な関係性がサラの過去の出来事への心的態度の変容へつながったと考察している。

　　「他者を理解しようとする」質問が、新たな物語を引き出す「聴く力」となって、同じように「そのときの自己を理解しようする」サラと、協働して理解・発見を探索するメカニズムとして働いたのではないか。つまり、サラの出来事に対して、サラと教室参加者は協働関係を取り結んでいることになる。　　　　　（高橋2010: 78）

　「無知の姿勢」とは、「セラピストの旺盛で純粋な好奇心がその振舞いから伝わってくるような態度ないしスタンス」のことであり、「話されたことについてもっと深く知りたいという欲求」を表し、たえず「教えてもらう」姿勢、態度のことである（アンダーソン・グーリシャン 1997/1992: 68）。セラピストは何について無知なのか、「クライエントが生きる世界」について無知なのである。クライエントは「自分が生きる世界」についての専門家である。アンダーソンとグーリシャンは、この「無知の姿勢」が「対話を通して新しい物語を創造する」（p.67）協働的な関係を構築すると述べている。クライエントとセラピストの関係に限らず、クラスメートの「無知の姿勢」が「聴く力」となり、対話によってサラとクラスメートのオーセンティックな関係がつくられ、サラの過去の出来事に新しい意味をもたらしたと私は考えている。

第8章　参加者の生活・人生にとって教室実践活動はどのような意味をもつのか

4.2　意味の円環

　2点目は、互いに自分のテーマをもとに相手の「自分誌」を理解しようとすることで、対話が生まれ、その対話に沿って互いのテーマが融合されていく例である。

　サラともう一人の教室参加者ジェーンは互いに「自分誌」をエラボレートする中で自分のテーマをもとに、相手の「自分誌」を掘り下げようとしていく。サラのテーマ「（大学時代の）家族、友だちと私の変容」に対して、ジェーンのテーマは「趣味・興味の変遷」である。サラが、自分のテーマである「家族・友達」をもとに、「趣味や興味の変遷」への「家族の影響」についてジェーンに問いかける。ジェーンは、それに応えていく中で、子ども時代に海や海の生物に興味をもったのは、海が好きだった母の影響を受けていたことに気づく。また、ジェーンの「大学時代」の「趣味・興味は何だったか」という問いかけに対して、サラが「趣味は小説と友達」と答え、それによってサラは大学時代の友達と趣味のもつ共通項に気づき、「友達」についての意味づけを変えるということも起こった。それぞれのテーマを往還する中で、自他のテーマが融合される関係が生じ、その上に新たなそれぞれの意味が現れてくるのである。サラもジェーンも、自身のテーマを相手に投げかけることによって、他者の反応を引き出し、その反応から自身のテーマをより理解しようとしている。その結果、投げかけられた側が、相手のテーマを共有しようとするが、その共有は自身のテーマをもとに行われ、自他の境をなくしていく。それが自身のテーマへの気づきにつながるのである。この点について、私はナラティブセラピーの「意味の円環」(wachterhauser 1986) を引いている。「意味の円環」とは、カウンセリングにおけるセラピストとクライエントの対話の文脈で生まれたものである。例えば、ここにAとBがいる。最初Aの語る物語はA一人の意味というAの〈全体像〉である。二人が対話を始めることによって、Aの〈全体像〉が新たに出現した、Aにとっての〈部分〉であるBの物語によって理解しなおされる。これはBにとっても同じで、AとBは、意味の円環の中で、かわるがわるその位置を交代する。〈部分〉から〈全体〉へ、〈全体〉から〈部分〉へ移動しながら、互いに理解したいという関係によって、円環の内部に留まり続ける。この過程でAとBの両者に新しい意味が芽生えるというものであ

第2部　実践編

る。私は、この「意味の円環」を根拠に、サラとジェーンの対話を下記のように考察している。

> それぞれ異なる分野の専門性をもった専門家がふたり、相互に自分の専門性の視点で他者を理解しようとしていくうちに、ある時点で相手の専門性から自分を見ている自己に気づくプロセスに近い。（中略）ジェーンは「趣味・興味の変遷」を自分主体で捉えていたが、サラの「家族・友達」というテーマで、それを捉えなおした時、（趣味・興味の変遷に影響していた）母や友人の存在に気づくのである。この「意味の円環」で重要なのは、〈全体〉に〈部分〉を取り込むのではなく、〈全体〉を〈部分〉で捉えなおす態度であり、また、常に「意味の円環」の内部に留まろうと、「無知の姿勢」を継続させていく態度である。「自分誌」活動で言えば、まず自分の「テーマ」を持ち、自分の視点を確保すること、次にその視点で意味づけながら、常にそれを他者のテーマによる視点で意味づけなおしていく円環である。「テーマ」の重要性、「無知の姿勢」に通ずる興味・関心の循環、〈全体〉への〈部分〉という「他者性」による捉えなおし、こうした条件は「対話」的関係そのものを指し示している。この関係性のもたらすものは、自己アイデンティティの変容ではなく、その関係性によって正に立ち現れてくる新たなアイデンティティと捉えることができる。このことは、自己アイデンティティを、個人についての私的な認知構造としてではなく、人の言語と言語の使用、言説として捉えることである。　　　　　　　　　　　　　（高橋2010: 79–80）

　自身のテーマの、より新たな意味は、他者のテーマに関係づけられて存在していく。それは意識されたものと言うより、談話の形式に則って生じた相互作用によって導かれていく。これは、ことばとして表出された流れが談話行為の連続性に沿って二人の関係を構築し、その中に意味が、あるいはそれを意味として捉える自己が、立ち現れたと私は解釈している。

　上記のように、自他ともに真摯に理解しようとする関係性が、新たな自己物語の意味を更新していく様子がわかる。自己アイデンティティの

更新に関わる教室実践での「気づき」は、自己の生きている環境や自己そのものをよりよいものにしたいという欲求と、自他に対する知りたい、わかりたい、訊きたい、伝えたい、といった素朴な興味・関心などの情動に支えられた、オーセンティックな関係性によって生まれる。ここでいう「オーセンティックな関係性」とは、自己の参加によって自己・他者・関係が変化・更新され、個々それぞれの経験活動とその社会に新たな意味をもたらすような関係である。実践活動の観察によって確認されたことは、教室の中で構築されたこうしたオーセンティックな関係性である。「自分誌」を書く過程で起こった、関係性によるこうした過去の出来事や自己の意味の更新は、今現在のサラの「問題時代」にどのように影響していくのだろうか。

5 ｜ 教室実践の外側からの視点

　ここでの教室実践の外側とは、サラが主体的に生きている場所であり、実践活動当時サラが「問題時代」として捉えていた彼女の生活、人生のことである。外側からの視点とは、当時のサラの生活や人生にとって、この実践活動がどのような意味があったのかを見つめなおすことである。「自分誌」という実践活動と、サラのこの「問題時代」はどのように関わっているのだろうか。

　サラが直接「問題時代」に触れたのは4月20日のみである。そのため、教室活動と「問題時代」の関わりを探るための接点が必要になってくる。その接点として、教室内の言動の中から、過去の出来事への評価の言句を引き、その評価の基準となる価値観を形成しているキーワードを抽出した。「自分誌」活動による過去の出来事への変化は、その評価の基準となる価値観の変化によるものであり、こうした価値観の変化が、現在の「問題時代」に対する評価にも影響を与えるものとなり、接点として機能するのではないかと考えたからである。

　まず、「自分誌」活動におけるサラのデータ[7] から、「仕事」「日本の生活」「家族」「結婚」に対する評価の言句を引いた。対象をこの四つに絞ったのは、「問題時代」の評価が、この四つに関わるものだったからである。こうした評価の言句の中から、評価の基準になる価値観を示すキー

ワードを抽出した。その中でどの事柄に対しても評価基準になるキーワードとして、「自信」「幸せ」「満足」が頻繁に現れることがわかった。特に「満足」は「自信」や「幸せ」を決定するものとして使われることが多く、サラにとって出来事を評価する重要なキーワードであるように思われた。また、教室実践の中で「自分誌」をより深めるための過程で「満足」観をテーマに何度か話し合いが起こっている。6月12日に行われた授業「今のわたしをつくっているもの」でも、サラは「家族・友達・社会・経験・教育・仕事・満足」の七つをあげている。また、自己の物語である「自分誌」は、過去の出来事をどのくらいの満足感をともなって捉えているかに影響されるものでもある。直接「満足」観が表明されていなくても、「自分誌」の記述から、「満足」観が推測できると考えた。そのことから、私は「満足」を「自信」や「幸せ」の決定要因として位置づけ、「満足」についての言説を辿ることで、「問題時代」との関わりを探ることにする。また、実践活動修了後に、「満足」観をキーワードに実践活動と実践参加中の人生経験を振り返るフォローアップ・インタビュー[8]を行い、教室実践の気づきや更新と人生経験の関係を探った。

5.1 「満足」観の変容

6月24日[9]、完成した「自分誌」を互いに読み合った折に、サラの「自分誌」にある、ディベート大会で優勝したり、MBAを取得するための大学院に一人合格したりしても、それを喜ぶことをしないサラに対して、ジェーンが「なぜ喜ばないのか」と質問したことから、「満足」観そのものについて話が進み、現在の状況についても語られる。以下は6月24日の様子である。

【090624SJ】　　　　　　　　　　　　　　　　＊ジェーンは教室参加者

2.01　サラ：満足できなかった。簡単に。
2.02　高橋：どうして満足できなかった？
2.03　ジェーン：どうすれば満足できますか？
2.04　サラ：わからない、<u>多分性格はちょっと変ですね。</u>
（中略）
2.09　ジェーン：サラさんは1番だったら嬉しいですか。他の2番3番じゃなくて

第8章　参加者の生活・人生にとって教室実践活動はどのような意味をもつのか

2.10 サラ：<u>とっても1番したことないから、嬉しくないかな。</u>

2.11 ジェーン：1番とった時？

2.12 サラ：<u>うん、1番とった時、1番もちょっと違いますね、</u>例えば私は〜という学校に入った、私にとっては、エキセラ大の方がいいね。でも、多分エキセラ大学行ったら、私はああ、ハーバードがいいね。

2.13 ジェーン：ああ

2.14 サラ：<u>そういう気持ちですね。うん、いつも上を見て。</u>

2.15 高橋：じゃあ、満足しない。

2.16 サラ：はい、<u>満足しないの性格。</u>

（中略）

2.28 ジェーン：<u>でも、その（満足できない）おかげで、上手、早く上手になります。</u>私はちょっとだけできれば、それで満足、それでもっと頑張りません。

2.29 サラ：<u>でも、それで頭の平和？</u>〔うん〕<u>はありません。</u>

2.30 ジェーン：ああ、

2.31 サラ：<u>今、思っているのは、いつも頑張っていますけど、時々、ちょっと何かもらって、時々満足した方がいいと思います</u>……〔うーん〕いつもじゃなくって、けど……

2.32 高橋：うーん、そっか、いつも、こうもっともっとっていうのは疲れるかもしれないねーどっちがいいんでしょうね。

2.33 ジェーン：でも、<u>バランスがある</u>と思います。

2.34 サラ：<u>バランスがある、それは必要。</u>

　下線部分が「満足できない私」に対するサラの評価（意味づけ）と思われる部分である。ここには、「満足」観という基準によって、自己の状況を評価、意味づけている様子が表れている。最初サラは「性格が変だ」（2.04）と評価している。それは「いつも上を見ている」（2.14）からだと説明し、ジェーンの「そのおかげで早く上手になる」（2.28）という長所を退け、そのせいで「心の平和が得られない」（2.29）と短所を述べている。その上で「小さいことで満足する方がいい」（2.31）と結論するが、最後にジェーンのバランスということばに賛同（2.34）を示している。

　ある出来事になかなか満足できないサラと簡単に満足できるジェーン、それぞれがバランスという点に落ち着いているが、7月11日のインタビューで再度「満足」観についてサラに質問したものが下記のものである。ここでは、「バランス」という点で、「自分誌」の時代である大学時代と現在が比較されている。

【0711InterviewS】

3.01	高橋：最後に、ジェーンさんと話した時がありましたね。その時にサラさんは自分のことを「あんまり満足ができない人」と言ってた。〔はい〕でも最近は変わりました？
3.02	サラ：先生、今も満足できない。
3.03	高橋：今も。
3.04	サラ：できない。
3.05	高橋：それはどうですか。それについては。さっきの仕事の話でいくと、もっといい仕事がしたいとか、というのが夢になって、満足できないからこう夢がある。でもその時言ってたのは、そのために心がいつも、なんていうの、安心できない、もっともっとって思うから安心できない。そのバランスが大切だってサラさんが言ってるんだよね。そのもっともっとという気持ちと今のままで安心する気持ちの、両方のバランスが必要なんじゃないかと最近は思う？
3.06	サラ：そうですね。
3.07	高橋：それはどうですか。
3.08	サラ：それは……もっと欲しいのも大切だと思うけど、実は欲しくなかったら成長できないから。けど、いつも成長について考える人はいつも心配している人です。だから、嬉しくならない？ 嬉しくできない？ 楽しくない？ だからバランスが大切。成長について考えながら今の生活を楽しんでる人。これはideal。理想的にいちばんだと思います。
3.09	高橋：ああ、サラさんの今はどうですか。
3.10	サラ：今はバランスが全然ないから、もっともっとって考えています。
3.11	高橋：そっか。今までそのバランスがとれた時期とかありましたか。ああ、この時はなんか、その、今もOK、もっともOKだったという時代。大学の時はどうでしたか？
3.12	サラ：大学4年（のとき）は同じでした。
3.13	高橋：バランスがよかった？
3.14	サラ：はい。努力してMBAの試験の準備もしました。けど、その大学の最後の年だから、友達と楽しんで時間を過ごしました。最後の年だからちゃんと勉強もしました。
3.15	高橋：その大学4年の時がいちばん、こう、バランスがいい。
3.16	サラ：よかった。自分も夢について努力して、努力しながら楽しんだ。
（中略）	
3.20	サラ：満足誰もできないよ、先生。
3.21	高橋：〔笑〕それももちろんそうだけど、100％満足というのは難しいと思うけど、でも今サラさんが言ったように、今もこれでまあいいじゃないか。でも次へ向かおうというバランス。

3.22	サラ：	でも欲しいもののために<u>努力する</u>のはもっと大切。時々、今私はもっといい仕事がしたいけど、<u>したい時はもっと心配</u>。でもしたいけどその<u>仕事のために例えば、いろんな申し込みをして日本語を習っている時、準備をしている時はそんなに心配じゃない</u>。それはいちばんいい。<u>欲しいけどそのために努力するの。</u>
3.23	高橋：	自分が次に何が欲しいのかというのが見えていて、それに向かっている時がいちばん心配はないし〔そうですね〕満足ではないけれども余計な心配はしない。その時気持ちが落ち着いている。
3.24	サラ：	はい。
3.25	高橋：	そうですか。満足をめざしているけど満足が欲しいわけではない。<u>次何がしたいかがわかっていてそれに向かって努力する時が自分でいちばんいい時なんだね。</u>
3.26	サラ：	いい時です。
（中略）		
3.30	高橋：	友達とか家族というのは満足ではないけど努力が好きなサラさんにとってどんな人たちとか……
3.31	サラ：	家族は普通の家族ですからいつも役に立つ。家族は多分、落ち込んでいる時も大丈夫と。
3.32	高橋：	それはサラさんの家族？ それともご主人との家族も？
3.33	サラ：	はい。いつも大丈夫、<u>あなたは努力をしました、結果がどうですか、それは考えられない。</u>
3.34	高橋：	ああ、そっか。家族は、そのサラさんが努力をしていることを知っている人たちなの？
3.35	サラ：	はい。
3.36	高橋：	ああ、わかった。
3.37	サラ：	<u>満足できなかったら、心配の時、家族はとても役に立つ。</u>

　「今も満足できない」（3.02）から出発するが、今回「満足」は「成長」との関係で語られている。「いつも成長を考えている人は楽しめない」ことから、「成長について考えながら今の生活を楽しんでる人」（3.08）をサラは理想として語る。「自分誌」執筆当時はそのバランスがとれていないが、成長をめざしながらも、今現在にも充足している状態としての「大学4年生」時代の意味に改めて気づく。彼女自身のことばとして「自分も夢について努力して、努力しながら楽しんだ」（3.16）時代である。「満足」観を通して振り返った時、大学時代の楽しさが、友達ができたこと、大学受験から解放され、自分自身が変わったことだけではなく、この夢と努力のバランスが理想的な時代でもあったことが新たにわかって

くる。過去の物語は現在の視点から構成される。現在の状況とは対照的な時代として、「楽しい大学時代」があるが、この気づきは、「問題時代」を解決可能な、より具体的なものとする指針を与えてくれる。

　サラにとって結婚は「自分一人では何も決められない」（090420, 1.10）であり、「いい仕事をしたいという夢を諦めさせた」（090420, 1.21）存在として評価されていた。それはやはり大学時代の対岸にある不自由なものとして認識されている。しかし、前回の「心の平和が得られない」（090624SJ, 2.29）、「もっと、もっと」（3.10）という気持ちは、今回のインタビューでは、努力という実行をともなった時、心は落ち着きを取り戻すことができると述べ、心の平和を得る解決策が示されている。「もっといい仕事がしたいけど、したい時はもっと心配。でもしたいけどその仕事のために例えば、いろんな申し込みをして日本語を習っている時、準備をしている時はそんなに心配じゃない。それはいちばんいい。欲しいけどそのために努力するの」（3.22）と語られている。「もっと、もっとって考えて」（3.10）いる現在の状況は、この「夢と努力のバランス」という「満足」観から見た時、来日という場所の移動や結婚が原因ではなく、自分の手で対処、努力できる、より具体的なものとして現れてくる。日本語学習や就職活動といった努力をすることで、バランスをとることができるのである。また、「満足」を「夢（将来）と努力（現在）のバランス」として見ることは、家族に対しても、特別な見方を提供している。結婚によって日本に連れて来られたと考えていた夫も含めて、家族は、結果がどうであれ、努力していたことをわかってくれている人（3.33）、満足できない時支えてくれる（3.37）存在という一面が見えてくる。

　こうした変化は、サラの生活の変化と影響し合うように生まれている。実践活動当時はまだ決まっていなかった就職が、この7月11日のインタビューの時点では小学校の非常勤英語教師に決まり、既に子どもたちに英語を教え始めている。自身の学歴や資格が活かせる仕事ではないが、サラはこの仕事に就いたことを喜んでいる。サラは同じインタビューで仕事について次のように語っている。

【0711InterviewS】

4.01　高橋：仕事はどうして大切なんだろう、サラさんにとって。

4.02　サラ：仕事があったらいつも忙しい。忙しい人は病気が全然ない。すごく健康。もう一つ、いつも何か考えている、頭は悪い気持ちが全然入れない。もう一つ、仕事ではいつも夢があります。例えば、主人はバレットマネージャーとして働いているけど、今は○○に入りたい、次は、次は、次は。だから一生懸命に仕事をしている。その……夢があったら、私も例えば、仕事がない、だから太りました。今他の問題がたくさんあります。体を悪くして、他の人と話す機会が少ない。だから……いつも心配している。頭が暇だから。

4.03　高橋：頭が暇だから。〔笑〕そっか、仕事をして忙しくしたらそんなつまらないことが考えられない。それでもっと夢の、もっといいことを考えることができる。だから仕事が大切なわけだ。

4.04　サラ：今の仕事も水曜日から金曜日までだけど、その3日は嬉しい、嬉しい気持ちです。とても大変になるけど晩まで。とても疲れているけど嬉しい。でも月曜日と金曜日はいつも寝ているけど嬉しくない、悲しい。

4.05　高橋：心配していろいろ考えちゃうから。

4.06　サラ：これも悪い、これも悪い。そういう感じです。

4.07　高橋：そっか。今の仕事の夢は何？

4.08　サラ：今の仕事の夢？〔うん〕英語教師の仕事？〔うん〕学校の現場で英語教師として仕事は初めてだから子どもたちともっと楽しんで英語を教えたい。日本での子どもだから今は小学校ですけど、多分3年くらい後で中学校で、高校までその英語が嫌い、その気持ちじゃなくて、あ、英語が嬉しい、面白いです、楽しいです、私たちもできる、

4.09　高橋：そう思える授業をしたい、それが夢。

4.10　サラ：夢です。

　インドでの仕事や学歴を活かす仕事とは異なるが、サラにとってこの仕事は、身体的・精神的両面での健康と、夢をもたらすものである（4.02）。現在の英語教師の仕事は週3日の仕事だが、その3日間は余計なことを考えずに済み、疲れて大変だが、嬉しい（4.04）。そして現在の仕事の夢として、子どもたちが将来も英語が面白い、できると思えるような授業をすることだと語っている（4.08）。仕事によって、サラは現実的に身体的・精神的健康と夢を手にいれることができたと感じている。この現実も、「満足できずに、もっともっとと求めるのは心の不安を招く

が、そのための努力を実践している時、その不安がなくなる」という「満足」観への新しい視点に影響を与えていると考えられる。

　「満足」観を「夢と努力のバランス」として捉えることは、教室の外にあるサラの生活の変化という現実が影響している。しかし、それだけが独立して作用しているわけではなく、「大学時代」と「現代」が相互に呼応しているように思われる。新たな「満足」観から見た時、楽しい「大学時代」は自由さや友人たちだけではなく、夢と努力のバランスがとれていた時代でもあった。このことは、抽象的な「楽しい」を具体化し、対極にある「現在」も「夢と努力のバランス」という、より具体的な視点から比較することを可能にしている。と同時に、現在日本で夢が少しずつ見えはじめ、それに向かって努力しているという現実が「大学時代」に新たな意味をもたらしたと言うこともできる。今実際に行っている日本語学習や就職活動という努力につり合う具体的な夢として非常勤英語教師があり、このバランスが身体的・精神的健康をともなう嬉しさをもたらしているという現実である。「個人は、アイデンティティを求めたり自分の生活を築くために過去のできごとや行為を秩序づけ、個人的な語りを構成する」と桜井（2002: 32）は述べている。

　出来事を評価する価値観の変化は過去、現在を越えてつながっているように見える。サラの中で「問題時代」と「大学時代」は、「満足」観というテーマによって、重なっている。この重なりを通して、過去の物語の意味を捉えなおし、同時に現在を新たに意味づけているといえるのではないか。

5.2　サラの心的態度の変化

　日本語学習の動機となったサラの「問題時代」への心的態度がどのように変化したのか、サラの来日直後と「自分誌」活動後期の変容の様子を下記の表にまとめた（表2）。

　サラは最初、日本を「自分を無力化」する社会として捉え、「不満」を感じている。この社会は、サラの狭い体験を通して抽象化されたものであり、英語で表現される有能なサラと日本語で表現される無能なサラの衝突を生む。その衝突から、サラは有能な英語的自己をそのままに日本語的自己に翻訳していこうとする。この自己は、サラによって仮想さ

れ、抽象化された社会が期待するであろう自己のイメージである。それを実現するための第一歩が日本語学習であるが、自ら望んだものではなく、英語が通用しない日本社会からの一方的な要請としてサラは受けとめている。サラ自身が、言語の壁を「無力化」の原因として捉え、言語を獲得することで、かつての能力のある自己を取り戻し、社会への参加を可能にするという動機に支えられているからである。インドでも、日本でも自分は同じ自己であり、その表現形である「ことば」を獲得すれば、再び有能な自己として日本の社会に参加することができる。これがサラの最初の自己観であり、言語観、社会観でもある。そのため、彼女は最初、文法・語彙などの言語知識を貪欲に獲得しようとする。この時彼女にとって、教室の内側はいわばモラトリアムの場であり、練習の場である。

　しかし、「自分誌」活動を通して、ことばで表現しようとする自己そのものが、様々な現実、教室のオーセンティックな関係性によって更新され、変容する経験を経て、7月11日のインタビューで彼女は「次のクラスは話す時間だけします」と述べるようになる。理由として「学校からたくさんことばとか文法とかもらったけど、私は消化できなかった。今、そんな上の文法とか、ことばとか習わないで、話したい」、「世界を見るのはちょっと自信がついた。自分についていろいろ考えるのは、とても楽しかった」と述べている。ここでの日本語の学習動機は、抽象化、ステレオタイプ化された社会からの要請としての「ニーズ」ではなく、サラの具体的な生活・人生を基盤にした、必然性をともなった「ことば」への要望である。来日当初のサラは、固定された自己、有能な自分があり、そのまま日本語に翻訳される、自己の表現形として、静態的にことばを捉えている。しかし、今、「無知の姿勢」や「意味の円環」などのことばの力を実感する経験を経て、ことばは共に動態するものであり、今、ここでの具体性のある世界を理解するためのものとして感じているのではないだろうか。

　サラは時を同じくして、度々応募していた就職先の職種を変更している。それまでは、母国で勤めていた金融関係やコンピューター関係の技術営業職を望んでいたが、6月の終わりに今の自分でもできる仕事として、小学校の非常勤英語教師に応募し、内定している。この出来事とも

相互作用しながら、「満足」観は「夢と努力のバランス」として理解され始めている。サラは来日当初、場所の移動・社会の変化を基準に自分の現実（無能な自分）を捉え、「もっともっと」と何に対しても満足できない状態だった。しかし、「大学時代」と「現在」が呼応しながら、「満足」を「夢と努力のバランス」として捉えた時、現実は努力のできる、より具体的なものになり、希望職種もそのバランスとして納得している。その結果、日本の社会の中で実現可能な職業や自己の具体性を見つけている。

　こうした一連の変容は、ことばの力を経験し、サラが主体としての権利を取り戻したことによって生じている。一方的に意味づけられるものから、相互に意味づけ合っていくものへの変化である。それによってサラは、この社会に自身の場所を建設し、参加する市民としての自己アイデンティティを更新したことになる。

表2　サラの来日直後と「自分誌」活動後期の価値観の変容

		来日直後	「自分誌」活動後期
社会		サラの能力を無力化する 抽象的な社会	夢を現実にできる 具体的な社会
自己		静態的 英語で表現される有能な自分 ×（対立） 日本語で表現される無能な自分	動態的 夢に向かって努力する自分 ＋（相互作用） 英語・日本語に関わらない自分
社会と自己 の関係		抽象化された社会から 自己への一方的要請	具体化された社会と自己との 両方向的意味づけ
満足		常に満足できない	夢と努力のバランス
言語		静態的・知識優先	動態的・自他、世界の理解優先
日本語 学習動機		抽象化された社会からのニーズ	具体化された社会での必然性
希望職種		［インドでの職業］ 金融関係・コンピューター関係	小学校英語教師
教室の内 と外の関係	内	モラトリアム・練習の場	サラの生きるテーマによって 内と外が重なる場
	外	上記の社会観における生活の場	

6 サラにとっての「自分誌」活動の意味

　今、サラという個人は自身が生きている社会の中に埋め込まれた存在であり、それは社会からサラへの一方的な意味づけや関係づけではなく、サラが社会を再帰的に意味づけ、関係していく相互行為として成立している。こうした市民としてのサラという存在にとって、この教室実践はどのような意味をもつものだったのだろうか。

　教室の中で起きたことの一つ目は、「語る－聴く」という関係によって自己が承認、妥当された感覚が生まれ、新たな意味づけにつながったことである。社会の外に立ち、疎外された孤独な印象である来日直後のサラは、自己を主体とした教室活動に参加することで相互作用する関係性を経験する。他者を理解しようとする「無知の姿勢」「意味の円環」という態度が、協働で新たな意味を引き出す「聴く力」となり、自他への承認・安心を生み出す。こうした自他が肯定される経験が、「満足」観の具体化を含む、自己・言語・社会観の変容の基底にあるものである。自身のことを語る経験、興味をもって聴いてもらえる経験、聴く者からの質問に応える経験、考える経験、考え応えていく中で出来事や自己の意味が変わっていく経験、関係の中で自他が承認されていく経験、こうしたオーセンティックな言語活動の総体を経験することで、「ことば」のもつ力をサラは実感していく。この実感こそが、おそらく「ことば」の「学び」なのだろう。サラにとって、この教室実践が意味をもつのは、この「ことば」の力を実感として経験したことである。

　次に教室で起きたことは、サラが教室の内と外とに重なる言語主体として、日本で生きることの問題を一つのテーマ「夢（将来）と努力（現在）のバランス」を通して具体化したことである。ここまでサラの物語を「教室」という場を中心に、教室の内、外という物理的な視点の先として描いてきた。しかし、サラの物語は、教室の内と外とでスイッチし、切り替わるものではない。どちらかというと、サラの中に幾重にも折り重なるようにして存在しているように感じられる。人生を生きる者としてのサラが抱えている「問題時代」は、教室の中の実践を通して、「勉強時代・大学時代」という過去の物語として現れてくる。しかし、「満足」観

第2部｜実践編

というテーマから見た時、現在の問題とこの二つの時代は相互に関係し、重なっている。ベンソンは、教室を超えた学習を考える上で、「教室の外を理解しようとして経験する困難は、単に日常生活の経験をどのように教室内学習に統合するかを検討することではなく、教室と教室の外の世界にまたがる複雑で社会的な学習の在り方を検討していかなければならないことにある」（ベンソン 2011/2009: 225）と述べている。この「教室と教室の外の世界にまたがる複雑で社会的な学習の在り方」は、サラにとって、「問題時代」であった日本社会の中で、どう生きていくのかという切実さをともなう学習であり、サラの自己アイデンティティに関わる多くの価値観を更新させるものである。このサラにとっての生きる切実さが、必然性となり、サラの教室・実践活動の意味を構築するものである。「自分誌」活動に意味があり、サラを変容させたというのではなく、サラの生きていこうという意思がこの活動にサラの変容という意味を与えている。教室参加者はよりよく生きたいという主体であり、その切実な要望の中から具体性をもったテーマを発見することが、この実践活動に意味を吹き込むのではないか。このテーマによって、社会や経験活動が「ことば」を通して「私の社会」「私の経験活動」になり、他者と相互に意味づけできる具体的なものになる。それが、上記の「ことば」の力に循環、連続し、サラが生きる経験活動の場として、教室の内も、外も連続している。

　サラにとって、この教室活動は、「ことば」の力を経験として実感した場であり、その「ことば」の力の経験そのものが、生きることとして重なったオーセンティックな場である。

　教室実践を通して、個々人の参加者の生活や人生の中に折り重なっている様々な現象を、一つのテーマとして浮かび上がらせ、そのテーマを巡ったオーセンティックな言語活動の総体を経験することで、教室の内と外は、教室参加者の中で結ばれるものになる。

7 ｜ おわりに

　私は最初この小論で、サラを一つの例として外側からの視点から「自分誌」活動を位置づけようと考えていた。しかし、書いているうちに

「自分誌」活動そのものに意味があるのではなく、サラの生きている課題そのものが、この実践活動に意味を吹き込むものだということがわかってくる。言い換えれば、参加者が異なれば、それぞれに異なった実践活動としての意味をもつのである。私はその後、今、ここで行われたサラの「自分誌」活動をサラの人生からの視点で描くことに努めた。その結果、実践研究そのものというより、実践活動を舞台とした、私から見たサラの「自分誌」になっていった。

　三代（2009）は、留学生と日本語教育の文脈の中で、「日本語能力の育成ではなく、出会いや経験に基づいた自己の変容を中心とした学びの場の創出を目的とすること」（p.91）を前提に、留学生活と日本語教育の関係を考えた時、「日本語教育は留学生活に埋め込まれ、言葉の学びは生活に埋め込まれているという当然の事実が、重要な意味を持つ。つまり、留学生の日本語と日本語教育の問題を考えることが日本語教育研究ならば、日本語と日本語教育を中心に議論するのではなく留学生の生活自体を議論の中心にしなければならないという逆説がそこには見出せるのである」（p.92）と述べる。そのためには、生活の場、生きている場にいる教室参加者を主体に、それぞれの人生から「教室と教室の外の世界にまたがる複雑で社会的な学習の在り方」（ベンソン 2011/2009: 225）を一人ひとり丁寧に解き明かしていくことが必要になる。

　「学び」とは自分の取り囲む現実をよりよいものにしようという欲求である。それを実践するための研究は、「かけがえない自己という存在を認めた上で、その自己に何ができるのかを自らに問う」（細川 2005: 7）実践研究者のアイデンティティと「学習者側の主体性とアイデンティティと視点の相互構成的関係性の中に」（川上 2006: 12）一人ひとり生きている者の世界を意味づける接点として展開されなければならない。今後、実践研究は様々な参加者それぞれの環境や経験活動、社会を主体に、それを取り込み再構成しながら、実践研究者、教室参加者が共に個々のよりよく生きようとする方向性を辿るものになるのではないだろうか。

第2部　実践編

注	[1]	エラボレーションとは『「自分の木」の下で』（2005）の中で大江健三郎が使っていることばである。大江は添削や推敲に対して、「相手と同じ場所に立って、一緒に文章を磨き、相手と自分とを人間として少しずつでも高めていく」ものとしてエラボレーションを使っている。
	[2]	「私」の経験は「私」だけからの視点で捉えられている、こうした一度も他者に触れられていない「私」をここでは「孤」とする。この「孤」がことばによって開かれ、社会的意味を獲得することが、ことばの学びの一つであると、私は考えている。
	[3]	当該クラスの授業内容は、週20コマのうち、 　①教科書『文化中級Ⅱ』（10コマ） 　②「図書館」（2コマ）：小説、エッセイ、新聞、雑誌、詩など様々なジャンルの文章を読み、考え、感じたことを話し合っていく。 　③「映画館」（4コマ）：映画『バッテリー』を鑑賞するが、表現等の学習ではなく、話し合いながら作品を掘り下げていく。 　④「自分誌」活動（4コマ） である。当該クラスの担当者は5名で、うち3名が①を担当し、②③④はそれぞれ1名が担当した。私は、当該クラスの担任と、①を2コマと④を担当した。
	[4]	人生の幸せ度グラフとは、「自分誌」活動における執筆する時代、テーマを決めるためのツールの一つである。グラフをもとに、教室参加者とのやり取りを行う。個々によって異なる「幸せ」の概念についての話し合いに使用することもある。
	[5]	自分史年表とは、「自分誌」活動における執筆する時代、テーマを決めるためのツールの一つである。今までの人生を節目（時代）で分け、それぞれの節目（時代）における代表的ないい思い出、悪い思い出等を記入する。また、興味の変遷・安心できる場所・出会った人・大切な決心など様々なトピックをリンクさせながら、教室参加者と共に年表を厚くしていく。
	[6]	分析データは次のとおり。1）授業記録：それぞれの授業で行った内容、個々の参加者の様子、教室全体の状況を記録したもの。2）授業音声データのトランスクリプション。3）個別インタビューのトランスクリプション。4）学習者の成果物：自分史年表・幸せ度グラフ・自分誌。
	[7]	注［6］と同じデータ。
	[8]	7月11日活動終了後に、個々の教室参加者に個別インタビューを行った。

| [9] | 全15回の「自分誌」活動の最終日に当たる。作成した文集を読み合いながら、最後のエラボレーションを行った。 |

参考文献

アンダーソン，H・グーリシャン，H.（1997）「クライエントこそ専門家である―セラピーにおける無知のアプローチ」S. マクナミー・K. J. ガーゲン（編）『ナラティブ・セラピー』（野口裕二・野村直樹訳）pp.59–88. 金剛出版（Anderson, H. & Goolishian, H. (1992) The Client is the Expert. In S. McNamee & K. J. Gergen (Eds.) *Therapy as Social Construction* (pp.25–39). London: SAGE Publication.）

大江健三郎（2005）『「自分の木」の下で』朝日文庫　朝日新聞社

川上郁雄（2007）「「ことばと文化」という課題―日本語教育学的語りと文化人類学的語りの節合」『早稲田大学日本語教育研究センター紀要』20, pp.1–17. 早稲田大学日本語教育研究センター

桜井厚（2002）『インタビューの社会学―ライフストーリーの聞き方』せりか書房

高橋聡（2010）『関係性としてのアイデンティティをめざす―言語教育における自分誌活動の可能性』早稲田大学大学院日本語教育研究科　修士論文（未出版）

高橋聡（2012）「言語教育における「自分誌」活動の可能性―ことばとアイデンティティを結ぶために」M. V. Lakshmi・細川英雄・P. A. George（編）『Japanese Language Education: A Bridge between Language and Culture 日本語教育：ことばと文化の掛け橋』pp.15–37. New Delhi: Northern Book Centre.

ベンソン，P.（2011）「教室を超えた言語学習の場の考察」青木直子・中田賀之（編）『学習者オートノミー』（トムソン木下千尋訳）pp.223–239. ひつじ書房（Benson, P. (2009) Mapping out the world of language learning beyond the classroom. In F. Kjisik, P. Voller, N. Aoki, Y. Nakata (Eds.) *Mapping the terrain of learner autonomy: Learning environments, learning communities and identities* (pp.217–235). Tampere, Finland: Tampere University Press.）

細川英雄（2005）「実践研究とは何か―「私はどのような教室をめざすのか」という問い」『日本語教育』126, pp4–14. 日本語教育学会

三代純平（2009）「留学生活を支えるための日本語教育とその研究の課題　社会構成主義の示唆」『言語文化教育研究』7 & 8, pp.65–99. 早稲田大学日本語教育研究センター言語文化教育研究会

森元桂子・金龍男・武一美・坂田麗子（2009）「学習者が主体的に

参加するとき―総合活動型日本語教育の初級クラスの実践から」
『言語文化教育研究』7 & 8, pp.100–123.　早稲田大学日本語教育
研究センター言語文化教育研究会

Wachterhauser, B. R. (1986) *Hermeneutics and Modern Philosophy*. New
York : State University of New York Press.

第9章 結節点を結ぶ
「あの実践」の手ごたえと価値をめぐって

山本冴里

【キーワード】
プロジェクト、Moodle、フランス、社会状況、結節点、触媒

1 はじめに

　2008年から2009年にかけて、フランスのリール第三大学[1]で、最終学年である3年生のクラスを担当した。そこでは確かな手ごたえがあったのだが、その手ごたえは、学生たちの「日本語能力の伸び」などといったことばでは表現しにくい。だからこそ、これまで書けずにきた。その実践について、記録をまとめられないうちに同大学を離れてしまったことは、本当に残念だった。たとえば「フランスの大学」という条件で一般化して「フランスの大学では……」といった語りを行うのではなく、「あの実践が、あの形に組み上がった」ことを丁寧に描写してみたいと思っていた。当時はできなかったけれど、今なら——ある程度時間と距離を経た今なら、あの実践の具体性を——時間的・空間的な固有性を、文章にできるかもしれない。

　本章はその試みであり、構成は次の通りである。2節で教室を取り巻く社会状況をまとめ、3節では実践でめざしたものと前提条件の整備について述べる。4節では記録や学生の提出物などから、実際に起こったこと・起こったと思われることを記述する。そのうえで、5節では「あの実践」の価値を、結節点・触媒・複数の代替手段という概念を用いつつ描きたい。

2 教室を取り巻く社会状況

「あの実践」自体の構成や目的について述べる前に、本節では、「あの実践」を取り巻く社会状況を、大きく欧州・国家・地域レベル、機関・セクションレベル、前年の出来事という3段階に分けて記述する。というのも筆者は、「あの実践」が、その周囲の社会状況に、極めて大きな影響を受け、周囲の社会状況に規定されていると考えているからだ。

2.1 欧州・国家・地域レベル

ゴアール＝ラデンコヴィック（2011）によれば、「拡大しつつあったヨーロッパの統一に関わる政治的エリートたちの意志と結びついて」、学生を含む学校関係者の移動は、すでに90年代には、教育界において決定的・継続的なものとなっていたという。1980年代後期に始まったエラスムス計画など[2]、EUの加盟国間の学生や教師の移動とつながりを深めようとするプロジェクトは2000年代後半には広く根付き、すでに多くの学生・教師の間に、現実的に選び得る選択肢となっていた。

とはいえ、移動を軽やかなものにするシステムの推進は、基本的にはまだ、欧州内に限られていた。2004年からは、EUはエラスムス・ムンドゥス計画として、欧州の加盟国と、欧州外地域との高等教育機関交流強化に力を入れ、そこには幾つかの日本の大学も加わっているが、本章で話題とする2008年から2009年の時点では、「あの実践」を行ったリール第三大学から日本に発つ、エラスムス・ムンドゥス計画への参加者はいなかった。

当時、EUのみならず欧州評議会も、言語教育の透明性や効能、加盟国の間での流動性を高める様々な布置を敷いており[3]、各大学への影響も大きくなりつつあった。たとえば、リール第三大学でも、学年開始時のシラバスには、修了時の目標として欧州言語共通参照枠（以下CEFR）でのレベル記述が必要となっていた。インターネット上での学習素材を提供する際にも、CEFRのレベルでどのあたりに位置づけられるものなのか、明記が求められるようにもなった。学士修了となる3年生学年末までの到達目標は、CEFRの基準でB2だった[4]。

第2部 ｜ 実践編

さて、以上述べてきたのは、欧州レベルでの話だが、次に、国家・地域のレベルから大学の置かれた状況を説明したい。

フランスの公的教育機関における日本語教育の歴史は1863年にさかのぼり、フランスは今、欧州で最も日本語学習者数の多い国である。文化交流の歴史も長く、また規模も大きい。すでに1970年代から日本アニメがテレビ放送されており[5]、近年では、日本発ポップカルチャーへの興味を学習動機とした者が増えている。パリ文化会館への入場者を対象として日本ポップカルチャーへの関心と日本語学習動機との関係を調査した近藤・村中（2010）は、「日本のポップカルチャー・ファン」は、「潜在的日本語学習者といえる」と結論づけている。リール第三大学の学習者の間でも、やはりポップカルチャー・ファンは多く、中にはコスプレ姿で授業を受ける者もいた。

そのリール第三大学が位置するのは、「北」を意味するノール＝パ・ド・カレ地方の中心都市、リール市の中央駅まで地下鉄で20分程度の場所だ。中央駅からは、高速鉄道でパリまで1時間、ブリュッセルまで約30分、ロンドンまでは約1時間半ほどであって、3方に近接する首都を持つ。国境はすぐそこだ。特に車での行き来も容易なベルギーとは、通勤や通学、買い物などで日常的な往来も盛んである。実践参加者の中にも、ベルギー国籍を持ち、ベルギーから毎日、文字通り国境を越えて通学していた学生がいる。

ただし、かつてノール＝パ・ド・カレ地方の主要な生業であった石炭業や繊維業は、第二次世界大戦後の恐慌に直面し、失業率は十数年にわたって、全国平均と比べて恒常的に数ポイント高くなっている。現在は地の利を活かしてのサービス業が活性化しつつあるものの、国境の近さもあいまって、政治的には敏感な地域と言える。リール市の市長マルティーヌ・オブリーは、市長の役割を兼職しながら、2008年11月に社会党党首となった[6]。後述するように、地方のこうした背景が、機関や学生のあり方にも大きく影響することになる。

2.2　機関・セクションレベル

日本語教育の科目を持つ日本学セクションは、リール第三大学の中でロマン・スラブ・東洋語学科に属し、教員9名・学生約300名（2008–2009

年度学期開始時）をかかえる大所帯だった。教員はうち1名が教授、3名が
准教授、1名が単年度契約の常勤言語講師（本章筆者）、3名が非常勤講師、
1名が他学科所属教員という陣容である。所属する学生たちは日本語だ
けではなく、日本語学・日本文学・日本史等の日本学と総称される全般
を学び、上掲の教員数には、文学・史学などの担当教員も含まれている。
この他に、非専門の学生や学外から日本語を学びにくる人が150名程度
いたので、リール第三大学で日本語を学ぶ人は、合計400名を超えてい
た。

　なお、クラス編成は日本語能力別ではなく学年別であったため、初め
て日本語を学ぶ人の間に、高校で3年間既習であったり、長ければ6年
間の学習経験がある人が混じっていたりすることにもなった。

　授業時間数について言えば、学士号取得課程にあたるLicenceの年度
構成は3年間6学期で、各学期には12週間の授業時間があった。したが
って1年間の授業は24週、6ヵ月ということになる。講義・授業科目は
UE（Unites d' Enseignement : 教育単位）に基づいて配置されていて、学期ごと
にそれぞれ六つのUEがあった。UE1からUE6までのうち、日本学関係
の複数科目で構成されていたのは、UE1からUE4までである。UE5は他
の現代言語学習にあてられ、UE6は自由科目として、バラエティに富ん
だ科目から選択することができた。

　なお、これはリール第三大学に限った話ではないが、フランスの高等
教育機関において、進級するのは、決して簡単な話ではない。そのこと
は、2008–2009年度の日本学科登録者数は、秋学期期末試験時で1年生
142名・2年生57名・3年生29名であったという数字から明白であろう。
その前年の結果で言えば、中等教育修了資格（Baccalauréat）取得後、すぐ
にリール第三大学に進学した学生のうち、日本学を専門にして3年間で
学士号取得まで至った者は、100人中5人に満たなかった（4.9%）[7]。そ
のあたりは日本の高等教育機関との大きな違いであり、当然ながら後に
述べる実践の組み立てにも影響している。

2.3　前年の出来事
　私は当時、単年度契約（更新1回まで）の常勤言語教師という立場であ
り、本章で論じる実践を行ったのはリール第三大学で働く2年目の年だ

第2部 ｜ 実践編

った。

　その実践の前年、つまり私にとってのリール第三大学での初年度は、ビザの発給が遅れた関係から、授業に入るのも遅れ、初めて教室に入った時には、すでに学期開始後2週間がすぎていた。しかも、授業開始段階での2・3年生の日本語能力レベルには、私の事前準備との間に大きな隔たりがあった。さらに渡仏・就業開始の2週間後には、各地で大学の法人化法（loi sur l'autonomie des universités）に反対するストライキが起きた。リール第三大学でもバリケードが築かれ、大学封鎖と法案の是非を問う集会が繰り返され、それが新年まで続き、最後には機動隊が出動する事態にもなった。フランスの大学の中でも、封鎖機関の最も長かった大学だった。

　前述の通り、フランスの国立大学にはもともと1年に6カ月の授業しかない。ストライキで2カ月半にわたって授業ができなくなったため、結局残ったのは1年間12カ月のうち3カ月半こっきりだった。その3カ月半さえも様々な業務に追われて、成果を出せなかった。授業や試験をこなすことで精一杯だった。仕事をしたという実感の少ない、悔いの残る初年度だった。来仏前に「日本の某大学で働いていた時の経験」が私のプロトタイプになっていて、むろん現地にあわせることを心がけようとはしても、時には配慮に欠いた行動をすることになってしまった。思わぬところで躓いた。たとえばメール添付で提出の宿題を課そうとしたら、学生から「それはコンピューターやインターネットを持てる者と持たざる者との格差を広げる課題ではないのか」という趣旨の抗議を受けた。前出のように、社会的不平等にはとりわけ敏感な地域でもある。確かにコンピューター室は大学にもあったが、語学ラボのそれでさえ、日本語入力のソフトウェアは備わっていなかった。

　そういったことが、初年度の間に少しずつわかってきた。その初年度の終わりに、リール第三大学は、フランス日本語教育シンポジウムの開催校となる。その準備で、実行委員長をされた日本語関係科目の責任者や手伝ってくれた学生と、多くの時間を過ごし、連絡をとりあい、動いた。少しずつ自分の居場所ができ、多少は余裕も出てきて、ひとつひとつ、自分が問題だと考える事象に「どうして」という問いを向けることができるようになっていた。たとえば、ストライキで大学に立ち入れな

第9章　結節点を結ぶ
287

くなることの問題は何か。授業ができないことだ。授業ができないのはどうして問題か？——日本語に触れる時間が減るし、皆とつながりが持てないからだ。それなら、たとえ授業ができなくても、日本語に触れる時間を、皆とのつながりを、持てる工夫をすればいい。やるべきことの方向性と具体的方策が、明確に見えた気がした。

3 | 実践でめざしたものと前提条件の整備

やるべきこと。それは、幾つもの道と結節点を作ることだった。前述のように、クラスによっては、6年間の既習者と初学者が混じっていた。学年によっては、50人を超えるクラスもあった。したがって、各学生にとって、それぞれ多少なりとも「（レベルや方法、教師、周りの仲間と）個人的に合わない」と感じる授業があるだろうことは明白だった。さらにはまた、新たな年度にも大学封鎖の可能性が噂されていた。したがってふたたび授業が長期にわたって中断される可能性は十分にあった（実際この年にも、本章の記述対象とした学期の翌学期にはまた、大学が封鎖された）。

それでも、なんらかの他の方法で、容易に人やモノ、学習のネットワークにアクセスできるようにすること。またそういったネットワークの構築に参加できるようにすること。一つのやり方・グループに合わなくても、同時に他の関わりを持てるようにすること。これが幾つもの道と結節点を作ることである。

もしも1年目の大学封鎖がなかったら、私はこのようには考えなかっただろう。授業の力を信じ、授業を大事にしたかもしれないが、その周囲には、大して目を向けることはなかっただろう。「公正」ということについて敏感な地域に暮らし、また大学封鎖のせいでたっぷりと持てあますほどの時間の中で、鬱屈をかかえ、下宿先の窓から庭を眺めながら、毎日、考えては考えたことを口にして、日記に書き、時々はそのころ退職していて暇だった大家に聴いてもらった。

授業だけに集中しないこと。自分が彼らの学習に関われる立場にいるのなら、私は、幾つもの道と結節点を作る。もちろん、各授業の個別の目的は別にある。しかし担当する全クラスを通して意識した目的は上掲のものであり、そのためにはまず、物質的な面・システム的な面での環

第2部｜実践編

境を整えることが必要だった。私は初年度の終わりから次年度前の長期休暇にかけて、物質的な面での条件を整えるべく準備をし、新学期を迎えた。

3.1　環境を整える

　環境を整えるといっても、基本的なシステムは変えられない。誰もがそうであるように、できることと、「現時点では、これ以上はできない」という事柄がある。たとえば私は授業の時間数を変えられる立場にもなく、学年別クラス編成を能力別クラス編成にできるわけでもなかった。ただし、リール第三大学の日本語教育を、授業のみで終わるのではなく、より大きな（クラス以上の）枠でよくしていくことはできるし、そのために努力すべきだと考えた。そうした事前の環境整備について、以下に箇条書きで記す。

A）学科図書室・教員室・図書館のどこに、どのような日本語・日本語学習リソースがあるのかを把握しリスト化した。教員室に特に必要ないが学生には有益かもしれないと思われるリソースについては、最も学生にとってアクセスの容易な図書館にまとめた。また、図書館に日本語の素材をリクエストした。

B）国際交流基金の「日本語教材寄贈」助成に応募。採用されて、日本語教材が充実した。

C）学内のあらゆる自習用コンピューター室・語学ラボのコンピューターで、日本語の入力ができるようにした。さらに語学ラボのコンピューターには、日本語の自習用サイトや教材を登録した。

D）義務付けられていたオフィスアワーの時間には、デフォルトの教員室ではなく語学ラボで学生を迎えることにした。結果、日本学を主専攻にはしない学生も訪れやすくなった。

E）漢字など、事前に準備ができるプリントは学期開始前に一通り用意し、印刷済みの状態にした。また漢字導入・練習用のサイトやプリントを作り、後述するMoodleにアップした。これは一例にすぎないが、学期前に準備可能なものについては、あらゆる準備を終えるよう心がけた。

第9章　結節点を結ぶ

289

F）学内で行われていたMoodleの研修を受け[8]、学科全体として
　　Moodleを取り入れた。

　F）について補足する。Moodleは、そのオフィシャル・ページによれば、「社会的構築主義の考え方に基づいて」作られた「授業用のウェブページを作るため」のソフトウェアである。課題モジュール、チャットモジュール、フォーラムモジュール、ワークショップモジュールなど様々な機能を持ち、登録されているサイト数は、2011年9月21日現在で212カ国、54,958サイトにも及ぶ。
　初年度は私の担当クラスのみMoodleを用いていたが、様々な利点が認められたため、2年目には日本語関係科目責任者によって、全学年の学生・全教師が登録するものとしてのMoodleプラットフォームが開催された。そのことで多くが変わった。詳しくは後述するが、Perceived Affordanceの整備という観点から言えば、たとえばMoodleを用いての1年生180名強のクラス分けが挙げられる。
　1年生のクラス分けについては、例年ならば紙の配布で行われ、回収やグループ分け希望の確認、人数調整行為だけでも、教員は何時間も費やしていた。だが、この作業をMoodle上に移したことによって、学生は全員Moodleに登録を済ませたし、教員側の負担は5分程度になった。さらには、コンピューターを持ち合わせていない学生ならば、それは学内の自習室がどこにあるかを知るきっかけになり、先に登録した人が後から来る人を教え……という形で、人と人をつなぐきっかけになっていった[9]。
　また、1年生の初めの授業には、3年生にボランティアを募り、申し出てくれた人に来てもらって——前述の通り、3年生まで進級することは決して簡単ではない——、日本語学習について、またリール第三大学でできることについて、話してもらった。
　こうして上級生と下級生をつなぎ、図書やインターネットの環境を整えていったのだが、この事前準備の過程には、私自身予想していなかった収穫があった。それは、Moodle研修において、あるいは自習室のコンピューターに日本語入力機能を追加する許可を得ようとする過程で、学内で様々な役割を果たす人に出会うことができたという点である。だから、何か機械やシステムで問題が起こった時、あるいはイベントの許可

を得たい時など、誰に頼めばいいか、直通の電話番号は何番なのか、その人がいなかったらどうすればいいかといったことが、2年目の学期開始時には、ほぼ把握できるようになっていた。相手にも名前と顔を覚えてもらい、互いに時間があれば、機械の修理や印刷を待ちながらお茶の一杯でも飲める仲になっていた。

　「最短経路だと1カ所故障したら必ず孤立する場所が出ます。だから粘菌は、1カ所が故障しても全体はつながり、なおかつ距離がなるべく短い経路を作ったのです」とは、2008年に「迷路を解く粘菌」でイグ・ノーベル賞を受賞した中垣俊之のことばである[10]。このことば以上に、私がリール第三大学でやろうとしたこと、そしてある程度得た手ごたえを表す表現はないように思う。行動しネットワークを作ることで、居場所もできたし、問題が起こった時に助けてくれる人も得た。こうして「あの実践」が始まった。

3.2　「あの実践」の目的

　私が担当した3年生の授業は、週に1度、60分ずつの「理解」と「表現」だった。聞く・読むを中心とした「理解」と、話す・書くを中心とした「表現」である。この担当授業タイトルと週に1度ずつ、60分という枠は、自分で変更できるものではなかった。だが、その60分を何曜日のいつに持ってくるか、ということについては、日本学科のセクション内で変更可能であったため、この2年目には日本語関係科目責任者の先生にお願いし、この2科目を同じ曜日のひと続きの時間に設定していただいた。そのことで、「理解」と「表現」を一体のものとして、つまり聞く・読む・話す・書くを切り離さずに120分間の授業ができるようになり、目的や活動も一体化できた。

コース目的（「理解」・「表現」）

「第二言語を学ぶとはどういうことか」及びその周辺課題から自分の興味を惹かれた事柄について内省し、また仲間と協働で試行錯誤する過程を通して、学びへの思考と行動をより充実させること。

① 興味の持てる、ことばに関する本源的な問い＝テーマを見つけ、内省や読むこと、書くことを通して、そのテーマに対する理解を深めること。
　→ 問いの発見と理解を深める力 をつける。
② 他者と協働しつつ、自分の環境を自分が主体的に構成していくこと。
　→ 自律学習の力 をつける。
③ 自分のことばに意識的になること。そして自分の考えを、よりわかりやすく話したり書いたりできるようになること。
　→ ことばの力 をつける。

4 ｜ 実践

4.1　実践の構造

　前掲の目的を意識しつつ、具体的には、「理解」と「表現」の両教科を統合した活動として、〈リール第三大学の学生の日本語レベルを上げるためには、どうすればいいかという問いに対して、幾つもの仮説的な答を探し、実際に行動（試行錯誤）を始めるプロジェクト〉を行った。

　このプロジェクトは、大きく分けて二つの部分から構成されている（図1）。個人プロジェクトでは、メタレベルの高い問いを扱った。たとえば「そもそも日本語レベルが高いというのは、どういうことか」「第二言語を学ぶことには、どういった意味があるのか」といった問いである。こうした問いは、大勢で話すよりも、じっくりと文章を書くことや個人的に話すこととの親和性が高いと考え、教師と1対1で、ノートでやりとりをした。学生たちには、最も安く薄いもので良いからノートを各自1冊用意し、必ず毎週、私とのやりとりを続けるようにと促した。

　一方、グループプロジェクトで扱う問いは、より具体的で、グループで手分けして調べること、発表すること、行動を起こすこととの親和性が高い。問いの例として、学期初めに学生たちに提示したのは、「現状で、リール3の学生のレベルというのはどうであるのか」「学校という組織だからこそできること、できないことは何か」等であった。立てた問いに答え、行動を起こすところまでをこのプロジェクトに含めた。

第2部｜実践編

292

活動概要（両教科総合）

リール第三大学の学生の日本語レベルを上げるためには、どうすればいいか という問いに対して、幾つもの仮説的な答を探し、実際に行動（試行錯誤）を始めるプロジェクト

個人プロジェクト

〈メタレベルの高い問い〉

下位の問題例
・日本語レベルが高いというのは、どういうことか。
・第二言語を学ぶことには、どういった意味があるのか。

グループプロジェクト

〈具体性の高い問い〉

下位の問題例
・リール3は、今、どんな環境であるのか。何ができるのか。
・学校という組織だからこそできること、できないことは何か。

図1　活動概要

　以上の個人プロジェクト・グループプロジェクトを活動の幹として、他に「理解」に焦点をあてて聴く練習・読む練習・小題を課してのディスカッション・数人単位での語彙プロジェクトを加え、授業内容とした。そして、こうしたすべてを意味があるものとして、成績評価の中で認めた。聴く練習・読む練習・語彙プロジェクトについて補足する。

> 聴く練習：効率的な情報入手を図るスキャニングを、各回15分程度で行った。
> 読む練習：大意把握を目した読み取り練習を、各回40分程度で行った。毎回、大意把握のための素材を3種類用意（近接テーマ）し、各素材につき、2択＋数問ずつ設問を作った。三人グループで、一人1素材7分ずつを用いて読みまわし、その後、10分間でその小グループ内で答を共有した。そ

の後、全体で10分ほどを確認のために用いた。

> 語彙プロジェクト：語彙の不足は、たびたび教員の間で話題になっていた。学生たちの間からも、どうしたら語彙をもっと覚えられるのか、という相談が寄せられることがあった。一方で私の記憶には「語彙はとても個人的なものです」という、大学院の授業で聞いた言葉が残っていた[11]。しかし、学生を一人ひとり完全にバラバラに／個別にしてしまいたくはなかったし、同じ教室にいる意味をもっと大きくしたかった。

　人は、ある点ではノビスであっても、他の点ではエキスパートになれる。私は、特定の語彙のスペシャリストを作ることにした。前掲グループプロジェクトとは別に、「知りたい語彙の分野」という点からテーマを挙げさせ、グループを作った。語彙教材作成のためのフリーウェア Hot Potatoes を紹介し[12]、各自の分野ごとに語彙の説明と練習問題を作らせて、Moodle プラットフォーム上にアップロードした。できたグループは、空港・料理・動物・情報・スポーツ・文化であり、各語彙グループとも、練習問題のプラットフォーム上でのアップロードに至るまでに、幾度も私とやりとりし修正を重ねている。その過程で、学生たちは、少なくとも担当した語彙群については、多少なりと習熟した。そのことによって、たとえばクラス内で「日本語能力が低い」という位置づけがなされがちな学生であっても、「少なくともこの分野の語彙に関しては、自分は強い」という位置づけができ、なおかつ他の人からもそのように見られ、場合によっては、その分野の語彙について、質問されるようになっていった。

　1・2年生で語彙・文型積み上げ式の教科書を使って教育を受ける中で発生してしまった、日本語ができる人─できない人といった、一律の序列化を崩していきたかった。ある学生は、学年末の振り返りで、「語彙の練習問題

第2部 ｜ 実践編

294

は一種のゲームになったので、とてもおもしろかったです。これで学生は学生だけではいませんでした。先生としての役割も果せました」と書いている。

　各回の授業の基本形と、Moodle（クラス内版）掲載事項は、次ページ枠内の通りである。なお、学生たちは、このクラス内版Moodleの他に、日本学科の学生・教員の全員が入るMoodleにも登録した。そちらでは、各学年・各クラスの成果物の他、日本語学習用のインターネットサイトや、日本語学習用サイトではないが、文化・教育・学習などの観点からみて興味深い素材のリンクを張った[13]。いずれのMoodleにも、2種類のフォーラム機能がついていた。

各回授業の構成

1) 個人プロジェクトのノート提出
2) 効率的な情報入手を図るタイプの聴く練習
3) 大意把握の読み取り練習／議論に使う日本語
4) 語彙プロジェクト関連の作業／議論に使う日本語——考えを明確にあらわすために。（グループプロジェクト発表時に応用）
5) グループプロジェクトに関して、全体で、あるいはグループでの話し合い。
6) 全体で、そこから先の見通し（＋課題）を確認

Moodle掲載事項（クラス内版）

〈スケジュール関係〉
・学期を通しての全体スケジュール
・教室変更などの週ごとの情報

〈各回授業の内容〉
・各回授業の概要と素材、次回までの課題（授業ごとに）

〈学生の成果物〉
・学生たちが作った語彙の学習素材（※学科全体版Moodleにも掲載）
・Expression（「表現」）試験時に提出されたパワーポイント・ファイル

第9章　結節点を結ぶ

Moodleフォーラムのうち一つは、教員のみが投稿可能であり、そこに投稿された内容は、自動的に全教員・全学生のメールアドレスにも送信された。投稿されるのは、日本からゲストを迎えてのワークショップなどイベント告知や定期試験情報、オープンキャンパス時のボランティア募集などである。もう一つのフォーラムは、登録者であれば学生・教員の別なく投稿可能で、メールアドレスには送信されない。図書館で一緒に日本語を勉強しようというやりとりから教科書の安価な入手方法、パリで行われるJapan Expoに車を相乗りしていこうという誘い、大学封鎖の見通しなど、様々なメッセージが投稿された。特に大学が物理的にバリケードで封鎖された期間、このフォーラムは撒められた圧力を弱め、学業への影響を抑え、互いにつながっているための大きな力になった。

　ここまでの段階での意図的なつながりとネットワークの結び目を、図2で、個別の学生の位置から図示した。

　一人の学生の位置からすれば、前年の授業は教師一対学生多数、なおかつ自分は多数の中の一人にすぎず、ネットワーク作りはたまたま隣に座ったなど、偶然の要素に任されたものにすぎなかったはずだ。しかし、この年は、教師と一対一で向かい合うことになった個人プロジェクトの他、共同作業と摺りあわせを必要とする小グループでの活動（グルー

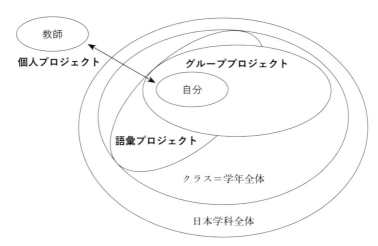

図2　意図的なつながりとネットワークの結び目

ププロジェクト・語彙プロジェクト）、クラスを超えた日本学科全体に及ぶつ
ながり（1年生への上級学生によるチュータリング（希望者のみ）、Moodle全体フォ
ーラムでのやりとり、全学年を対象としたイベント参加への呼びかけ）など、多数
の異なる次元のグループでの活動が、前景化され、価値づけられること
になった。

　結果として、学生たちはひとりひとり、時には「大勢の中の一人の学
生」だったが、時には、個人プロジェクトでの固有の「一人」だった。
時には語彙プロジェクトである分野の語彙のエキスパートとして他の学
生に質問され、時にはグループプロジェクトで活動範囲を広げながら、
様々な人に出会うことになっていった。授業を通して／きっかけとし
て、関係が複数になった。ゆえに「あの実践」は、参加したひとりひと
りにとって、通常言われるような意味合い以上に、固有であったはずだ。
私の側からしても、前年、教室でこちらを向いて座った顔を眺めている
だけではわからなかった様々な側面が見え、個々の学生の生活や考え方
の背景について、またリール市やノール＝パ・ド・カレ地方について、
教わることも多かった。

　本章の以下の記述では、中でもグループプロジェクトに焦点をあわせ
る。というのもこのプロジェクトは、教師の事前予想と意図とを超えた
広がりを持っていたからである。

4.2　グループプロジェクト

4.2.1　スケジュールと評価

　グループプロジェクトでは、リール第三大学の学生の日本語レベルを
上げるためには、どうすればいいかという大きな問いを解決していく
ために、グループごとに様々な下位レベルの問いを立て、答を見つけ、
実際に行動を起こすことを求めた。

　グループプロジェクトの部分のみを取り上げてこの学期のスケジュー
ルを示すと、次のようになる。

1週	プロジェクト内容と評価基準の説明 ブレインストーミング	7週	中間試験
2週	考えてきた問いの共有	8週	進捗状況や課題の確認、共有
3週	考えてきた問いの共有・グループ分け グループ内での今後の計画立案	9週	同上
4週	進捗状況や課題の確認、共有	10週	同上
5週	同上	11週	同上
6週	同上	12週	期末試験

　スケジュールのうち、変更できないものは、中間試験と期末試験を1度ずつ行うという点と、点数は「理解」と「表現」に分けるという点であった。なお、フランスの大学の場合、評価は20点満点（小数点以下第1位まで）で行われ、10点以上が合格点である。こういった大枠は、私がどうこうできる範囲のものではなかった。

　一方で、中間試験を第6週ではなく第7週に行うということや、「表現」の点数に試験のみならず個人プロジェクトでのノート提出（20点中5点）を認めるという点などは、日本語関係科目責任者の了解を経て、デフォルトのシステムから変更した点だ。

　授業時間のうちグループプロジェクトに割いた時間は、平均的には30分〜40分程度であり[14]、グループごとに教師がまわって、進捗状況や課題を確認するに留まった。場合によっては全体でそれをシェアしたが、毎回ではなかった。グループプロジェクトの活動のほとんどは、教室外で行われたことになる。

　グループプロジェクトに関する中間試験には、「表現」科目の20点満点中15点分を割いた。中間試験では、立てた問いとその背景、見つけた「答」について発表させた。その後、実際に「答」に沿った行動を起こし、行動を起こした結果を報告するように求めたのが期末試験だ。発表ではパワーポイントを用い、グループごとの時間は、参加人数×5〜6分とした。したがって、たとえば4人のグループなら20分〜24分の発表時間となる。一人が代表して話すのではなく、担当を分担して必ず全員が発表者になるように指示し、また発表後の質問にも、必ず一人ずつに答えてもらった。

　発表の聴衆は、この第5学期（3年生第1学期）中間試験においては、ク

ラスの担当教員だった筆者と、同じクラス（＝学年）のメンバーに限ったが、期末試験においては、聴衆としては、どの学年の学生も参加自由とした。また、いずれにおいても、手のすいた時に、他の先生方も顔を出してくださった。

　評価基準とその点数の内訳は、次のように公開した（原文はフランス語。中間試験時の例から）。これは、CEFRに基づく口頭発表のフランス語試験評価基準B1レベルを、少し改変したものである。点数は0.5点刻みで評価した。

口頭試験　評価基準

1：シンプルでも明晰な形で、複数の情報の関係を示しているか。（0–3）
2：語彙の習得について。一定の限りがあっても、状況を動かすのにある程度適切なレパートリーを持っているか。（0–3）
3：シンプルな文法構造・形をうまく使えているか。ある程度基本的なエラーが繰り返し見られるとしても、内容の概略は明瞭に伝わるか。（0–3）
4：発音の習得について。十分にわかりやすい発音で伝えられるか。（0–3）
5：全体的な発表の構造（0–3）
- テーマとその動機、背景は明らかになっているか。
- 現状分析はできているか。（具体的で詳細で説得力があるか）
- 結論と第5学期後半の計画には、一貫性・妥当性があるか。

4.2.2　グループプロジェクト

　グループプロジェクトは、前述の通り、「リール第三大学の学生の日本語レベルを上げるためには、どうすればいいかという問いに対して、下位の問いを立て、幾つもの仮説的な答を探し、実際に行動（試行錯誤）を始め」てもらったというものである。「幾つもの仮説的な答を探」すところまでが学期前半の6週で、後半の6週からは、「実際に行動（試行錯誤）」を起こすよう指示した。

　途中、幾らかのグループのメンバーの入れ替えがあったが、最終的には、29名の学生が7グループに分かれてプロジェクトを遂行した。プロジェクト内容は、大学に日本語クラブを作る（2グループ）／試験を受ける／下級学年を手助けするシステムを作る／北フランスに日本人観光客

を惹きつけるためのブログを作る／リールをテーマにした映画を撮影する／高校に日本語クラブを作る／ドラマで日本語を学ぶというものだった。

　以下では、特に、高校に日本語クラブを作るというプロジェクトを行ったグループの場合を中心に記す。

　グループメンバーは男子生徒四人で、一人は他大学で2年間の日本語専攻を終え、3年次から編入した学生だった。残る三人の2年次の成績は、決して良いほうではなく、あと数パーセント試験の成績が悪ければ、進級ができない可能性もあった面々である。平均年齢はクラス全体より高く、いちど学業をやめ、数年間働いた後で、また戻ってきたという学生が二人いた。彼らが2年生の時も、私は週に2クラスを担当していたが、主観的なことを言えば、良くも悪くも記憶に鮮明に残るというタイプの学生たちではなかった。物静かで、教室の後ろのほうにそっと座っている——そんなイメージを持っていた。

　そうした四人が立てた問いは、「大勢が日本語に関心がありそうなのに、どうして1年生の大部分がやめてしまいますか？」（ママ）というものであった。2年生から3年生への進級の際には、失敗しても日本学科に残り、2年次をやりなおす学生が多いのに対して、1年生は極めて簡単に日本学科を離れていった。進級は日本語関係科目だけでなく、一切がフランス語を用いて行われる日本史・日本文学等の点数や、第二外語、自由科目（スポーツなども含む）の点をすべて換算して決定される。したがって日本語だけの問題ではないのだが、特に1年次には日本語関係科目が大きなウェイトを占めているのも事実だった。

　もちろん、進級できなかったからといって大学から放逐されるわけではなく、もう1年のやり直しも可能である。また、1年次には二つの学科に登録し、授業を見定めてからどちらの学科で続けるかを決めるという場合もあるから（したがって、たとえば美術史のマスターをとりながら、同時に日本学科の1年生に入る、という場合もあった）、いちがいに進級できなかった人がそのまま「やめてしま」った人ではない。とはいえ、初めの1年間で日本学科から離れる人が多いのは事実で、だからこそ「大勢が日本語に関心がありそうなのに、どうして1年生の大部分がやめてしまいますか？」という問いになったものと思われる。

第2部｜実践編

この問いに対して、彼らが出した答は、「進学先を選ぶ高校生の頃に、日本語はどんなことばなのかということについても、大学の日本学科はどんなところなのかということについても、情報があまりなかったから」というものだった。大学をやめていってしまった人たちに連絡をとるのは難しくできなかったとのことで、この答は、なんら検証を経たものではないのだが、しかし彼らは、この答を正しいものと仮定して行動を始めた。まずは学期前半で、フランス国内の高校で、日本語授業を行っている学校がどのくらいあるかということを調べ、リール市近郊にはそれがほとんどないことをつきとめて、「〔高校に〕日本語を提案する」「日本文化と高校生の関係を学ぶ」「日本と日本語にとってアイディアの調査をする」（ママ）という計画を立てた。

　グループはその後、130名の高校生に対してアンケート用紙を配布して、日本語のことばを何か知っていますか／漫画を読んでいますか／日本の有名な人を知っていますか、等を尋ね、日本に対する関心は比較的高いにもかかわらず具体的な知識は少ない、という結果を得た。ただし、このグループの行動が私の予想を超えていた点は、アンケート調査の結果を、日本語で発表するに留まらなかった点である。

　「大勢が日本語に関心がありそうなのに、どうして1年生の大部分がやめてしまいますか？」という問いを立て、「進学先を選ぶ高校生の頃に、日本語はどんな言葉なのかということについても、大学の日本学科はどんなところなのかということについても、情報があまりない」ことをその答とした彼らは、ならば高校生を対象に入門授業を開けば良いと考えたそうで、なんと近郊の複数の高校の校長に、日本語クラブを開き、日本学の入門授業を開催する許可を得ようと、手紙を書いたのである。

　実際に、大学の立地する市ではなかったが、隣接する市の高校から許可が得られた。以降、彼らはこの学期後半および次学期の計5カ月にわたって、週に1度、二人ずつこの高校に通い続け、日本語・日本学入門授業を行った。

　グループプロジェクトを企画した私は、「実際に行動（試行錯誤）」を起こすことまでを求めていたとはいえ、アンケート調査をもって、その「行動」とされ、成果とされると予想していた。はっきり言ってしまえば、それ以上の行動を、当然のものとしては期待してはいなかった。だ

からその行動が、高校という別種の教育機関での具体的な行為に結びついたことに、とても驚いた。いちど連れて行ってもらったが、これも予想外だったことに「和気藹々」というより、緊張感の漂う授業であった。毎回、小テストが行われていた。そして実際に翌年には、この活動に参加した高校生の中から、リール第三大学の日本学科に進学した人もいた。学年末にこのグループの学生が書いてくれた振り返りの中から、1段落を抜く（原文フランス語）。

　　〔高校の：引用者注〕生徒たちとの関係がすごく好きだった。このプロジェクトを実現するなかで学んだことはたくさんある。日本語の勉強は、漢字を書いたり語彙を学んだりすることに限らないということがよくわかった。

　このグループの場合、プロジェクトの関係する範囲は、クラスも、日本学科全体をも超えていくものになった。次ページ図3は図2に変更を加えたものであり、このグループの場合、グループプロジェクトが日本学科の枠を超えていたことを示している。このグループは、なぜこのように日本学科全体をも超えていく活動ができたのか。むろんそこには、複数の絡まりあった理由があるのだろう。前年の学習の進まなさに嫌気がさして、だからこそ積極的になっていたのかもしれないし、たまたま何かで読んだ活動を真似たのかもしれない。以下は私の推測にすぎないが、その複数の絡まりあった理由のうちには、1）彼らのうちの数名には、前述のように社会人経験があったこと、2）担当教員だった私が、彼らが発想を広げていく行為を、できるだけ尊重しようとしていたことが、関わっていたのかもしれない。

　なお、日本学科の枠を超えたプロジェクトを行ったのは、このグループに限らなかったことを付言しておきたい。「北フランスに日本人観光客を惹きつけるためのブログを作る」グループや「リールをテーマにした映画を撮影する」グループは、町に出た。両グループとも、「フランスはパリだけじゃない！」という主張をスタート地点として活動したが、特に後者の「映画を撮影する」グループは、リール市内の要所のみならず日本食レストランも訪問し、インタビューした。特にこのグループに

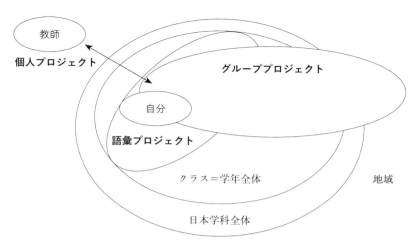

図3 意図を超えたつながりとネットワークの結び目

は、日本学科入学前に映画の撮影を専攻していた学生が参加していたため、カメラワークも映像も質が高く、参加した学生たちは、街が今までとは少し違ったように見える、と何度も言っていた。一方、ブログを作ったグループは、ブログ記事を書き更新するだけで終わりになってしまい、読んでくれたのは私が個人的に手をまわして頼んだ人がほとんどであり、その点で課題の残るものだったと思う。

一方、「試験を受ける」グループは、基本的には学科内にその範囲が留まるものであったが、個人的に耳にした範囲では、下級生から大きな反響と感謝があった。

それまでは、日本語能力試験をはじめとする各種の日本語関係試験については、教員は何か情報があるたびに掲示等で知らせはしていたものの、そうした情報を一括し整理した形で提供していたわけではなかった。

「試験を受ける」グループは、試験を受ける／受けないは個人が決めることではあるが、少なくともそのための情報は知っておくべきだとして、まず、学期前半には1、2年生を対象に、日本語関係試験についてアンケートを行った。アンケート結果から引き出された結論は、「大半の1

第9章　結節点を結ぶ

年生はどのように試験の準備をすればいいかわからない」「大部分の2年生は本や、インターネットを利用する。一人か、テストを受けたことがある先輩と一緒に勉強すると回答した」、「しかし、一部の人たちは日本語のテストを受けるうえで自分のレベルがテストのレベルに達しないと思い」、「結局テストを受けないと答えた」というものである。

　学期後半では、このグループは、希望の多かった日本語能力試験と漢字検定について、受験可能時期や場所、受験料金、問題例、準備の方法などについて調べ、「La route d'un première année pour s'inscrire au Tests de Japoinais」（「日本語の試験を受けるための、1年生の道」の意）という、20ページほどの小冊子にまとめた。そこでは、リール第三大学の日本学科に入学したばかりの1年生フランソワ、という架空の人物が設定され、試験について、先輩に少しずつ教わり準備をしていくというストーリーが描かれている。そのストーリーの最後の1文は「Finalement, les tests ont renforcé la motivation de François. C'était difficile mais il a atteint son but.」（「試験は、フランソワのやる気を、より強くすることになった。難しかったが、彼はその目的を達成した」の意）だ。

　この小冊子は、作成したグループの学生のサインとともに、学科の図書室に収め、学生たちが簡単にアクセスできるようにした。また、学科全体のMoodleにも掲載した。1年生はそうした試験が存在することを知らず、あるいは意識せずに入学してくる。こうした時に、先輩からのこうした道しるべは、大きな意味を持つことになったと思う。

　週に1度の授業で、しかもグループプロジェクトのために用いることのできる時間は、30分〜40分にすぎなかった。しかし、内気で引っ込み思案だと思っていた学生の意外な行動力には、思わず尊敬の念を抱くほどであったし、こちらの予想・期待以上に力の入った発表も、幾つもあった。発表に付随するレポートは、本人の許可を得て、日本学科の文学や歴史など、語学関係科目以外の先生方にも、自由に手にとってもらうようにした。

　「実際に行動（試行錯誤）を始め」ることまでを、射程に含めることで、周囲が巻き込まれていく様子が見えた。述べてきたように、実際にその巻き込んだ範囲は──インターネット上のブログ活動等や、学内の活動止まり──という、私が予想した範囲を、一部で超えていた。

5 | 「あの実践」の価値

　本章では、「あの実践」を、周辺状況こみで、描こうとしてきた。毎学期、毎年日本語教室に入っていても、記憶に残るものと残らないものとがある。「あの実践」は特に記憶に残る一つで、当時のメモや記録を前に、記憶をたどりつつ、時間をおいて、二次的な意味づけを行ってきた。

　「あの実践」を構想する時にめざしていたのは、たとえ大学封鎖などが起こったとしても、なんらかの他の方法で、学生たちが容易に人やモノ、学習のネットワークにアクセスできるようにすること、またそういったネットワークの構築に参加できるようにすること、一つのやり方・グループに合わなくても、同時に他の関わりを持てるようにすること——すなわち幾つもの道（複数の代替手段）と結節点を作ることだった。結節点とは教室であり、Moodle上であり[15]、また語彙プロジェクト、グループプロジェクトなどのグループである。複数の代替手段とは、連絡の取り方としての対面／ノート／オフィスアワー／Moodleであり、また学び方としての自由度の高さだ。メモと記憶をたどれば、当時、私はそうした結節点や複数の代替手段が絡まった網を充実させていく、触媒になりたかったらしい。

　その目的は、ある程度達成されたのだと思う。けれどおそらく、私に手ごたえを残したのは、目的達成というよりも、幾つかの点で、彼らが、私の事前の予想を超えてくれたということであるように感じている。

　事前の予想を超えたという例として、高校に日本語クラブを作った例を挙げたが、最後にもう一つ、事前の予想を超えて、活動に深く関わることによって、結果的に日本語を離れていったという学生のことを語りたい。

　彼女は、一人きりで、「大学に日本語クラブを作る」活動を行った。学期前半には、もう一つの「大学に日本語クラブを作る」グループと一緒に活動していたが、日本学科の中でのクラブを考える彼女と、大学内で1部屋を借り、漫画などを置いてカフェを作ろうという他の学生とが対立し、中間試験後に分裂したものだった。

　彼女は日本学科全体Moodleのフォーラム機能を用いて下級生の中か

ら賛同者を集め、またリール第三大学に来ていた日本人留学生にも声を
かけて、主に自宅で、「日本のビデオを見ました」「一緒に勉強しました」
という緩やかな活動を開始した。最終発表では結論として、「自分が一
番興味があることは、（自分自身が日本語を上達していくことよりも：引用者注）
日本語を勉強する学生の手伝いと支援（後援）すること」（括弧ふくめママ）
だとわかった、と述べている。

　学年末の振り返りの時に、彼女は、今後のためにと、上級生―下級生
の希望者をMoodleを使って引き合わせるチュータリングシステムを提
案した。何度か図書館で打ち合わせをして、Moodleに企画を載せ参加者
を募集するところまでは行ったが、彼女自身卒業し、また私も任期が終
わって大学を離れてしまったために、結局この企画はつぶれてしまった
と聞いている。その後、彼女は、外語としてのフランス語教育専門のマ
スターコースに進学した。休暇中に街で偶然出会った時には、日本語も
面白いし好きだけれど、自分にとってもっと面白いのは、自分が教えた
人ができるようになっていくこと。それがプロジェクトを考えていく中
でよくわかった、と言っていた。

　こうして彼女は、結果的には、日本語専攻を離れていった。このこと
は、よく公の機関で言われるような、「日本語学習を通して日本の良き理
解者を作る」といった観点からは、マイナス評価される事態なのかもし
れないけれど、私は、それはそれで、良かったのではないかと考えてい
る。「あの実践」を通して、日本語学習継続よりも、自分自身にとってよ
り意味のある事柄が見つかったのなら、私には、それは涙がにじんでき
そうになるほど嬉しい。種田山頭火の俳句に、「草をしいて　おべんた
う分けて食べて　右左」というのがある。私はこの句が大好きだ。彼女
と私は、右左に分かれたかもしれないけれど、食べたおべんとうはしば
らくの間、体の中の熱となって残る。

　学生を動かすことで――学生が動きだすことで、教師が予想しなかっ
たほどの、あるいは本人たちでさえ意図しなかったほどの、とてつもな
いパワーが生まれる。

　もちろん、「あの実践」を、手放しで褒めたたえるつもりなどない。足
りなかった点も駄目だった点もあった。グループプロジェクトのレポー
トの中には、形だけ整えたのではないか？　と疑いたくなるようなもの

第2部│実践編

もあったし、企業駐在員家族を中心とする地元の日本語コミュニティとは、とうとうつながりを持てないままだった。日本語以外の、他の言語の先生方と共通授業を行ったり、互いに授業を訪問したりということも、かなわなかったが、できたら良かったと今でも思う。だが、いずれも、手を広げ、行動を開始してはじめて見えてきた課題であり、持つようになった希望だった。たとえば日本語コミュニティが近隣の街に存在するということも、「あの実践」での学生たちとのやりとりや、私自身のリール市での生活を通して、少しずつわかってきた事柄の一つだった。初めから見えていた課題や状況ではなかった。

　前に進まなければ、そのもっと前にある景色は見えないし、多くの人に出会い、結節点を結ぶこともできない。「あの実践」で得た私の収穫は、そのことだったと思う。

謝辞
本文中に、幾度か日本語関係科目責任者として言及させていただいたのは、リール第三大学の竹内理恵先生である。本章の主眼からは離れてしまうため、本文中には書けなかったが、実際には「あの実践」は、竹内先生が応援してくださったからこそ実現した。信頼して、背中を押して、時には黙って——たぶんご本人も意識されないまま、手本を見せてくださることで、私はどれだけ多くのものを得たのだろう。竹内先生に、深謝いたします。

注　[1]　L'université Charles-de-Gaulle Lille 3
　　[2]　エラスムス計画（The European Community Action Scheme for the Mobility of University Student: ERASUMUS）は、EC（現在はEU）の教育機関・教員・学生の共同プログラムであり、教育機関構成員のネットワーク・流動性・協働性を高めようとするものである。
　　[3]　これについては山本（2010）でまとめた。
　　[4]　色々と問題もある。本章で記す実践が行われていた時点では、どの言語も、このB2を目標とする、とされていたからだ。それは、フランス語とは遠い言語（たとえば日本語）と、近い言語（たとえばスペイン語）とを同一に並べることになる。
　　[5]　フランスでは1974年に「リボンの騎士」（Princesse Saphir）が放送

第9章　結節点を結ぶ

307

されたのが最も早い。しかしファンが激増したのは1978年の「UFO ロボ　グレンダイザー」（Goldrak）以降のことである。

[6] フランスの社会党は、主要二大政党の一つである。ミッテラン大統領はこの党の代表であった。

[7] 2004年Baccalauréat取得・2007年学士号取得の場合である。

[8] Moodleは社会構築主義の考え方に基づいて作られた、教育用のウェブページを作るためのオープンソースのe-learningプラットフォームである。非常に柔軟性が高く、1万人以上の参加者を擁する大規模なクラスから数人のクラスまで、様々な規模・内容の教育で用いられている。Moodleの研修会やMoodleを使っての実践共有、シンポジウムも開かれるようになっている。詳しくはオフィシャルページのhttp://moodle.org/about/（2011年11月30日参照）を参照されたい。

[9] 教師の側からいえば、これまで学期開始時に紙を配布・収集・整理と複雑だった作業が、そういった作業抜きに、インターネット上で一目で分かるようになった。実は学生名簿も、大学側からは、データではなく紙の形でしか渡されることはない。したがって毎年、教師が学期初めに数百人の名前を手作業で入力していたのだが、こうした作業もMoodleのおかげで省略でき、その分の時間とエネルギーを、他の準備に用いることができるようになった。

[10] 北海道新聞（2008年10月10日）

[11] 川口義一氏（早稲田大学日本語教育研究科教授：当時）の講義における発言。

[12] このフリーウェアHot Potatoesは、カナダのヴィクトリア大学で開発された教育のためのフリーソフトウェアであり、事前準備の際にできたネットワークで教えてもらったものである。〈http://hotpot.uvic.ca/index.php〉（2012年12月11日検索）からダウンロードできる。

[13] さらに、毎回の授業概要や宿題、授業で用いたパワーポイントなどはウェブ上に載せることで学生の復習は容易になったし、病欠やダブル専攻（たとえば日本学科と美術学科）の学生たちも、授業で行われたことを把握しやすくなった。

[14] ブレインストーミングや問いの共有、グループ分けといった回では、より長い時間をとった。

[15] Moodleを用いたことには、教師や異なる学年間の学生ネットワーク作りのうえで、本当に大きな意味があった。Moodleという場とツールがあったことで、前述したような関係が結ばれた。描いてきた実践の行われた年にも、後半の学期ではまた大学が封鎖されたが、Moodleを通じて図書館での勉強会の通知もできたし、初年度の封鎖時に比べれば、ダメージは少なかったと考えている。「大学が封鎖されても、（プロジェクトを進める間に）日本語が更に上達しまし

た」と振り返りに書いてきた学生もいる。

参考文献　ゴアール＝ラデンコヴィック　アリーヌ（2011）「国際的な移動の中
　　　　　　にあるアクターたちの新たな争点と戦略―移動の教育の概念に向
　　　　　　かって」細川英雄（編）『言語教育とアイデンティティ―ことば
　　　　　　の教育実践とその可能性』（山本冴里訳）pp.7–23.　春風社
　　　　近藤裕美子・村中雅子（2010）「日本のポップカルチャー・ファンは
　　　　　　潜在的日本語学習者といえるか」『国際交流基金日本語教育紀要』
　　　　　　6, pp.7–21.　国際交流基金
　　　　北海道新聞（2008年10月10日）「栄えある？「イグ・ノーベル賞」
　　　　　　受賞「迷路を解く粘菌」って？！」中垣俊之・北大准教授ら研究
　　　　　　http://www.hokkaido-np.co.jp/cont/kawaraban/39680.html（2011年
　　　　　　11月30日参照）
　　　　山本冴里（2010）「欧州評議会の言語教育政策」細川英雄・西山教行
　　　　　　（編）『複言語・複文化主義とは何か―ヨーロッパの理念・状況か
　　　　　　ら日本における受容・文脈化へ』pp.2–21.　くろしお出版

第10章 「生きることを考える」ための実践研究

高等教育機関における教師養成のあり方をめぐって

山本晋也・細川英雄

【キーワード】
大学院、教師養成・教育実習、言語教育観の再構築、
教育的営みの省察

1 はじめに

　本章のフィールドは、筆者らが所属（当時）する早稲田大学大学院日本語教育研究科、および、早稲田大学日本語教育センターに設置された「考えるための日本語」（以下、「考える」）という教育実践である。「考える」は細川英雄の提唱する「総合活動型日本語教育」[1] の理念に基づく教育実践であり、同時に、同大学院における教師養成プログラムの一環として、大学院生らがいわゆる「実習」を行うクラスでもある。本章の筆者である細川と山本は、この「考える」の担当者と実習生という関係であり、また、同大学院の指導教員と大学院生という関係でもあった。

　本章では、高等教育機関における教師養成のあり方という視点から、実践の設計者である細川と、実習生である山本、それぞれの立場から、教師養成の意味を捉え直し、両者にとってこの実践研究にどのような意味があったのかを描く。以下、1節から5節までは山本が執筆を担当し、まず「考える」の概要と本章執筆に至る背景を確認したのちに、同実践においてどのような体験をし、何を学んだのかを、過去の資料をもとに、実践記録という形で記述する。その記述を受け、6節にて細川から、なぜ「考える」という実践を行うに至ったのか、そしてそれは細川の教育

的立場とどのように関わっているのかを述べる。本章は、これらの記述を踏まえ、高等教育機関における教師養成のあり方を巡って、実践研究のもつ可能性について考察するものである。

2 私にとっての大学院と教育実習

　本章筆者の一人である山本は、かつて日本国内の教育機関で日本語教育の理論と実践を学び、その後幾つかの国と教育機関で、日本語教師として教壇に立ってきた。授業のプランを練り、実施し、その省察と改善を繰り返す日々は多忙を極めたが、当時は、それは教師という職業においてごく自然なことであり、更に言えば、そうした日々の実践と省察を繰り返すことによってこそ、教師としての成長が実現されるものと考えていた。しかし、数年の教師経験の後、そのような教師の成長観に対して次第に疑問を抱くようになる。そして、日本語を教えることと、日本語教師という自身の職業に対する言いようのない不安と行き詰まりを感じ、半ば救いを求めるかのように、大学院への進学を決意する。そこで、本章のもう一人の筆者である細川と、細川の担当する「考える」と出会ったのだった。

　「考える」での体験は、これまでの教師経験を支えてきた私の教育観や言語観といった価値観を、根底から揺さぶるものであった。では、なぜそのような価値観の揺さぶりが生じたのか。そして、この体験は、現在の私の教育的立場にどのような影響を及ぼしたのか。更に、教師養成という観点に立ったとき、このプログラムと体験はどのような意味をもつのか。

　以下では、当時作成した授業の観察記録、および、音声録音などの文字化資料をもとに、私が「考える」の教室で見たものや体験したことを改めて描き出すことで、教育観や言語観に大きな影響を与えたその「何か」を明らかにしていく。そして、大学院を離れ、再び教壇に立つことになった現在の私の視点から、日本語教育におけるその体験の意味を再解釈することを試みたい。

第2部　実践編

3 | 実践の概要と本研究の背景

3.1 「考えるための日本語」とはどのようなクラスか

- ・科目名　「考えるための日本語―個人と社会を結ぶ―」
- ・実施期間　2010年4月7日〜2010年7月14日（週1回90分授業／計14回）
- ・参加者　大学院生6名、留学生7名、日本人学部生3名、TA1名　計17名
- ・日本語レベル　上級

「考える」は、細川が早稲田大学日本語教育センターにて担当していた、全学共通のオープン科目の一つであり、外国人留学生のみならず日本人学部生も参加可能なクラスであった。本章で取り上げるのは、2010年春学期[2]（4月〜7月）の実践である。当該学期の「考える」には計17名が参加しており、そのうち、同科目にて単位の取得を必要とする正規受講生は留学生7名、日本人学部生3名の計10名であった。留学生7名の日本語レベルは総じて高く、ほぼ全員が日本語での議論やレポートの作成には、問題を感じないレベルであった。

「考える」の活動内容について、シラバスには以下のように記載されている。

> このクラスでは、社会で生きていくために個人は何ができるのかという問題を、日本語による議論の活動を通して検討します。
>
> （2010年度春学期早稲田大学日本語教育センターシラバス）

「考える」は学期ごとにそのテーマを変えて実施されており、本章で取り上げる2010年度春学期は、「個人と社会を結ぶ」ことをメインテーマとして設計されていた。教室活動の大きな流れは、簡潔に言えば、このテーマを巡って議論し、教室外の人にインタビューを行い、その結果をまとめてレポートにするという流れである。その具体的な活動の柱とし

て、【理解】【対話】【表現】【評価】の4点が挙げられる。まず始めに、一般論ではなく参加者それぞれの体験に基づき、テーマに対する自分の考えをまとめる【理解】。そして、グループディスカッションを通じて他の参加者に考えを伝え、また他の参加者の意見を聞きつつ、自分の考えをまとめる【対話】。次に、テーマに対する理解や考えの変容を、レポートや表現活動などの形でまとめて公開する【表現】。最後に、その成果物に対して、よかった点や足りない点などを参加者間で相互に検討する【評価】の4点である（表1）。これら一連のプロセスを通じて、「個人と社会を結ぶ」というテーマに対する理解を深めるとともに、この社会で自分は何ができるのかを考えることが、この教室の目標として据えられていた。

表1　2010年度春学期「考えるための日本語」活動概要

日程	教室活動の主な内容
第1週	1週目：授業ガイダンス（クラス活動や課題図書などの説明）
第2〜4週【理解】	2週目：グループ分け・テーマについてのグループ討論
	3週目：グループ討論続き・今後の活動計画
	4週目：グループ討論続き・今後の活動計画
第5〜8週【対話】	5週目：対話活動報告（グループ）
	6週目：対話活動報告（全体）
	7週目：対話活動報告（全体）・今後の活動計画
	8週目：対話活動報告（全体）・今後の活動計画
第9〜12週【表現】	9週目：自分の主張をまとめる1
	10週目：自分の主張をまとめる2
	11週目：グループ製作と発表
	12週目：活動のまとめ
第13〜14週【評価】	13週目：相互自己評価[3]
	14週目：相互自己評価

3.2　実践に参加する私の立場

　私を含む大学院生6名（以下、実習生と併記）は、「実習生」として「考える」に参加した。そのうえで、私たちに課せられたことは、以下の2点であった。

　　1）留学生や学部生と同様にクラスに参加し、最終的にレポートを

作成・提出すること。
2）1に加えて、毎回のクラス参加後に参与観察記録[4]を作成し、振り返りの議論に参加すること。

　まず、1）が示すものは、一般的な「実習」に見られるような期間限定の教室参加ではなく、14週にわたるすべての教室活動に参加する必要があるということを意味する。つまり、実習生も留学生や学部生とともにグループを組み、「個人と社会を結ぶ」というテーマを巡ってディスカッションや対話活動を行い、最終的にレポートを作成するのである。もちろん、これだけでは通常の受講生と何ら変わりはないのだが、そこに2）の条件が加わることで、単に教室活動に参加するのみならず、留学生や学部生の学びを観察し、支援していく実習生としての役割を同時に担うことを意味している。つまり、ここでは一人の大学院生が「実習生」かつ「観察者」であり、更に「参加者」でもあるという複数の立場を同時に背負いながら、この教室活動にどう関わっていくかを問われていたのである。

3.3　「実習」と「振り返り」

　そして、その観察や支援の結果を共有し、議論するための時間として、実習生は毎週の「考える」とは別に、「日本語教育実践研究（11）」（以下、「実践研究（11）」）という科目に参加することが義務づけられていた（図1）。

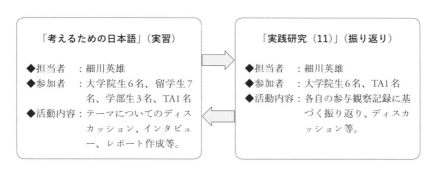

図1　「考える」と「実践研究（11）」

「実践研究（11）」では、実習生それぞれが作成した参与観察記録に基づき報告を行い、そこで生じた様々な論点について話し合った。そして、その話し合いを踏まえて、また翌週の「考える」に実習生として参加するというプロセスを繰り返した。

3.4　記述の資料と手順
次節に示す実践記録の記述に用いたのは、以下4点の資料である。

①大学院生6名の記した参与観察記録
②「考える」教室実践の音声記録
③「実践研究（11）」振り返りの音声記録
④14週にわたる「考える」「実践研究（11）」（大学院生のみ）終了後に提出された最終レポート

①は、前述のとおり毎回の「考える」参加後に、大学院生らが授業の感想や気づきなどを記した資料である。主に授業全体の流れと大まかな内容を把握する際に用いられた。②、③はそれぞれの授業内で、ICレコーダーを用いて議論の様子等を録音したものである。録音の一部は文字化され、そのスクリプトを今回の分析における資料として参照した。④は「考える」「実践研究（11）」それぞれの最終課題として、参加者に提出が義務づけられたものである。「考える」では「私にとって個人と社会を結ぶとは何か」、「実践研究（11）」では「私にとって総合活動型日本語教育とは何か」をテーマにしており、これらレポートが後述する相互自己評価の検討材料となっていた。

記述の手順として、まず、①を参考に実際の教室活動の内容について時系列に沿った形でまとめた。その後、3.2で述べた教室活動の4つの大きな柱である【理解】【対話】【表現】【評価】の時期ごとに②・③の音声記録を聞き返し、教室の内外でどのような話題があがっていたか、その時、具体的にどのようなやりとりが行われていたかを、記述していった。その記述に、④の資料を参照しつつ、私がその時々で考えたことなどを加えていったものが、次節に示す実践記録である。

第2部｜実践編

4 2010年度春学期「考えるための日本語」実践記録

4.1 【理解】〈2〜4週目〉

◆みんなで議論して考えるということ

4月7日、2010年度春学期の「考える」は、細川による授業ガイダンスから始まった。

> 細川：えーと、みなさんシラバスは読みましたか。このクラスはですね、「個人と社会を結ぶ」とはどういうことか、みんなで議論して考えようというクラスです。（中略）ただ先に言っておきますけど、僕は基本的に何もしません。もちろん何か聞かれたら質問には答えますけど、あれをしろとかこれをしろとか指示はしません。そこら辺も含めて、みんなで議論して考えようということです。　　　　　　　　（「考える」第1週　音声記録）

この発言の後、教室に集まった受講生を駆け巡ったざわついた空気は今でも忘れられない。授業の冒頭から、担当者がある意味では責任放棄とも受け取れる発言をしたのである。当然のことながら、「何だかとんでもないところに来てしまったぞ」という不安と、「よくわからないけど面白そうだ」という期待のようなものが混ざり合い、その時の教室は何とも言い難い空気に包まれたのだった。

断っておくが、もちろん、細川は本当に何もしないわけではない。詳しくは後述するが、教室活動の枠組みは細川の明確な意思のもとに設計されており、活動の様々な場面で適宜アドバイスを出し、活動が円滑に進むよう支援をする。その意味では、細川は間違いなくこの教室の担当者なのである。ただし、それは決して「教師」ではないのだと言うべきだろうか。つまり、この発言の意図は、このクラスでは予め決められた「学ぶべきもの」を与えるようなことはしない、すべての学びは一人ひとりがそれぞれの思考と表現を通じて見出していってほしいという、細川なりの意思表示であると言えるだろう。

ともあれ、こうした教室のスタイルは、どの参加者にとってもほとん

第10章　「生きることを考える」ための実践研究

317

ど馴染みのないものであることには変わりがない。少なくとも、日本語教育の「実習」を意識して参加した私にとっては、「教師」のいない教室、教えるべきもののない教室ということは、想像することもできなかった。それは、私にとって、今までの教師経験や理論をすべて土台からひっくり返すほどの衝撃を与えるものだった。

こうして、「個人と社会を結ぶ」というテーマで始まった「考える」は、冒頭から様々な当惑と葛藤をもたらしたのだった。

◆何を考えればいいのかわからない！

4月14日、第1回目の授業では、まずグループ分けを行い、その後簡単な自己紹介を行った。各グループ、留学生・日本人学部生3〜4名に大学院生2名を加えて、教室全体で計3グループが出来上がった。以降の教室活動は、基本的にすべてこのグループが基本単位となる。私の所属したグループは、実習生が私の他にもう1名と、あとは日本人の学部生1名、留学生2名であった。しかし、いざ教室活動が始まった時点で、私の頭の中にあったのは「ここで私は何をすべきなのか」「グループ活動をどう進めていけばいいのか」という、教室活動のあり方に対する根本的な疑問であった。それは、細川を除いて、おそらく教室内の全員が感じていたように思う。

ひとまず、この日から翌週にかけては、メインテーマとして与えられた「個人と社会を結ぶ」ことについて議論を行った。つかみどころのない壮大なテーマであるが、それぞれが手探りで自分の考えを述べ、意見を交換する。しかし、授業の開始当初こそそれなりに意見も出てくるが、議論をどれだけ続けてもテーマに対して唯一の解答が存在するわけではない。更に細川からの「なぜそう考えるのか、一般論ではなく自分に引きつけて話して」という発言を受け、やがて教室は、言いようのない困惑と不安に包まれていく。その様子は「何を考えればいいのかわからないという沈黙」（第3週　参与観察記録）、更に「「誰か、議論の方向性を示してください」という参加者の発言」（第5週　参与観察記録）といった形で、教室活動に暗い影を落としていた。

この時、私が考えたのは、実習生として教室に参加しているという自分の立場を念頭に、活動が円滑に進行するようグループ内の議論を進め

第2部　実践編
318

ていくことであった。しかし、ここで重大なことに気づく。それは、私は実習生として参加しているが、この活動をどう進めていけばいいのか、その「正解」を知らないということである。ここで言う「正解」とは、単に活動手順の問題に留まらない。そもそも、この教室では何を、何のために行い、そしてどこへ向かっているのかという、根本的な教育理念や目標に対する理解である。もちろん、参加者によっては細川の著書などから、多少はその教育理念や目標に対する理解を得ている場合もある。しかし、恥ずかしながら事前知識を全く仕入れずにこの実践に参加した私をはじめとして、少なくとも、この教室の参加者の間に共通の理解があるとは言えない状態であった。

　そこで、まず最初に始めたことは、大学院生の間で、細川の教育理念や教室設計の意図を確認し、その理解をクラス全体で共有することであった。

◆理念の確認と共有、そして私たちの目標の設定

　　大学院生R[5]：私は総合活動型の理念とか、本で読んではいるんで
　　　　　　　　すけど、でも間違っているかもしれないので、まず
　　　　　　　　それをみんなで確認してはどうでしょうか。それで
　　　　　　　　私たちの目標というか、そういうのを決めないと、
　　　　　　　　やっぱりみんなも何をしたらいいのかな、わからな
　　　　　　　　いと思います。　　　　　（「実践研究11」第3週　音声記録）

　「考える」に参加した大学院生らは、毎回の授業後に参与観察記録を作成するとともに、その記録を持ち寄って、週に1回振り返りを行う時間（「実践研究（11）」）が設定されていた。その場には常に細川も同席しており、各自の参与観察記録に基づく活動報告に始まり、そこで感じた疑問点等を自由に話し合う形で毎回様々な議論が行われた。上記のRさんの発言は、そのような振り返りの冒頭に発せられたものだった。そして、この発言をきっかけに、大学院生それぞれの「考える」受講動機に始まり、やがてこの実践を支える「総合活動型日本語教育」の理念とは何か、私たちはそれをどう考えるのかという大きな議論へとつながっていった。

議論はまず、細川がどういう意図でこの「考える」を設計しているのか、教育実践を支える教育観や言語観を語るところから始まった。細川の語る独自の教育観、言語観も非常に興味深かったのだが、何よりも担当者がこうして自らの教育観や言語観を語るという行為自体が、私には非常に新鮮なことであった。そうして、細川のことばを自分なりに解釈し、考えたこと、疑問に思ったことなどを返していく。その繰り返しの中で、少しずつではあるが、「考える」を設計した細川の意図が見えてきたのだった。例えば、まず「考える」は思考と表現という行為が先に立つクラスであり、その学びは一人ひとりに固有のものであるということ。そして、学びの目的は形式的な言語能力の伸長ではなく、参加者それぞれの固有のテーマの発見であるということ。最後に、テーマの発見を通じてめざされるものは、ことばとは何か、ことばの教育についてあなたはどう考えるのか、という言語や教育に関わる大きな問いに対して一人ひとりが考えていくことだということである。

　こうした理解を踏まえて、少しずつ、大学院生の間に共通の目標が生まれてきた。それは、参加者一人ひとりに固有の学びを、どのように見出していくか、その学びをどう支援していくか、ということである。少なくとも、それは「○○という能力」や「○○に関する知識」といった形で提示できる類のものではない。私たちは、その学びを参加者それぞれの「自己変容」ということばで表現することにした。それはあえて言うならば、教室活動を通じて「個人と社会」というテーマに対する新しい気づきが生まれたり、教室活動のやりとりを通じてクラスメイトの新しい一面を発見したりすることである。そして、そのことを通じて自分自身に対する理解を深めていくことである。こうして、「参加者それぞれがテーマに対する理解を深め、自己変容へとつなげていくこと」が、「考える」に参加するうえでの大学院生の目標として設定されることになった。

4.2 【対話】〈5〜8週目〉

　授業の開始当初から、堂々巡りを繰り返すグループディスカッションに対する行き詰まりを感じていた教室であったが、教室活動を進行するうえでの目標の決定、そして細川からの助言を受け、テーマを巡るやり

とりの場を教室の外に求めることになった。それが、5週目以降の「対話活動」である。

◆教室活動を支える「なぜ」という問い

「対話活動」では、各自が「個人と社会を結ぶ」というテーマのもと、教室外の人にインタビューを行い、その結果を自分のことばで文章にまとめることになった。

この時、教室全体の様子を眺めていた細川から「なぜその人にインタビューをするのか、まずはそれをはっきりさせること」という発言があった。「なぜそう考えるのか」という問いかけは、約3カ月にわたる教室活動の中で何度も登場することになる、細川のいわば常套句である。この問いかけによって、参加者には教室内のメンバーが納得するような理由を考え、説明する必要が生じる。こうした思考と表現活動の往還の中で、テーマに対する理解を深めると同時に、自分だけのテーマを発見することが、教室活動における細川の狙いであった。

しかし、こうして文字にすると実にシンプルな活動の流れも、実際に行うとなると一筋縄ではいかない。以下は、問いかけを受けたある留学生と細川とのやりとりである。

> 留学生：やっぱり「なぜ」って言われても、いやそう思ったからで深い理由はないんですね。
>
> 細川　：じゃあ、その人とあなたはどんな関係なの。
>
> 留学生：どんなっていうか、まあ友達ですけど、一番仲もいいし、興味もあるから、
>
> 細川　：じゃあなんでその人に興味をもったのか、その理由はやっぱりあなたの中にあるわけで、それは僕の言えることじゃないから、それを教えて、って言ってるんです。
>
> （「考える」第5週　音声記録）

対話＝コミュニケーションの基本は、この「相手のことを知りたい／理解したい」という気持ちである。その気持ちに応えるためのことばは、ほかの誰かから与えられるものではなく、自分自身との対話の中で

しか見出せるものではない。この頃の教室は「インタビューなどの活動内容が決まり、何となくこれからやることが見えてきて、教室内に活気が出てきた」(第5週　参与観察記録) 時期であった。こうして、対話の相手や対話テーマの選定、今後のグループ活動など、様々な場面で、少しずつではあるが教室内で活発なやりとりが見られるようになっていく。

　しかし一方で、上述のような果てしない問答の繰り返しに疲れたのか、積極的にグループでの議論に参加する者と、話を振られない限り議論に参加することのない者というように、参加者間の理解とモチベーションの差が目立ち始めてきた時期でもあった。

　◆モチベーションを高める仕掛け作り
　大学院生だけでなく、留学生や学部生皆が教室活動に積極的に関わるにはどうしたらいいのか、それは、「実践研究 (11)」で度々話題に上ったテーマであった。
　「考える」で突然話を振られても咄嗟には意見が出てこないし、考えるのにも時間がかかるかもしれない。また、対話やインタビュー等のグループ活動が中心になることで、自分のグループ以外のメンバーが何を考えているのか、教室活動自体に理解と関心がもてなくなっている可能性も考えられる。以上のような議論を踏まえ、細川から提案されたのが、授業支援システムの一つとして大学内に設置されていたCourse-Navi (オンライン掲示板) による、授業外での議論の場の構築であった。
　実は、このクラスでは授業開始当初に受講生のメーリングリストを作成し、そこで授業に関わる諸連絡や意見交換等を行っていた。しかし、義務化された各グループの連絡・報告が中心となり、本来の目的に対してうまく機能しているとは言い難い状況であったため、より活発なやりとりを行うことをめざして、利便性の高いオンライン掲示板を使用することになったのである。
　初めは主に大学院生が中心となって、掲示板に毎回の授業のまとめを書き込み、誰かがその書き込みに反応してまた意見を書き込んでいく。その過程で、次第に議論のオーナーシップを取る人が流動的になり、グループを問わず活発な議論が生まれていくのではないか——そんなことを考え、オンライン掲示板を使ったやりとりが始まった。文章の長短や

第2部｜実践編

密度には差があったが、受講生全員がこうしたオンラインでのやりとりに参加する中で、少しずつ意見や考えを表明するようになっていった。

◆どのような立場でこの教室に参加するのか

一方で、こうした教室活動への関与を巡って、大学院生の間で「実習生」かつ「観察者」であり、更に「参加者」でもあるという自らの立場をどう捉えるか、意見が大きく二つに割れるようになる。例えば、積極的に議論を促しグループ活動の潤滑油になろうとする（いわゆるファシリテーターとしての役割を積極的に担おうとする）ケースと、あくまで一参加者として、留学生や学部生との対等な立場を前提に、教育的な意図での議論への介入や誘導を避けようとするケースと、教室活動に参加するスタンスが二分化されたのである。

「考える」の議論には唯一の解答があるわけではないし、当然その議論を扱う教室では、「教師―学習者」「教える―教えられる」という関係は成り立たない。そのことは理解していたつもりだったが、それでも大学院生として、実習生としてという気持ちが捨てきれず、私は議論が停滞した時は意図的にグループメンバーに話題を振ったり、次の活動への進行を促したりということをしていた。

しかし、そんな私とは全く意見を異にする大学院生もいた。同じグループに所属していた大学院生のRさんである。Rさんは、グループの中の大学院生の位置づけについて、こう語った。

> 大学院生R：あの晋也さん（注：山本）はさっきファシリテーターとして、と言いましたけど、やっぱり私たちは同じ参加者ですよね。だからリーダーになるんじゃなくて、えーとなんででしょうねとか、どうしてですかとか質問して、こうみんなと一緒に進めていく感じで。
>
> （「実践研究（11）」 第7週 音声記録）

Rさんは、自分の立場を「同じ参加者」だと形容し、大学院生がグループの旗振り役を担うのではなく、問いかけをしつつ留学生・学部生らの自主的な発言を引き出すべきだと言う。それは、前述の私のとったス

タンスとはまた異なるものであった。

「教室活動に参加する自分の立場をどう捉えるか」という問いは、「この教室で自分はどうありたいか」という問いと等しい。つまり、それぞれにとってのめざすべき教師像、教室像といった教育観そのものを問われていることになる。その意味で言えば、私はいわゆる「教師」のイメージに固執し、とにかく「私がやらなければ」と考えていたかもしれない。この時もやはり、Rさんの発言に対して、そんなことを言っていたら議論が進まないし、グループの雰囲気も悪くなるだけではないかと考えていた。しかし、この「私がやらなければ」という思いは、やがて大きな論争へとつながっていく。

4.3 【表現】〈9〜12週目〉

「考える」も全体の約半分を終えた段階で、参加者それぞれがインタビューとその報告を終え、次のステップである表現活動へと移っていった。それは、インタビューの記録に基づき「個人と社会を結ぶ」というテーマに対する自分なりの意見をまとめ、それを何らかの手段で表現することである。話し合いの末、全3グループのうち、Aグループは「新聞作成」、Bグループは「冊子作成」、Cグループは「演劇」を媒介手段として、それぞれの表現活動を行うことになった。

◆言いたいことが言える関係性

私はそのうちBグループに所属しており、これまでのインタビュー記録をまとめて、一つの冊子を作ることになった。

それでも、ただインタビュー記録を載せるだけではつまらないし芸がない。そこで、グループメンバーがお互いの原稿を読んでコメントをつけ、またそのコメントへの返答をするというやりとりを行い、その過程をそのまま冊子に載せることで、各自の意見や考えの変容が読者に伝わるようにしよう、ということになった。そのコメントは、単に表現意図に対する確認のようなものから、ここは内容がよくわからない、言いたいことは結局何なのか、といった若干厳しめのものまで様々であった。しかし、そういったコメントが飛び交うということは、ある意味では、グループメンバー同士、言いたいことが気兼ねなく言い合えるような関

第2部｜実践編

324

係になっていたことの証でもある。

　しかし、順調に見えた各グループの活動も、教室全体で見ると一つ問題があった。それは、「演劇」を選んだCグループである。A、Bグループがそれなりに順調に活動を進めている（ように見える）のに対して、Cグループは明らかに議論が停滞していたのである。Cグループに所属する大学院生のPさんは、こうしたグループの様子に対して、振り返りの時間にその悩みを皆に吐露していた。

　　　大学院生P：「どうしてそう思うの？」って聞いても、なんかはぐら
　　　　　　　　かされちゃうし、すごく雰囲気が悪い。多分みんなこ
　　　　　　　　のままじゃいけないって思ってるんだけど、どうした
　　　　　　　　らいいのかわからない。
　　　　　　　　　　　　　　　　　（「実践研究（11）」第9週　音声記録）

　「演劇」という表現手段を選んだのは、特に深い理由があったわけではなく、その場の勢いで何となく決まったものであったという。もし、その時に「どうしてそうするのか」という問いかけをしていれば、もしかしたら他の手段になっていたのかもしれない。結局、その機会を逃してしまったがために、今更決定したものを覆すわけにもいかず、お互いに本音を言えないような関係ができてしまっている――。Pさんは、そう言って、グループに対する本音から逃げてしまったことを後悔する。

　お互いの考えていることを知り、知るためにやりとりを行うということは、やりとりを行う相手との関係性を築いていく行為でもある。相手に対して自分の正直な意見を伝え、また自分も相手の意見を素直に受け止められるような関係性が築けなければ、深いところでの対話は成り立たない。そういった対話の成り立つ環境を作ることが、いわば「考える」の教室における教師の役割でもある。Pさんの悩みとは、こうした関係性の構築がうまくいかなかったことへの深い反省であった。

　◆教師の役割とは何か
　しかし、このPさんの発言に対する細川のコメントは、非常に手厳しいものであった。

細川：どうしたらいいのかって言われても、僕からその答えを出す
　　　ことはできない。これはＰさんの問題であって、Ｃグループ
　　　の問題として、徹底的に議論するしか道はないと思う。

（「実践研究（11）」第9週　音声記録）

　細川は、解決策はどこか外側にあるのではなく、グループメンバーそ
れぞれがこの問題を自分自身に引きつけ、考えるのを待つしかない、と
言う。確かに、そのとおりである。そのとおりなのだが、私はどことな
く腑に落ちなかった。それは、私はＰさんが「実習生」「観察者」「参加
者」という複数の立場を背負うことに大きな葛藤を感じていたことを知
っていたからである。
　Ｃグループでは、活動の進行やそれに関わる様々な意思決定が、すべ
て実習生であるＰさん任せになってしまっているという指摘が、これま
でにも度々報告されていた。その度にＰさんは、自分なりにこの状況を
何とかしようと努力してきたのである。大学院生がいなくても活動が進
行するようにしたい、メンバーにもっと議論に参加してもらいたい。し
かし、メンバーの自主的・主体的参加を促すには、まずはＰさんが実習
生として議論を促したり、何らかの仕掛けを作っていかなければならな
いのではないか――。この時の私には、Ｐさんの「実習生として自分が
何とかしなければならない」という考えと、「その考えこそが問題であ
る」という細川の指摘に対する、自分なりの答えが見出せなかった。
　しかし、これは「考える」参加者の動機やモチベーションの問題もあ
るし、Ｐさん一人でどうにかなるような話でもない。たまたま教室とい
う場で出会った参加者たちと、どのように関係性を築いていくのか、そ
して、そのために私は何をすべきなのか。その議論の場に居合わせた実
習生からは、教室全体でグループメンバーを一時的に入れ替えてみては
どうか、いい関係性を築くためにＰさんから積極的に話しかけてはどう
か、など様々な提案がなされた。しかし、結局14週の授業終了後も、Ｐ
さんにはメンバー同士の距離が縮まったという確実な実感は得られなか
ったようだった。Ｐさんは、「一つの活動を行ううえで、じっくりと対話
を重ねることの重要性、異なる個性をもった一人ひとりが協働していく
ことの難しさと、それをまとめるファシリテーターが果たすべき役割な

第2部　実践編

どについて改めて痛感させられた」と最終レポートに記している。

4.4 【評価】〈13～14週目〉

　7月に入り、「考える」もいよいよ総括の時期に入った。各グループが新聞・冊子・演劇の制作と発表を終え、最後に、ここまでの活動の振り返りとして「私にとって個人と社会とは何か」というテーマで、参加者それぞれが最終レポートを作成し、提出することになった。こうして、約3ヵ月の授業の締めくくりとして、2週にわたって行われたのが「相互自己評価」である。

> 細川：このクラスの評価は、相互自己評価といって、お互いがお互いの作品を評価して、それが成績になります。もう最初に言っておきますけど、僕は成績をつける権利を放棄します。私は成績をつけない。この授業の評価はみなさんでしてもらいます。
> 　　　　　　　　　　　　　　　　　　　（「考える」第2週　音声記録）

　相互自己評価とは、その名のとおり参加者がお互いの活動とその成果を評価することである。ここでは、すなわち提出された最終レポートを参加者間で読み合い、コメントし合うことを指す。しかし、ここで重要なのは、上記の細川の発言が意味するものは、参加者間で最終レポートを読み合い、その出来不出来を判断するだけでなく、最終的に大学の成績評定までを参加者の合議によって決めよ、ということである。一見暴論のようにも聞こえるが、意外にも、その是非については、受講生からそれほど反対意見が飛び出すことはなかった。それはもしかしたら、受講生の間に、従来の点数による段階別評価という枠組みにこの「考える」の活動を当てはめることへの違和感のようなものがあったのかもしれない。ともかく、4月、5月とそれほどこの相互自己評価が話題に上ることもなく時が過ぎ、やがて6月に入って最終レポートの提出が見え始めた頃になって、どうやって成績をつけるのか、評価基準をどうするのかといった、評価全般に関する事項を話し合うことになったのである。

第10章　「生きることを考える」ための実践研究

◆どう評価するのか

　この議論の口火を切ったのは、日本人学部生のKさんであった。Kさんは、学期中を通じて教室活動にも積極的に参加し、教室内での発言も多くいわゆる「優等生」としてみんなの目に映る存在であった。

　　学部生K：もしここにいるみんなで成績をつけなきゃいけないんだったら、正直に言って私はA⁺[6]が欲しいです。対話のインタビューとか話し合いとか、私はけっこう一生懸命やってきたし、努力してそれなりのものができたっていう自信があるから、その結果をどう評価してもらえるのかはすごく気になるし、やっぱりみんなが同じAっていうのは不満、ですね。　　　　　　　（「考える」第9週　音声記録）

　Kさんの言い分は、至極もっともに聞こえた。大学の授業の成績は、対外的な評価につながるものであるし、奨学金の判定など、場合によっては大学生活に直結する問題でもある。もちろん、現実的な理由のみならず、インタビューや対話、そして表現活動というこれまでの活動は自分にとって一体何だったのか、その価値づけをするという意味でも、評価は重要な点であろう。しかし、だからこそ「どう評価するのか」は非常に大きな問題であった。

　「ディスカッションやレポートに優劣はつけられないのだから、いっそ全員が及第点でいいのではないか」「いや、どうしても満点が取りたい人もいる。その人たちをどう評価するかが重要なのではないか」等、様々に意見が割れ、なかなかこの問題は解決の糸口を見出せなかった。そこで、私たちはまず、ここまでどのような目標のもとに活動してきたのかを、改めて確認することにした。

　前述のとおり、この授業のシラバス、および、私たちが定めた活動の目標は、「テーマへの理解の深まり」「自己変容」の2点である。それならば、この2点の目的をどう達成したか、という観点から各自の最終レポートを評価するのが自然であろう。しかし、では「テーマへの理解の深まり」「自己変容」という目に見えないものをどうやって可視化し、それをどう評価すればいいのだろうか。こうしてまた新たな問題が生ま

第2部｜実践編

れ、更に果てしない議論へとつながっていく。

　結局、最終的に選んだのは、これまでの議論やオンライン掲示板の書き込み、そして最終レポートの内容などを総合的に勘案したうえで、クラス全員の無記名投票により「A⁺」を受ける3名の受講生を選ぶ（それ以外はレポートを提出すれば全員「A」）という投票方式であった。投票にあたり、まず「A⁺」が欲しい人は教室にいる全員の前で名乗りを挙げ、その理由を話すことになった。その結果、単位が不必要な学生を除いて、学部生、留学生からは、ほぼ全員の手が挙がった。

　こうして、相互自己評価が始まった。

◆レポート評価とオリジナリティ

　相互自己評価は、今までのようにグループ別に分かれる形ではなく、全員が円になってぐるりと椅子を並べる形で実施された。当日1週間前には、参加者それぞれがオンラインでA4用紙5枚以上の最終レポートを提出・共有し、事前にそれらを読み込んだうえで、コメントを一人ずつ出し合った。こうした評価は私も初めての体験だったので、一体どうなるかと不安だったが、実際やってみるとこれが案外興味深い結果になった。思っていた以上に、レポートの出来不出来がはっきりしていたのである。質の高いレポートは、まず、対話相手と自分との関係が明確に語られており、そして、その関係性がインタビューの記録にはっきりと表れていて、読んでいて興味を引く。一方で、あまり評価のよくないレポートは、おそらく誰がインタビューしても同じ結果になったであろうことが予測されるような内容なのだ。つまり、「その人でなければ書けない」というオリジナリティが感じられないのである。

　前述のKさんのレポートは、まずKさん自身の「教育」に対する関心が語られたのちに、ある教育機関の校長先生とのインタビューを経て、Kさん自身のテーマの捉え方がいかに変容したかが描かれていた。細川からは、「よくまとまっているが、良くも悪くもそこまで。もっと自分自身の問題と引きつけて」というコメントがあったが、それでもKさんのレポートに対する皆の評価は、ほぼ肯定的なもので一致していた。しかし、この教室で一番高い評価を得たのは、この「考える」に途中から参加していた、留学生のBさんのレポートであった。

第10章　「生きることを考える」ための実践研究

◆この活動は一体何だったのか

　Bさんは、本来英語が専門であり、日本語は独学でやっただけだということだった。日本語能力という点では、日本人と区別のつかないような流暢な日本語で議論に参加するほかの留学生と比べると、Bさんはやや見劣りする部分があり、レポートも時々意味がわからないことがあった。しかし、それでもBさんのレポートには、確かに読む人を引きつける何かがあった。

　　私にとって、このクラスの一番の楽しみは、出すこと、そして、みんなの反応を待っていることだ。私は、普段、自分の考えを遠慮なく、どんどん出す人ではない。もし、すべてを出せば、どうなるかな。このクラスで、実験すれば、多分大丈夫だ。出すことによって、このクラスに来ることが楽しみになる。宿題が多いけど、楽しい。こういう出す、反応を見て、さらに出すというプロセスから、わかることは、実は、誰でも、出したいことだ。（中略）日本語がこのクラスの目的じゃないけど、ひとつ気がついたことは、日本語に気にしなくなることだ。文法が正しいかどうか、そういうことを気にしなくなる。向こうの話を半分しかわからないときに、ぜんぜんあせていない。めちゃくちゃな日本語を出しても、ぜんぜん恥ずかしくない。もう、どうでもいい、とにかく相手をわかせるような感じで、やっている。これは、言葉の勉強にいいかもしれない。〈原文ママ〉

（留学生B「考える」最終レポート）

　Bさんは、このクラスで行われた議論を「楽しい」と表現した。自分自身のことを「普段、自分の考えを遠慮なく、どんどん出す人ではない」とするBさんだが、しかし、傍目に見てもグループ活動が進むにつれ、議論に積極的に参加するようになっていく様子が見てとれた。自分が意見を出し、それを受け止める相手の反応を見て、また新しいことばを探し、出す。そのプロセスは人間の本来的なコミュニケーションの姿であり、その過程においては、日本語の形式的な間違いは問題ではない。むしろ、そういった心配をすることなくどんどん自分を「出す」ことが、言語の学習においても必要なことではないかとBさんは言う。

第2部│実践編

こうしたBさんの様子は、授業の終盤になって、私に大きな衝撃を与えるものだった。私が今まで行ってきた教育実践とは、一体何だったのだろうか。「日本語力向上のため」と、学習者に日本語によるやりとりを促すも、学習者が日本語を間違えたら訂正し、正しい表現を教える。そこには、形式的な日本語の習得という前提を疑うことのなかった私の姿があった。Bさんのレポートを読み、コメントをすることは、そんな自分の教育実践の振り返りへとつながっていった。

4.5　私自身のまとめ

　ここまで、2010年春学期の「考える」「実践研究（11）」で実際に起こったこと、そして私が体験したことを、【理解】【対話】【表現】【評価】という活動の時間軸に沿って記述してきた。その流れをまとめると、以下のとおりである。

①【理解】
　議論を通じて、まず「考える」を支える細川の教育理念を確認し、「テーマに関する理解を深め、自己変容へとつなげていく」という教室の活動目標を決め、それをクラス内で共有した。
↓
②【対話】
　活動目標の決定を受け、「個人と社会を結ぶ」というテーマのもとでインタビューを行い、そして、その結果をグループ内で持ち寄り、議論し、最終的にその成果を何らかの形で表現するという教室活動の道筋が決まった。
↓
③【表現】
　対話活動の成果をどのように表現していくのかを話し合い、新聞・冊子・演劇というそれぞれの表現手段に合わせて作品制作、発表を行った。
↓
④【評価】
　各自がここまでの活動を振り返り、その学びをまとめて最終レポー

トを作成した。そして、その学びを意味づけるために、レポートの相互自己評価を行った。

　「考える」の開始当初、私はこの教室で「何をすればいいのかわからない」という当惑を感じ、その解決のために、「考える」の教育理念や活動をどう捉えるのか、大学院生間で何度も話し合いを重ねた。そして、教育理念や活動に関する共通理解を固めつつ、その過程で、「テーマに関する理解の深まりと自己変容」という目標が決定した。そして、その目標に基づき、「考える」をどう進行すればいいのかを教室の参加者たちと話し合った。やがて、対話活動から作品制作という教室活動の進行が決まり、その実施を受けて省察を行い、再び教室活動の理念を確認し、教室活動の進行について話し合うということを繰り返したのである。

　では、こうした体験を通じて、私は何を学んだのだろうか。

◆無自覚であった自身の言語教育観の再構築

　私が見た「考える」の教室には、教師も学習者も、教えるべき言語知識もなく、あるのはただ「個人と社会を結ぶ」というテーマについて考え、表現するというプロセスだけであった。そのプロセスを体験する中で、私は、これまで自分が抱えていた「ことば」「教師」「学習」「教室」といった、言語教育を巡る概念についての問い直しを迫られることとなった。

　例えば、「考える」における私たちの目標を決めるにあたっては、どうしても「ことばとは何か」「ことばの教育についてあなたはどう考えるのか」という、言語教育に関する根源的な問いを抱えざるを得なかった。また、教室内で複数の立場を同時に背負うことで生じた「この教室の中で自分はどう在りたいのか」という疑問は、やがて「教室に集まった参加者（＝学習者、実習生）と、どのような関係性を築いていくのか」という問いへとつながっていった。そうした問い直しの機会が、私にとって様々な価値観の揺さぶりをもたらし、それはやがて無自覚であった自身の言語教育観の再構築へとつながっていく。

　言語教育観の再構築とは、すなわち、教育実践に参加する過程で生じた様々な気づきをもとに、自身の教育的立場を更新していくことであ

る。こうして文字にすることはたやすいが、実際には簡単なことではない。ことばの教師としての教育観、言語観を教育実践の中で確立しつつ、一方でその立場を常に他者との批判の中に晒し、再構成していくような力強さが求められることでもあるだろう。

　振り返ってみれば、私は無自覚のうちに、日本語教育という枠組みを日々の授業の中だけで捉え、固定化していたように思う。私が大学院への進学を希望した動機は、日々定式化された授業を繰り返すことへの不安と、そしてそのことを自覚しつつも、その枠組みから動き出すことのできない自分自身への葛藤であった。そこに欠けていたものは、本来あるべきことばと教育のあり方を問う姿勢と、肝心の私自身の教育的立場である。今回、この「考える」を通じて私が体験したことは、その固定化された概念の枠組みを、実践の中で様々な他者との議論を通じて変容させていくことにほかならない。

◆役割を固定化しないということ

　今回の「考える」では、オンライン掲示板などのツールの使用をはじめとして、議論で活発なやりとりを行うための教室活動の工夫——例えば、座席の配置、グループメンバーの一時的入れ替え、活動報告の分担など、参加者それぞれの様子を細かく観察しつつ、教室活動の活性化に向けて様々なことを話し合った。それは、実習生らの議論のみならず、教室参加者全員が参加する形で話題に上ることもあった。もちろん、議論の末に結論がまとまらないこともあるし、そこでの決定事項から、結果として具体的な成果が見出せない、つまりは活動として失敗に終わったこともある。それでも、細川が冒頭に述べたような「みんなで議論して考える」空間が、おぼろげながらそこにはできつつあったように思う。果たして参加者にそういった自覚があったかどうかは定かではないが、少なくとも、教室活動としてそのような行為が行われていたことは事実である。では、なぜそのような空間が成立したのだろうか。

　それは、この教室に教師や学習者の役割を固定化しない「学習者主体」（細川1995）的な風土があったからだと思う。ただしそれは、教室内にルールを設けず学習者の好き勝手にさせるということではない。今回の「考える」および「実践研究（11）」で細川を見ていて感じたことは、一

見自由奔放にやっているように見えて、これだけは譲れないということばの教師としての明確な意思のもとに、教室空間が設計されていたということである。更にその一方で、自身の組み上げた教室空間の枠組みに捉われず、参加者の合議のもとでその枠組みをも変更していこうとする柔軟性があった。牛窪（2004）で議論されているように、学習者の主体性を育むうえでは、何よりもまず教師の側に教室の設計や運営に関する明確な意思がなければならない。そして、教師の明確な意思と、そこに集まる学習者との相互関係性の中にこそ、学習者のみならず教師自身の主体性が生まれ、「みんなで議論して考える」空間が成立すると考える。

5 ｜ 自らの教育的営みの省察から次の実践へ

　冒頭に述べたように、このクラスは教師養成プログラムの一環としての「実習」クラスであった。しかし一方で、私にとっては「なぜこれが日本語教育なのか」「なぜこれが日本語教育の実習になるのか」という疑問が拭えなかったのもまた事実であった。振り返ってみれば、その原因は、私の中に強固に構築された「日本語教育はかくあるべき」というイメージにあったように思う。それは例えば、日本語教育は外国人が日本語を学ぶものであり、そのために教室には教師がいて、外国語としての日本語を教える必要がある、といった点である。この実践当時からすでに2年が経過しているが、私がこの「考える」で体験したこと、学んだことの意味を自分なりに消化するには、長い時間が必要だった。今回、この実践記録を書いたことで、おぼろげながらもその意味が見えてきたような気がしている。その意味とは、まさに「ことばのやりとりを巡る場そのものを体験する」ということである。
　私がこの「考える」で体験したことは、「活動目標」という道筋を設定し、それに沿って具体的な自分の立ち位置を定めつつ、やるべき活動を考え、遂行し、その評価を踏まえてまた次の実践の改善へとつなげていくという一連のプロセスであった。その過程で、他者とのことばのやりとりを通じて、その他者との関係性や、自分自身のアイデンティティを再構築していく。それは、教師である以上、教育の現場で営々と繰り返していく営みであるように思う。つまり、この実践に「実習」として何

第2部｜実践編

らかの意味があるとするならば、その意味は、実践に参加したり話し合いを重ねた結果として、教室の運営方法などを学ぶことではなく、自らの教育的営みを省察し、次の実践へと向かっていくプロセスの体験そのものに意味があったと言えるのではないだろうか。そして、更に言えばそれは教育に限らず、人が生きるうえで行う実践の根底に、常に存在するプロセスでもある。ただ、今回はプロセスの起点となるのが言語教育実践の場であり、「ことばとは何か」「あなたはことばの教育をどう考えるのか」という問いがそこに不可欠なものであったということであろう。

「考える」を通じて細川から何度も提出された「ことばとは何か」「あなたはことばの教育をどう考えるのか」という問いは、私の中でいまだに解決していない。だが、私自身これは正答のない問いであるように思う。なぜならそれは、その主体が現在置かれている文脈、行っている実践との間で揺れ動くものであるし、また、そうした相互関係の中で捉えられるべき問題だからである。現在、私は大学院を離れ、また新たな場所で日本語の教師として教壇に立っている。おそらく、日本語教師として「ことば」と「ことばの教育」に関わり続ける以上、この問いは生涯ついて回る問いであろう。「考える」に参加し、そしてこの実践記録を書く中で得た私自身の学びとは、まさしくこの問いを自らが引き受け、そして問い続けることの意味である。肝心なことは「ことば」と「ことばの教育」のあり方を問いつつ、学習者や同僚などとの相互関係性の中で自らの教育的営みを省察し、次の実践へと活かしていこうとする視点ではないだろうか。

6 | 実践研究とはどのような営みか （以下、細川）

6.1　教師養成と実践研究の関係
本節は、教師養成と実践研究の関係について論じるものである。

まず「実践研究」とは何かというテーマそれ自体が、この論集のテーマでもあるのだが、これについては、私はかつて次のように述べたことがある。

今、実践研究とは何かと改めて問われれば、それは、自分にとって
の自明の教育観・人間形成観を批判的に問い直すときに生まれる、
教育課題意識と深く関わる研究と答えることになろうか。

(細川 2010: 69–81, 細川 2012b 所収)

　これまでは、実践研究と言えば、筆者自身も含めて言語教育における
実践現場そのものを対象としたものとして捉えられてきた傾向があるだ
ろう。しかし、これからは、より大きな枠組みで実践研究を捉え直して
いくことが必要ではないかという仮説に私は立とうとしている。
　なぜなら、実践研究の範疇や範囲を定めることが目的化し、そのカテ
ゴリー化を進めることで「実践研究」の価値を高めようとするようなこ
とは、かえって実践研究の趣旨に合わないこととなるのではないかと考
えるからである。つまり、実践研究とは、あくまでも考え方としての概
念であり、教育や研究のための方法ではない。実践研究は、「実践を研究
する」ための方法では決してないからだ。
　このことは、実践という概念そのものも変容することを意味するだろ
う。実践を、「教えるための現場」とだけ捉えてしまうことで、その方法
論化がやはり進行してしまう。つまり、実践という概念をより広く、よ
り大きく捉えることによって、その方法への目的化の問題を回避できる
のではないか。
　そのように考えれば、この場合の「実践」とは、人が考えながら生活
し働き、そして死ぬことであると言い換えることもできるかもしれな
い。つまり、「生きること」の総体がすなわち「実践」なのである。その
「生きること」を考えることが、すなわち「実践研究」だということにな
る。ただ漫然と「生きる」だけでは、考えたことにならない。「生きる」
ために深く考え、行動すること、これが「研究」である。その結果、個
人と社会が結ばれ、社会とは何か、社会に参加するとはどういうことか、
そのとき自分は社会のために何ができるのかという問いが個人に生まれ
るのであろう。言語教育という分野・領域で考えようとするならば、言
語によって活動するという行為から、「生きることを考える」ことが、こ
の「実践研究」に該当することとなろう。
　このことは、第2章で論じられた「AR」、つまり実践研究が本来的に

第2部 ｜ 実践編

めざした社会変革の思想とつながるものだと言えよう。日本語教育という世界でこれまで実践研究が乏しかったというのは、単に授業に関する報告が量的に少なかったというに留まらず、先に述べたような「生きること」と「考えること」の相関を言語教育という観点で考察したものが存在しなかったということでもある。

6.2 解体する「教師養成」

例えば、「教師養成」という用語は何を意味するのか。

「教師」とは字義通りに言えば「教える人」であり、「養成」とは、その「教える人」を「養成」することである。

この「教える」という行為の意味については、すでに様々な議論があり、ことばを「教える」ことの不可能性について論じられてもいる。つまり、「教える」内容についてその実体を単純に固定化したり定量化したりすることが困難なことは、教育学の歴史の中でもすでに論じられてきている。

このことを「養成」の立場から考えるならば、その養成を構想する人が、「教える」ということをどのように考えるかによって、全く異なった「養成」になるということになろう。

これまでの養成は、教えるべき何かがあり、それを習得させる必要があるという前提で行われてきた。現在の教師養成のほとんどがそのような前提のもとで行われていると言えるだろう。

例えば、文型・語彙の習得をその教育実践の第一義の目的と考える人が養成者となるならば、当然のこととして、文型・語彙の習得を目的とした知識・技術の獲得がその「養成」の目的となろう。また、「生きる力」の獲得を目的とするならば、その「生きる力」に必要なものを教師候補者に教えることが「養成」だということになる。つまり、養成者自身の教育観および実践の内容・目的とその養成行為は不可分の関係にあると言わなければならない。

1980年代以降に生じた「内省的実践家」（岡崎・岡崎1997）という考え方においても、「内省的」であることによって教師一人ひとりの「成長」は促されたが、その「内省」「実践」「成長」の内実は全く注目されてこなかった。

第10章　「生きることを考える」ための実践研究

337

「実践研究」というものを前節のように捉えると、見える世界が格段に違ってくるだろう。言い換えれば、実践研究の概念を深く検討することによって、「教師養成」という概念そのものも大きく変容する。というよりも、むしろ、従来の意味での「教師養成」はもろくも解体することになる。

6.3　組織の取り組みとその後

　教師養成と教育実践の連携をめざす試みとして、かつて自身の所属する早稲田大学大学院日本語教育研究科の教師養成プログラムについて紹介した（細川2006）。

　2001年に開設された早稲田大学大学院日本語教育研究科のプログラムの特徴は、一般の「講義」や「演習」に加え、「日本語教育実践研究」（以下、「実践研究」）という科目が設定されている点にある。この「実践研究」は、担当教員ごとに（1）から（13）までに分かれており、大学院生らは2年間の在学期間において、そのうちの3科目を履修することが義務づけられている。

　「実践研究」では、それぞれの教員が併設の日本語教育研究センターを中心とする実践現場をもち、これを実習クラスと位置づけ、ここに大学院生を実習生として参加させる。そして、それぞれの教育実践のありのままの姿を見せると同時に、「実践研究」クラスとして、その教育実践を実習生とともに振り返る作業を行ってきた。

　このことで、大学院生は、異なる3科目以上の教育実践を体験し、かつそれぞれの振り返りによって、それぞれの教育目的を知り、そこで学ぶべき知識や技術も獲得するという手順になっている。

　ここで特筆すべきは、ここでは固定的な「養成」の概念がないということである。13の異なる「実践」に参加し（参加の形態はそれぞれに異なるが）、その振り返りを行いつつ、言語教育について考えるというプロセスがあるだけである。つまり、それぞれの実践研究を受講し、それをどのように受け止めるかは、大学院生一人ひとりにゆだねられている。いわば、研究におけるデザインは、教員が立てるのではなく、大学院生一人ひとりが立てるのである。

　以上の点がこの組織における特徴であり、一般の日本語教員養成・研

修とは根本的に異なるものであろう。

このデザイン主体の議論は、2004年から始まった日本語教育学会「実践研究フォーラム」のコンセプトにも引き継がれている。ここでは、研修と言いつつも、フォーラムとしては、大きな枠組みしか提示していない。参加者一人ひとりが自らの実践を設計・実施・振り返りを行うのだが、その過程で、様々なサポートの体制には気を配っているが、最終的には、それぞれの実践をそれぞれの教師が「自分の問題として捉える」という観点に依拠しているのである。その一つひとつのプロセスにおいて、教師は「成長」するのであり、その成果は、WEB版「実践研究フォーラム」報告を経て、次の実践に活かされ、更にそれは、その教師自身の人生において実現されるのである（細川2012a参照）。

6.4 制度としての「教師養成」の限界

しかし、こうした養成は、多くの場合、個人対個人で行われるわけではなく、集団的な組織の制度やシステムとして行われることがほとんどである。

そうした組織の制度やシステムとして行われる場合、「養成者自身の教育観および実践＝養成の目的」という図式は崩れ、「教師の成長」という名のもとに、ほとんどの養成は、日本語の構造やその教授方法を巡る固定的実体の一部が対象となり、その習得のための、きわめてマニュアル的な存在となっている。

「考える教師」として「成長」するためにも、その「考える」場は与えられたとしても、「何を考えればいいのか」までは与えられず、「成長」という形ですべては個人の資質に任されることになる。

この原因は、以下のように整理されよう。

・「養成」の概念そのものに、具体的な知識・情報を与えるという面があること。
・「成長」の先に何があるのかということについての見通しがないこと。
・本来、「実践とは何か」という議論がないまま、現在に至っていること。

本章で山本が取り上げたのが、私が担当する「実践研究（11）—考えるための日本語—」である。

　「実践研究（11）」は、「総合活動型日本語教育」を理論的背景に、ことばの教育のあり方を考える実践として、これまで様々な試行錯誤を繰り返しながら実施されてきた。

　前述したように「生きることを考える」ための実践研究という意味で、ここでは、実体化した具体知識や技術を「教える」ことは何もしていない。実習生も、実践科目受講者も、自分のテーマを探し、それを他者に伝えるべくレポートを書き、その内容に沿って対話を繰り返し、それを自分のことばでまとめる作業を行うだけである。この数年は、これに冊子編集という作業を加え、協働でモノを作る意味について考える工程を付け加えた。

　本章前半部の記述に沿って言うなら、「理解」「対話」「表現」「評価」という一連の言語活動である。この活動は、教育実習という科目のために作られたというより、むしろ、すべての言語活動の基本となるような枠組みを示しているにすぎない。

　教育実践としての「考える」も、教育実習としての「実践研究（11）」も、「一個の言語活動主体としての充実」（細川 forthcoming）をめざす実践研究であると言える。

6.5 「生きることを考える」ための実践研究とは何か

　本書の「序」で述べたように、戦後、文学鑑賞に重きを置く、国語教育からの離脱を試みた日本語教育は、合理的な精神に基づく形式主義を標榜するあまり、文型・語彙等の学習項目リスト作成が目的化し、きわめて技術実体主義的なドグマに陥ってしまう。「教師養成」もまたこのドグマから抜け出せなくなった。

　もちろん、ことばの教育にとって、構造とシステムへの省察は重要な課題である。むしろ、この構造とシステムの関係を明らかにすることがことばの科学の使命であると言えよう。しかし、学習とは、決して知識の集積ではないし、また、構造とシステムの獲得は、決して一方向的な教授によって身につくものではなく、その個人の全身によって活動の全体として体得されるべきものである。

第2部｜実践編

340

このように考えるとき、ことばの教育とは、「ことばを教える」ことではなく、「ことばによって活動する」場を作ることとなろう。このことは、「教師養成」にとっても同様である。「教師養成」というシステムを実体化させ、そこで、これこれのことを行うという制度自体、あまり意味のないことがわかる。

　「教師」は実践そのものの中にあり、「養成」も実践そのものの中にあるからだ。「教師」になるために必要なことは、その職業としての実体的な知識ではなく、混沌たる「全体」の中に身を置く行為そのものだと言える。混沌とした「全体」を生きること、これ以外に術はなしと私は考えるからである。もちろん、その「全体」の環境は周到に準備されなければならないが、これは「教師養成」に限ったことではない。教育実践そのものが、混沌とした「全体」なのだ。この「全体」の中で、どのように他者を受け止めつつ、自己を主張し、どのような議論を展開できるかが、すべての個人に課せられた「生きることを考えるための」実践研究なのである。

注	[1]	総合活動型日本語教育についての詳細は細川（2002）、早稲田大学日本語教育研究センター「総合」研究会（2003）を参照のこと。
	[2]	同センターでは春学期（4月〜7月）と秋学期（9月〜1月）の2セメスター制を採用していた。
	[3]	相互自己評価の理念や具体的事例については、早稲田大学日本語教育研究センター「総合」研究会（2003）、牲川・細川（2004）を参照のこと。
	[4]	参与観察記録とは、大学院生らが毎回の「考える」に参加する中で気づいた点や、感想などを記入する形式で作成された資料である。作成後はオンライン上で担当教員・大学院生間で共有され、振り返りの際の検討資料として用いられた。
	[5]	本章に登場する大学院生、および、学部生、留学生の名称は、研究倫理上すべてアルファベットによる仮名表記とした。
	[6]	同大学での成績評定は、上からA⁺、A（優）、B（良）、C（可）の順であった。

参考文献　牛窪隆太（2004）「クラス活動における学習者主体の意味」細川英雄
　　　　　　　＋NPO法人「言語文化教育研究所」スタッフ（著）『考えるため
　　　　　　　の日本語―問題を発見・解決する総合活動型日本語教育のすす
　　　　　　　め』明石書店

岡崎敏雄・岡崎眸（1997）『日本語教育の実習―理論と実践』アルク

牲川波都季・細川英雄（2004）『わたしを語ることばを求めて―表現
　　　　　　　することへの希望』三省堂

細川英雄（1995）「教育方法論としての「日本事情」―その位置づけ
　　　　　　　と可能性」『日本語教育』87, pp.102–113.　日本語教育学会

細川英雄（2002）『日本語教育は何をめざすか―言語文化活動の理論
　　　　　　　と実践』明石書店

細川英雄（2006）「日本語教員養成における教室実践と教師教育の統
　　　　　　　合」春原憲一郎・横溝紳一郎（編）『日本語教師の成長と自己研
　　　　　　　修―新たな教師研修ストラテジーの可能性をめざして』pp.232–
　　　　　　　248.　凡人社

細川英雄（2010）「実践研究は日本語教育に何をもたらすか」『早稲
　　　　　　　田大学日本語教育学』7, pp.69–81.　早稲田大学大学院日本語教
　　　　　　　育研究科

細川英雄（2012a）『研究活動デザイン―出会いと対話は何を変える
　　　　　　　か』東京図書

細川英雄（2012b）『「ことばの市民」になる―言語文化教育学の思想
　　　　　　　と実践』ココ出版

細川英雄（forthcoming）「教育実践に置ける言語活動主体のあり方再
　　　　　　　検討―日本語教育と日本研究を結ぶために」『日本語教育と日本
　　　　　　　研究における双方向性アプローチの実践と可能性』ココ出版

早稲田大学日本語研究教育センター「総合」研究会（編）、細川英雄（編
　　　　　　　集責任）（2003）『「総合」の考え方と方法』早稲田大学日本語研
　　　　　　　究教育センター

あとがき
――希望をつなぐ

三代純平

今あらためて「実践研究」を問う。

本書はその目的のもとで生まれた。問いは、日本語教育に向けられたものであると同時に、私たち自身に向けられたものでもあった。本書の執筆者の多くは、早稲田大学大学院日本語教育研究科・細川英雄研究室で学んだ経験をもっている。第10章で山本晋也が、自らの教育実習のめまいのするような経験を語っているが、同様の経験を経て、日本語教育実践と向かいあいながら、私たちは共に研究してきた。したがって、漠然と「実践研究」の意味や方法を共有している気になっていた。だが、ある時から、漠然とした共有では先にすすめないのではないかという危惧を抱くようになった。そこで、今一度、「実践研究」とは何か、という根本的な問いと向かいあうために、本書は企画された。

よって、本書は、「実践研究」をテーマとした論集という体裁をとっているが、その内実は、「実践研究」とは何かという問いに答えるための一冊の共著であり、本書を作成する過程が、私たちにとっては、「実践研究」をめぐる一つの長い実践研究であった。

本書は、理論編と実践編の二部構成になっている。理論編は、ワーキング・チームを作り、毎週の研究会を3年余り続けることで執筆された。また、その議論を共有しながら、それぞれの実践研究を続けることで実践編が執筆された。

第1章で、市嶋典子らは、過去に日本語教育の領域で公表された実践研究を概観し、実践研究を方法としてモデル化するのではなく、既存の日本語教育の実践、研究の枠組みに動きを与えるような概念として実践研究を捉えることを主張する。第2章で、三代純平らは、そのような概念としての実践研究をいかに定義するか、という問題にアクションリサ

343

ーチの議論を援用しながらアプローチした。三代らは、従来の研究とは異なる新しいパラダイムとして、アクションリサーチを批判的に考察することにより、実践研究を「実践への参加者たちが協働で批判的省察を行い、その実践を社会的によりよいものにしていくための実践＝研究」と定義した。この定義が、本書における基本的な実践研究の定義となる。だが、これは、実践研究をモデル化し、その可能性を限定するための定義ではない。むしろ私たちの立場表明であり、宣言である。なぜなら、それぞれの実践研究への立場を明確にし、議論することでこそ、実践研究共同体は広がり、醸成されていくと私たちは考えるからである。また三代らは第3章において、実践研究を記述・公表する意味を論じたうえで、その際に求められる記述のあり方として、実践の置かれた社会的文脈と実践の中で変化する「私（たち）」を批判的に記述することを提案している。実践編は、この記述方針に緩やかに準じながら記述されている。第4章で、牛窪隆太らは、過去の自分たちが公表した実践研究の作成過程を批判的に振り返る。そこで明らかになるのは、実践を研究する姿勢により、理論の用語が現場で感じられた実践の意味を侵食してしまうプロセスだ。牛窪らの研究は、第3章までで論じられた実践＝研究の重要性を改めて検証するものであると同時に、実践研究を研究するメタ実践研究のもつ意味も示唆している。

　第5章から第10章までは、実際の実践研究である。第5章の武一美らは、神奈川県の県立高校に在籍する外国につながる生徒への日本語支援をめぐる実践研究である。多文化教育コーディネーターとして関わる武らが、試行錯誤しながら、高等学校の教員たちと協働し、日本語支援体制を拡充していく様子がリアリティをもって描かれている。立場の異なる現場の声が、徐々につながり、大きな声になっていくプロセスは、実践研究の醍醐味を私たちに伝えてくれる。第6章の古賀和恵らは、「イベント企画プロジェクト」というプロジェクトワーク型の実践を学生たちと共に改善していく様子を3学期に渡り、考察、記述している。古賀らが、学生の主体性を信じることと教師として介入することの間で葛藤しながら、実践を問い直す過程や、その間に失敗を糧に学生たちが自ら教室実践を充実させていく様子は、プロジェクトワーク型の教師の役割を考えるためのよいリソースとなるだろう。第7章の佐藤正則は、日本

語学校の大学院進学クラスを対象とした実践研究を通じて、日本語学校において協働が生まれ、そこから新しいカリキュラムが生まれることの意味を振り返る。そこからはマニュアル化される日本語学校のあり方に対する地道だが激しい改革への意思が読み取れる。第8章の高橋聡は、自らが行ってきた実践の意味を、学生の教室外の生活から再考する。実践研究は、実践の置かれた社会的状況を重視するが、この社会的状況と実践のつながりを高橋は独自の視点と手法により読み解こうとしている。第9章の山本冴里は、自らのフランスでの「あの実践」を振り返る。「あの実践」と呼びたくなるなんらかの痕跡を教師の記憶に残す実践、それは多くの教師が自分のキャリアを支える経験としてもっているのではないだろうか。山本は、そのような実践を改めて考察している。そこからは、山本の実践や周囲の人々への真摯な関わり方が伝わってくる。多くの日本語教師は、海外でそのキャリアをスタートさせるが、そんな新人日本語教師に読んでほしい実践研究である。第10章は、山本晋也と細川英雄が、日本語教育を専門とする大学院の教育実習を、それぞれ、実習生と指導教員として振り返る。そこで描かれるのは、いわゆる「教師の成長」のストーリーとはかけ離れたものである。アクションリサーチ＝実践研究は、しばしば「教師の成長」の議論とあわせて論じられるが、二人の議論は、「教師の成長」をすんなりめざすことさえも拒否している。実践研究を通じて、もっとも根源的な問い、「生きること」を考えていくのである。その内容に加え、二人の予定調和していかない視点から実践研究が行われる手法もまたラディカルに実践研究の意味を探求したものになっている。

　実践編から見えてくることは、実践研究を通じて、「つながり」が生まれていることである。実践を協働で批判的に考察し、よりよいものにしていくこと、それが実践研究だと私たちは定義した。第2章で論じられたように、それは、非常につらく、気の遠くなることである。だからこそ、アクションリサーチは、教室内に閉じられ、自身の内省による成長として位置づけられてきた。だが、この非常につらく、気の遠くなることを続けることで、実践は広がり、よりよいものになるという可能性を実践編は示している。第5章の武らは、それぞれの実践をひらくことで、つながりが生まれたと述べている。このつながりは、やがて希望と

なっていく。この希望は、より大きな葛藤や時には絶望の中から少しずつすくいだされたものであるに違いない。中等教育機関に外部から関わり、大きな矛盾と課題を抱える現場を変容させるプロセス、カリキュラムの固定化した日本語学校で新しい日本語教育の意味を模索する日々、等々、その中には、気の遠くなるような努力があり、それを支えた人々がいたはずである。紙幅の関係から、そのことについて実践編の執筆者たちは多くを語っていない。だが、同じような葛藤を抱える現場の日本語教師たちがそれを読めば、行間からその試行錯誤した日々を感じとり、そこにある希望を自分の向き合っている実践の中にも見いだすと私は信じている。そして、そのような日本語教師たちとこの希望を共有できたとしたら、私たちにとって、それは何よりの悦びである。希望の共有、そこに実践研究の大きな意味がある。実践研究とは、実践をひらき、希望をつなぐ営みと言えるかもしれない。

　最後に、本書の出版を引き受けてくださり、編集にご尽力いただいた、ココ出版の吉峰晃一朗さん、田中哲哉さんに心よりの感謝を申し上げる。本書自体が、「実践研究」を探求する実践研究であったと述べたが、お二人は、この7年に及んだ長い私たちの挑戦を可能にした共同実践研究者のような存在であった。本書が、さらに、未来の共同実践研究者と私たちをつないでくれることを切に願う。

　2014年5月
　　　東京、武蔵野美術大学、春霞の向こうに富士を望む研究室にて

[A]	「AR」……51, 52, 65, 66, 78–83
	「A・R」……51, 52, 65, 66, 78–80
[M]	ME-net……145
	Moodle……289, 290, 304, 305
[あ]	アクション・リサーチ……32, 35
	アクションリサーチ（Action Research/AR）……49–52, 91
[い]	一人称で記述する……103, 110
	一個の言語活動主体……16
	イデオロギー……68, 69, 81, 92
	イベント企画プロジェクト……184, 213–215
	意味の円環……264
[え]	エスノグラフィー……36
	エンパワメント……83
[お]	オーセンティック……263, 266, 274, 276
[か]	外国につながる児童生徒……146
	概念としての実践研究……39, 41
	学習者中心……29
	拡張的学習……225
	葛藤……205, 206, 210, 212, 214
	活動システム……224
	構え……117
	カリキュラム……54, 222–226, 246, 247
	考えるための日本語……311
[き]	技術実体主義……2
	教育観の不在……3
	教育実践の公表・公開……4
	教員……153
	教室外……255
	教室内……255
	教室の社会化……124, 128
	教師の自己研修……29–31
	教師の視点……138
	教師の成長……62
	教師養成と実践研究……335
	教師養成の限界……339
	共生言語としての日本語……181, 182
	共生のための言語活動……183, 184, 215, 216

	協働……66, 75–80, 161, 247
	協働意識……194–196, 206, 210, 212
	（協働の）二重の環……77, 83, 95
	共有……153
[く]	クレオール……180, 181
[け]	形式主義……2
	結節点……288, 305
	研究計画……229
	言語学習環境……222, 228
	言語教育観の再構築……332
	現場のストーリー……138
[こ]	コース・デザイン……223, 250
	個人と社会を結ぶ……313, 314
	ことばの市民……16
	ことばの学び……276
	個の文化……11
[し]	自己アイデンティティ……254, 275
	自己言及的記述……91, 114
	自己変容……320
	実践＝研究……50, 65, 81, 82, 91, 92, 96, 121, 140
	実践共同体……80, 83, 183, 194, 196, 210, 212
	実践研究共同体……95, 174
	実践研究者（Action Researchers）……77, 81–83, 93
	実践研究における記述 → 実践研究の記述
	実践研究の記述……121, 125, 140
	『実践研究の手引き』……35
	実践研究の方法論……35, 42
	実践研究フォーラム……23, 24, 39
	実践の言語 → 実践の用語
	実践の公開……174
	実践の典型化……37
	実践の用語……125, 126, 140
	実践報告……24, 36, 37, 39
	自分誌……253, 277, 278
	社会構成主義……82
	社会実践……51, 66, 82
	社会的状況……100

索引

社会的文脈……106, 114

社会変革……66, 70, 78

主体的参加……194, 195, 209

省察……74, 75, 79, 80, 334, 335

触媒……305

［す］　ストーリー……93

［せ］　前提……113-115

［そ］　総合活動型日本語教育……12,
　　　　　121, 122

相互自己評価……327

［た］　多文化教育コーディネーター……
　　　　　147

［つ］　つなぎ目……145, 153, 171

［て］　テーマ……253, 264, 276, 277

［と］　当事者意識……194, 196, 210

同僚性……248-250

［な］　内省……64, 73, 74

内省モデル……32

「なぜ」という問い……3, 321

［に］　日本語学校……223, 227

日本事情……7-10

［は］　場……183, 184, 214, 216

波及効果……139

パラダイム……82, 83, 91

［ひ］　批判的……66-73, 79

批判的教育科学……69

批判的社会科学……69

批判的（な）省察……92, 93

批判的日本語教育……70

［ま］　学び……195-197, 210-212

［む］　無知の姿勢……263

［め］　メタ実践研究……96

［も］　物語りとしての知識……138

問題意識……183, 196, 197

問題発見と解決……153

［よ］　予備教育……227

［り］　リソース……94, 95, 110-112

理論の言語 → 理論の用語

理論の用語……125, 126

［わ］　枠組みに動きを与える運動……
　　　　　43

枠組み（frame）……69, 74, 75, 79

私はどのような教育実践をめざす
　　　　　のか……15

［編者］ 　**細川英雄**（ほそかわ ひでお）

早稲田大学名誉教授、言語文化教育研究所八ヶ岳アカデメイア主宰。早稲田大学大学院文学研究科博士課程単位取得。博士（教育学）。信州大学、金沢大学、早稲田大学日本語研究教育センターを経て、2001年より早稲田大学大学院日本語教育研究科教授、2013年3月早期退職し、現職。研究分野は、言語文化教育学、日本語教育学。著書に『日本語教育は何をめざすか』（明石書店、2002年）、『研究活動デザイン』（東京図書、2012年）、『「ことばの市民」になる―言語文化教育学の思想と実践』（ココ出版、2012年）など多数。

三代純平（みよ じゅんぺい）

武蔵野美術大学准教授。早稲田大学大学院日本語教育研究科博士課程修了。博士（日本語教育学）。韓国の仁川外国語高等学校、早稲田大学助手、日本学術振興会特別研究員、徳山大学講師、武蔵野美術大学専任講師を経て、2016年から現職。研究分野は、日本語教育学。留学生や日本語教育関係者へのライフストーリー研究を行う一方、ライフストーリー研究によって聞いた声に応えるための教育実践を企画し、実践研究として行っている。著書に『日本語教育学としてのライフストーリー―語りを聞き、書くということ』（三代純平編、くろしお出版、2015年）、『日本語教育 学のデザイン―その地と図を描く』（神吉宇一編、凡人社、2015年）などがある。

編著者紹介

| [著者] | 井草まさ子（いぐさ まさこ）

NPO法人多文化共生教育ネットワークかながわ理事、多文化教育コーディネーター派遣事業アドバイザー。たぶんかフリースクールよこはま代表。元神奈川県立高等学校教員。研修やボランティア養成講座の講師を多数務める。著書に「私が出会った外国につながる子どもたち」『人権と多文化共生の高校 外国につながる生徒たちと鶴見総合高校の実践』（坪谷美欧子・小林宏美編、明石書店、2013年）などがある。

市嶋典子（いちしま のりこ）

秋田大学准教授。早稲田大学大学院日本語教育研究科博士後期課程修了。博士（日本語教育学）。シリアのダマスカス大学、早稲田大学助手・特別研究員、秋田大学助教・講師を経て、2014年から現職。専門は、日本語教育学、評価論、実践研究論。主要論文、著書に「相互自己評価活動に対する学習者の認識と学びのプロセス」（『日本語教育』142、pp.134–144）『日本語教育における評価と「実践研究」—対話的アセスメント：価値の衝突と共有のプロセス』（ココ出版、2014年）などがある。

牛窪隆太（うしくぼ りゅうた）

関西学院大学日本語教育センター言語特別講師。早稲田大学大学院日本語教育研究科博士課程修了。博士（日本語教育学）。早稲田大学日本語教育研究センター助手を経て、2016年から現職。研究分野は、日本語教育学、主に教師の主体性について研究している。主要論文に「活動型日本語教育における学習者主体を考える—教室活動を支える教師の主体性をめぐって」『ことばの教育を実践する・探究する—活動型日本語教育の広がり』（細川英雄・ことばと文化の教育を考える会編著、凡人社、2008年）、「日本語教育実践において「主体的」が意味してきたこと」（『リテラシーズ』10号、pp.1–10）などがある。

古賀和恵（こが かずえ）

早稲田大学日本語教育研究センター非常勤講師。早稲田大学
大学院日本語教育研究科修士課程修了。修士（日本語教育
学）。早稲田大学日本語教育研究センター常勤インストラク
ターを経て、2013年から現職。専門は日本語教育学。関心分
野は言語活動環境デザイン。主要論文に「クラス担当者の実
践観、教室観、教師観はどのように変容したか―5学期にわ
たる「イベント企画プロジェクト」のリフレクションから」
（共著）（『早稲田大学日本語教育実践研究』刊行記念号、
pp.85–105）などがある。

佐藤正則（さとう まさのり）

山野美容芸術短期大学講師。早稲田大学大学院日本語教育研
究科修士課程修了。修士（日本語教育学）。アークアカデミー
日本語学校、早稲田大学日本語教育研究センター常勤インス
トラクターを経て、2016年から現職。専門は日本語教育学。
主要論文に「日本語教育を実践する私がライフストーリーを
研究することの意味―元私費留学生のライフストーリーか
ら」（『リテラシーズ』14号、pp.55–71）などがある。

高橋聡（たかはし さとし）

淑徳学園淑徳日本語学校専任講師・早稲田大学日本語教育研
究センター非常勤講師。早稲田大学大学院日本語教育研究科
修士課程修了。修士（日本語教育学）。ベトナムの東遊日本語
学校、千駄ヶ谷日本語教育研究所、早稲田大学日本語教育研
究センター常勤インストラクターなどを経て、2016年より現
職。専門は日本語教育学。主な著作に「相互に出会う場所か
らテーマへ―市民社会性への気づき」『キャリアデザインの
ための自己表現―過去・現在・未来を結ぶバイオグラフィー』
（細川英雄・太田裕子編著、東京図書、2017年）などがある。

編著者紹介

武一美（たけ かずみ）

NPO法人多文化共生教育ネットワークかながわ理事、多文化教育コーディネーター派遣事業代表。早稲田大学日本語教育研究センター非常勤講師。早稲田大学大学院日本語教育研究科修士課程修了。修士（日本語教育学）。研究分野は、日本語教育学。教室内外での実践研究を複数の関係者といかに記述するかに取り組む。著書に『初級からはじまる「活動型クラス」―ことばの学びは学習者がつくる』（細川英雄・武一美編、スリーエーネットワーク、2012年）などがある。

寅丸真澄（とらまる ますみ）

早稲田大学日本語教育研究センター准教授。早稲田大学大学院日本語教育研究科博士課程単位取得。修士（日本語教育学）。早稲田大学日本語教育研究センター契約講師を経て、2016年から現職。専門は日本語教育学。文章・談話、教室の相互行為。主要論文に「日本語の教室における意味の構築とアイデンティティ形成―ことばの意味世界を共同構築する〈私〉〈他者〉〈教室コミュニティ〉」『言語教育とアイデンティティ―ことばの教育実践とその可能性』（細川英雄編、春風社、2011年）などがある。

長嶺倫子（ながみね のりこ）

早稲田大学日本語教育研究センター非常勤講師。早稲田大学大学院日本語教育研究科修士課程修了。修士（日本語教育学）。専門は日本語教育学。韓国の仁川外国語高等学校などを経て、2009年から現職。主要論文に「クラス活動で自分史を書くことの意義」『言語教育とアイデンティティ―ことばの教育実践とその可能性』（細川英雄編、春風社、2011年）などがある。

古屋憲章（ふるや のりあき）

フェリス女学院大学、東洋大学非常勤講師。早稲田大学大学院日本語教育研究科博士後期課程在籍。修士（日本語教育学）。日本語学校、早稲田大学日本語教育研究センター常勤インストラクターを経て、現職。研究テーマは、対話の場づくりとしての日本語教育、自律的日本語学習の支援。毎週水曜日にメールマガジン『週刊「日本語教育」批評』<http://www.mag2.com/m/0001573661.html> を発行中。

村上まさみ（むらかみ まさみ）

早稲田大学日本語教育研究センター非常勤講師。早稲田大学
大学院日本語教育研究科修士課程修了。修士（日本語教育
学）。一般財団法人海外産業人材育成協会（HIDA）などを経
て、2010年から現職。専門は、日本語教育学、主な関心事は
言語文化教育としての語りと学びを結ぶ実践。著書に『初級
から始まる「活動型クラス」―ことばの学びは学習者がつく
る』（共著）（細川英雄・武一美編、スリーエーネットワーク、
2012年）などがある。

山本冴里（やまもと さえり）

山口大学准教授。早稲田大学大学院日本語教育研究科博士課
程修了。博士（日本語教育学）。フランスの欧亜高等管理学院
（ISUGA）、リール第三大学を経て、2012年から山口大学に勤
務。専門は日本語教育学、複言語教育、多言語教育で、特に
興味のある概念は「境界」と「周縁」。著書に『戦後の国家と
日本語教育』（くろしお出版、2014年）などがある。

山本晋也（やまもと しんや）

徳山大学准教授。早稲田大学大学院日本語教育研究科修士課
程修了。修士（日本語教育学）。中国の櫻花外語専修学校、ベ
トナムのハノイ工科大学を経て、2016年から現職。研究分野
は、日本語教育学で、主に教師教育、留学生教育に関心があ
る。主要論文に「教育実習に見る授業の「計画、実践、振り
返り」サイクルの再考―教育実習に参加した大学院生は実践
をどう位置付けたか」（『言語文化教育研究』10号、pp.1–17）
などがある。

編著者紹介

日本語教育学研究 4

実践研究は何をめざすか
日本語教育における実践研究の
意味と可能性
【新装版】

2014年5月30日　初版第1刷発行
2018年6月30日　新装版第1刷発行

編者……………………細川英雄・三代純平

発行者………………………吉峰晃一朗・田中哲哉

発行所………………………株式会社ココ出版
　　　　　　　　　　　〒162-0828
　　　　　　　　　　　東京都新宿区袋町25-30-107
　　　　　　　　　　　電話　03-3269-5438
　　　　　　　　　　　ファックス　03-3269-5438

装丁・組版設計………長田年伸

印刷・製本……………モリモト印刷株式会社

ISBN 978-4-86676-003-2

ココ出版の書籍

日本語教育学研究 3

「ことばの市民」になる
言語文化教育学の思想と実践

細川英雄 著　3,600 円＋税　ISBN 978-4-904595-27-5

日本語教育学研究 6

未来を創ることばの教育をめざして
内容重視の批判的言語教育（Critical Content-Based Instruction）の理論と実践

佐藤慎司・高見智子・神吉宇一・熊谷由理 編　3,600 円＋税　ISBN 978-4-86676-007-0

日本語教育学の新潮流 8

日本語教育における評価と「実践研究」
対話的アセスメント：価値の衝突と共有のプロセス

市嶋典子著　3,600 円＋税　ISBN 978-4-904595-43-5

日本語教育学の新潮流 14

人の主体性を支える日本語教育
地域日本語教室のアクション・リサーチ

野々口ちとせ 著　3,600 円＋税　ISBN 978-4-904595-75-6

日本語教育学の新潮流 17

学習者の自己形成・自己実現を支援する日本語教育
寅丸真澄 著　3,600 円＋税　ISBN 978-4-904595-87-9

ココ出版の書籍

外国語学習の実践コミュニティ
参加する学びを作るしかけ

トムソン木下千尋 編　2,400 円＋税　ISBN 978-4-904595-93-0

異文化コミュニケーション能力を問う
超文化コミュニケーション力をめざして

佐藤慎司・熊谷由理 編　3,600 円＋税　ISBN 978-4-904595-46-6

日本語教育のための質的研究 入門
学習・教師・教室をいかに描くか

舘岡洋子 編　2,400 円＋税　ISBN 978-4-904595-68-8

言語教育実践 イマ×ココ［創刊準備号〜 No.5］
現場（イマ×ココ）の実践を記す・実践を伝える・実践から学ぶ

イマ×ココ編集委員会 編　各 1,200 円＋税

留学生のためのケースで学ぶ日本語
問題発見解決能力を伸ばす

宮﨑七湖 編著　江後千香子・武一美・田中敦子・中山由佳・村上まさみ 著
1,800 円＋税　ISBN 978-4-904595-77-0